LE PLAISIR

D'APRÈS

PLATON ET ARISTOTE

Étude Psychologique, Métaphysique et Morale

THÈSE

PRÉSENTÉE A LA FACULTÉ DES LETTRES DE PARIS

PAR

ALBERT LAFONTAINE

PARIS
FÉLIX ALCAN, ÉDITEUR
ANCIENNE LIBRAIRIE GERMER BAILLIÈRE ET Cie
108, BOULEVARD SAINT-GERMAIN, 108

1902

LE PLAISIR

LE PLAISIR

D'APRÈS

PLATON ET ARISTOTE

Étude Psychologique, Métaphysique et Morale

THÈSE

PRÉSENTÉE A LA FACULTÉ DES LETTRES DE PARIS

PAR

ALBERT LAFONTAINE

PARIS
FÉLIX ALCAN, ÉDITEUR
ANCIENNE LIBRAIRIE GERMER BAILLIÈRE ET Cie
108, BOULEVARD SAINT-GERMAIN, 108
—
1902

BIBLIOGRAPHIE [1]

ARISTOTE. — *Œuvres complètes*, édition de Berlin (recensuit Em. Bekker) avec les principaux commentaires (collegit Brandis 1831-1836).

ARISTOTE. — Traduction Barthélemy Saint-Hilaire, librairie Ladrange et Germer-Baillière, Paris. *Morale*, I, II, III, 1856; — *Métaphysique*, 1879; — *Politique*, 1874; — *Rhétorique*, 1870; — *Physique*, 1862; — *Psychologie* ou *Traité de l'Ame*, 1846; — *Traité de la Production et de la Destruction des choses*, 1866, etc.

ARISTOTELIS. — *De Anima*, libr. III, recognovit Guilelmus Biehl, Lipsiæ in ædibus B. G. Teubneri, 1884.

ARISTOTELIS. — *De Anima*, édition Trendelenburg, in-8°. Iena, 1833 et 1877.

ARISTOTELIS. — *Ethica Eudemia*, Fr. Susemihl. Lipsiæ, 1884.

ARISTOTELIS. — *Ethica Nicomachea*, Fr. Susemihl. Lipsiæ, 1880 et 1887.

ARISTOTELIS. — *Ethica Nicomachea*, edidit et commentario continuo instruxit G. Ramsauer Oldenburgensis. Lipsiæ, 1878, in-8°.

ARISTOTELIS. — *De Cælo et de Generatione et Corruptione* recensuit Carolus Prantl. Lipsiæ, 1881.

---

[1] Nous ne signalons ici que les principaux ouvrages ou les principaux articles qui ont plus particulièrement trait à la question spéciale du *Plaisir* dans Platon et dans Aristote. Pour une Bibliographie plus générale de Platon et d'Aristote, nous renvoyons à Friedrich Ueberwegs (*Grundriss der Geschichte der Philosophie des Alterthums*) et à l'article de M. Boutroux sur *Aristote*, dans la Grande Encyclopédie (70° livr.)

BIBLIOGRAPHIE

Aristotelis. — *Magna Moralia*, Fr. Susemihl. Lipsiæ, 1883.
Aristotelis. — *Metaphysica*, recognovit Christ. Lipsiæ, 1895.
Aristotelis. — *Politica*, Fr. Susemihl. Lipsiæ, 1894.
Aristotelis. — *Ars Rhetorica*, edidit Adolph. Rœmer. Lipsiæ, 1885.
Aristotelis. — *Quæ feruntur de Coloribus de Audilibus Physiognomonica* recensuit Carolus Prantl. Lipsiæ, 1881.
Aristotelis. — *Opera omnia*, édition Firmin Didot, Panthéon littéraire.
Bénard. — *La Philosophie ancienne. Histoire générale de ses systèmes*. Paris, Alcan, 1887.
Bénard. — *L'Esthétique d'Aristote*. Paris, Alcan, 1889.
Bénard. — *Platon, sa philosophie, sa vie et ses œuvres*. Paris, Alcan, 1893.
Bonitz. — *Aristotelische Studien*, II, III. Vienne, 1863.
Bonitz. — *Index Aristotelicus*. Berlin, 1870, in-4°.
Bouillier (Fr.). — *Du Plaisir et de la Douleur*. Paris, 1865.
Brochard (V.). — *Les Sceptiques grecs*. Paris, 1887.
Carrau. — *La Morale utilitaire*. Paris, s. d.
Chaignet. — *De la Psychologie de Platon*. Paris, 1862.
Chaignet. — *La Vie et les Écrits de Platon*. Paris, 1871.
Chaignet. — *Essai sur la Psychologie d'Aristote, contenant l'histoire de sa vie et de ses écrits*. Paris, 1883.
Cook Wilson. — *Aristotelian Studies*. Oxford, 1879.
Denis (J.). — *Rationalisme d'Aristote*. Paris, 1847.
Denis (J.). — *Histoire des Théories et des Idées morales*. Paris, 1849.
Diogène Laërce. — *Vie des Philosophes illustres*. Paris, Didot, 1878.
Donati. — *De Platonicæ et Aristotelicæ philosophiæ differentia libellus*. Venetiis, 1540.
Favre. — *La Morale d'Aristote*. Paris, 1888.
Fouillée. — *La Philosophie de Socrate*. Paris, Alcan.
Fouillée. — *La Philosophie de Platon*. Paris, Ladrange, 1869, 2 vol.
Freudenthal (J.) — *Ueber den Begriff des Wortes φαντασία bei Aristoteles*. Göttingen, 1863.

BIBLIOGRAPHIE

Friedrichs. — *Platon's Lehre von der Lust im Gorgias und Philebus.* Halle, 1890.

Gotzius. — *Platon's Philebus, oder von der Lust.* Augsbourg, 1827.

Grant (Alex.-Barth.). — *The Ethics of Aristotle, illustrated with essays and notes,* fourth edition. London, Longmans, Green and C°, 1885, principalement les *Essays*, II, III, IV.

Gratacap. — *Aristotelis de sensibus doctrina.* Montpellier, 1866.

Grote. — *Platon and the others companions of Socrates*, London, 1865, 3 vol.

Grotefend. — *Platonicæ Ethices cum christiana comparatio.* Göttinge, 1720.

Gsell-Fels (J. T.). — *Psychologia Platonis et Aristot.* Würzburg, 1854.

Halevy (Elie). — *La Théorie platonicienne des sciences.* Paris, Alcan, 1895.

Hampke. — *De Eudæmonia, Aristotel. moralis disciplinæ principio,* dissert. inaug. Berol., Brandenb., 1858.

Heinsius. — *Paraphrase d'Andronicus de Rhodes.* Amsterdam, 1617.

Heitz (Æ.). — *Fragmenta Aristotelis.* Paris, 1869.

Heumann. — *De Platonis Ethica philosophia* (Acta Philos., t. III).

Hirzel (Rud.). — *De bonis in fine Philebi enumeratis.* Lipsiæ, 1868.

Horn. — *Platon Studien.* Vien. Tempsky, 1893.

Huit (Ch.). — *La Philosophie de la nature chez les Anciens.* Albert Fontemoing, Paris, 1901.

Hülsemann. — *Ueber das Wahre, Gute und Schone, drei dialogen des Platon, Theætet, Philebus, Hippias.* Leipzig, 1807.

Janet (Paul). — *Essai sur la Dialectique de Platon.* Joubert, Paris, 1848.

Janet (Paul). — *Éléments de morale,* 1869; *La Morale,* 1874; *La Philosophie du bonheur,* 1862.

BIBLIOGRAPHIE

Janet et Séailles. — *Histoire de la Philosophie.* Delagrave, Paris, 1894.

Javellus. — *Dispositio moralis philosophicæ Platonicæ.* Venise, 1536.

Jowet. — *The Dialogues of Plato translated into English with Analyses and Introduction.* Oxford, 1871.

Kant. — *Œuvres de,* traduites par Joseph Tissot. Paris, 1854.

Kranichfeld (W. R.). — *Platonis et Aristotelis de ἡδονῆ sententiæ, quomodo tum consentiant, tum dissentiant.* Berlin, 1859.

Krüger (S.). — *Aristotelische Lehre über menschl. Glückseligkeit.* Rostock, 1860.

Lefranc. — *De la critique des Idées de Platon, par Aristote.* Paris, 1865.

Löwe (G.). — *De bonorum apud Platonem gradibus.* Berlin, 1861.

Lussana (Filippo). — *Fisiologia del dolore, osservazioni e ricerche.* Milano, 1860.

Lutowslawski. — *The Origin and growth of Plato's Logic.* London, Longmans, Green and C°, 1897.

Maguire (Thom.). — *Essays on the Platonic Ethics.* Dublin, 1870.

Maillet (E.). — *De voluntate seu libero arbitrio inmoralibus Aristotelis operibus.* Paris, 1877.

Mantegazza. — *Fisiologia del Piacere,* 7e édit. Milano, 1877.

Martin (Th.-H.). — *Études sur le Timée de Platon.* Paris, 1841, 2 vol. in-8°.

Ogereau. — *Essai sur le système philosophique des Stoïciens.* Paris, Alcan, 1883.

Ollé-Laprune. — *Essai sur la morale d'Aristote.* Belin, Paris, 1881.

Otton-Baumgarten. — *De Philebo Platonico.* Lipsiæ, 1869.

Paffe. — *Considérations sur la sensibilité.* Paris, 1830, 1 vol. in-8°.

Paul (R. P.). — *An analysis of Aristotele's Ethics.* London, 1874.

BIBLIOGRAPHIE

Philibert (H.). — *Du Principe de la vie suivant Aristote*. Paris, 1865.

Platon. — *Œuvres complètes*. Éditions Henri Étienne, Steinhart, Tauchnitz (Leipzig, 1813 ss.); Em. Bekker (Berlin, 1816-1823); G. Stalbaum (Leipzig, 1821); Orelli (Zurich, 1839); K.-F. Hermann (Leipzig, 1851, ss.); Schleiermacher, etc.

Platon. — *Œuvres complètes*, traduites par Victor Cousin. Paris, Bossange.

Platon. — *Œuvres complètes*, traduction Bacier et Grou revisée par Chauvet et Saisset, Paris, 1885.

Platon. — *Dialogues de*, traduction de l'abbé Grou, Lefèvre, 1842.

Piat (Cl.). — *Socrate*. Paris, 1900.

Pierron et Zévort. — *Traduction de la Métaphysique d'Aristote*. 2 vol., Paris, 1840.

Ravaisson. — *Essai sur la Métaphysique d'Aristote*. Paris, 1837.

Renouvier (Ch.). — *Science de la Morale*. Paris, 1869.

Rettig. — Ἀλτα im *Philebus*, Bern, 1866.

Rettig. — *De Pantheismo Platonis*, Bern, 1875.

Ribot. — *Psychologie des Sentiments*. Paris, Alcan, 1896.

Ritter. — *Histoire de la Philosophie*. Ladrange, Paris, 1858.

Ritter et Preller. — *Historia Philosophiæ Græcæ*. Gotha, 1898.

Riva (G.). — *Il concetto di Arist. sulla felicita terrestre, secondo il libro I et X dell' Etica Nicom*. Prato, 1883.

Rodier (G.). — *Traité de l'âme, traduit et annoté par G. Rodier*. Ernest Leroux, 1900.

Rondelet. — *Exposition critique de la Morale d'Aristote*. Paris, 1847.

Rose. — *Aristotelis fragmenta*. Leipzig, 1886.

Simon (Jules). — *Études sur la Théodicée de Platon et d'Aristote*. Paris, 1840.

Schmidt (C. W.). — *Ueber die Einwürfe des Aristot. in der Nikom. Ethick gegen Plat. Lehre von der Lust*. Bunzlau, 1864.

Schmitt. — *Die Verschiedenheit der Ideenlehre in Platos Republik und Philebus.* Giessen, 1891.
Schrader (Wilh.). — *Aristotelis de voluntate doctrina.* Brandenburg, 1847.
Stalbaum. — *Platonis Philebus*, Lipsiæ, 1863.
Stobée. — *Eclogarum physicarum et Ethicarum* recensuit A. Meineke, Lipsiæ, 1864.
Susemihl (Franz). — *Ueber die Gütertafel im Philebus.* Göttingüe, 1863.
Tannery (Paul). — *Pour l'Histoire de la science hellène.* Alcan, Paris, 1887.
Teichmuller. — *Studien zur Geschichte der Begriff.* Berlin, 1874.
Thurot (Fr.). — *La Morale et la Politique d'Aristote*, traduites du grec. Paris, Firmin Didot, 1823.
Thurot (Fr.). — *Morale à Nicomaque*, Livre VIII, annotée par Charles Thurot. Paris, 1881.
Thurot (Fr.). — *Morale à Nicomaque*, livre X, revu par A. Hannequin. Paris, 1886.
Tocco. — *Del Parmenide, del Sophista e del Filebo.* Florence, 1893.
Trendelenburg. — *De Platonis Philebi consilio.* Berlin, 1837.
Ueberwegs (Fr.). — *Grundriss der Geschichte der Philosophie des Alterthums.* Berlin, 1886.
Wehrmann (Theod.). — *Platonis de summo bono doctrina.* Berlin, 1843.
Zeller (Ed.). — *La Philosophie des Grecs*, traduction de M. Boutroux.
Zeller (Ed.). — *Die Philosophie der Griechen.* Leipzig, 1889, *Sokrates und die sokratiker. Plato und die alte akademie.*
Zeller (Ed.). — *Platonische studien*, 1839.

Articles de Revues.

Apelt. — *Die nueste Athetese des Philebos* (Arch. fur. Gesch. d. Phil., tome X, p. 1 ssq.).
Boutroux. — Article sur Aristote (Grande Encyclop., 70e liv.).

BIBLIOGRAPHIE

Brochard. — *La Morale des Anciens* (Revue philosophique, LI, p. 1.)

Brochard. — Cours professé à la Sorbonne et publié par la *Revue des Cours et Conférences* ou par le *Journal des Élèves* de Lettres. Années 1896, 97, 98.

Hoffmann. — *Der platonische Philosophie und die Ideenlehre* (Arch. f. Gesch. d. Phil., IV, 241).

Horn. — *Zur Philebosfrage* (Arch. f. Gesch. d. Phil., 271 sqq.)

Jackson. — *Platos later theory of Ideas* (Journal of Philology, X, p. 253 sqq., et XXV, p. 60 sqq.).

Natorp. — *Demokrit Spuren bei Platon* (Arch. f. Gesch., III).

Paulhan. — *Les conditions du bonheur et l'évolution humaine* (Revue philosophique, XIV.)

Piat (Cl.). — *Les Catégories d'Aristote* (Revue de Philosophie, N° 4).

Regalia. — *Sur la téléologie et les fins de la douleur* (Rivista di filosofia scientifica, 1884.)

Rodier (G.). — *Remarques sur le Philèbe* (Revue des Études anciennes, t. II, n° 2. — Avril-juin 1900).

Sertillanges (R. P.). — *Morale des Anciens* (Revue philosophique, LI, p. 280.)

Siebeck. — *Platon als Kritiker aristotelischer Ansichten* (Zeitsch. f. Philos., 1895-1896).

Teichmüller. — *Die Einheit der Aristot. Eudamonie* (Mélanges Gréco-Romains, t. II, 1859.)

Ueberweg. — *Das Aristotelische, kantische und herbartsche moralprincip.* (Fichtes Zeit., Bd. 24, Halle, 1854.)

Zeller (Ed.). *Zu Aristippus* (Archiv. f. Gesch. d. Phil., I, 172 sqq.).

INTRODUCTION

Le plaisir nous est si familier, jouir est l'affirmation si naturelle de l'existence pour l'être sensible, que l'homme non prévenu vit ses jouissances, sans même se demander s'il y a pour lui la double alternative de les accepter ou de les refuser. Le plaisir nous est aussi présent que la conscience ; tant qu'il dure, il se confond la plupart du temps avec elle, dans un sentiment obscur, quoique parfois intense, sentiment que nous ne discutons pas, que nous ne pensons pas même à éclairer.

La douleur seule donne au plaisir toute sa réalité, le fait surgir du fond de l'âme, l'éclaire, le précise par contraste, comme un nuage nous révèle la limpidité de l'air, une ride de la mer, l'azur continu des flots. C'est peut-être parce que le plaisir est de tous nos phénomènes le plus vécu et le moins senti, le moins réfléchi, qu'on l'a si rarement étudié pour lui-même. Quand on a dit du plaisir : « c'est un phénomène psychologique qui s'impose à l'âme, mais ne s'analyse pas », on croit avoir tout dit à son sujet ; on se contentera, dans la suite, ou d'en rechercher les causes physiologiques et physiques, ou d'en déterminer les conséquences morales. Quant au fait de jouir, on ne songe guère à l'expliquer, à définir sa nature.

La douleur elle-même, ce phénomène toujours en relief, devant lequel semble s'effacer toute autre préoccupation psychologique, ne sera, la plupart du temps, étudiée que comme un signe, comme le symbole d'une réalité qu'elle dérobe. On l'interprétera comme « un ralentissement ou une modification du rythme cardiaque (1) ». Wundt la définira « l'excitation la plus violente de quelques parties sensorielles, excitation qui met simultanément à contribution les excitations plus étendues des autres parties », tandis que Richet ne verra, dans le fait de souffrir, « qu'une vibration forte et prolongée des centres nerveux conscients résultant d'une excitation périphérique forte et, par conséquent, d'un brusque changement d'état dans les centres nerveux ».

Tantôt ce sera le point de vue moral qui préoccupera presque exclusivement nos recherches ; la douleur sera un mal, ou le signe du mal, la révélation de l'existence persistante de l'être, ou au contraire de sa destruction. En un mot, on se demandera *d'où vient la douleur? pourquoi la douleur?* rarement on se posera le véritable problème psychologique, *qu'est-ce que la douleur?* quelle est la nature intime

---

(1) Bichat.

de ce fait intérieur que chacun connaît par une expérience journalière, que la conscience individuelle révèle dans chaque cas avec une insistance qui ne se dément jamais?

Peut-être, d'ailleurs, ce problème, tout psychologique en apparence, n'est-il point susceptible de solution satisfaisante; peut-être, comme on l'a dit de nos jours (1), le plaisir et la douleur, par leur généralité même et par leur multiplicité d'aspects, échappent-ils nécessairement à toute définition, à toute analyse.

En tout cas, l'antiquité semble ne l'avoir pas cru. Elle s'est posé nettement, quoique indirectement, le problème de la nature même de la sensibilité : τί ἐστι, καὶ πῶς γίγνεται (2), et elle a cru pouvoir y répondre. Bien plus, moins pessimistes que nous, et, par conséquent, moins préoccupés de la souffrance et du mystère qui l'entoure, les philosophes de la Grèce, en général, ont étudié la sensibilité de préférence dans le plaisir même, c'est-à-dire dans son mode le plus universel, mais aussi le moins en lumière et le plus difficile à préciser. Sans doute, ils reconnaissent que plaisir et douleur sont deux phénomènes connexes, qu'on ne peut avoir l'intelligence de l'un sans comprendre l'autre (3); néanmoins,

---

(1) Th. Ribot, *Psychologie des Sentiments*, p. 25.
(2) Cf. *Philèbe*, 31, B; *Phédon*, 68, D; *Euthyphron*, 7, D; *Gorgias*, 468, B; *Cratyle*, 423, B.
(3) *Philèbe*, 31, B.

c'est le plaisir qui est le centre de leurs recherches, et lorsque, comme les Cyniques, ils définissent le plaisir par l'absence de la douleur, c'est encore dans la notion du plaisir, dans l'analyse du phénomène de la jouissance, qu'ils ont découvert les principes de leur système.

Il était donc très intéressant de se demander comment Platon et Aristote avaient traité cette étude du plaisir considéré en lui-même, dans son fait psychologique. Cette seule curiosité aurait, il nous semble, pu justifier un travail sur le sujet que nous avons entrepris.

Mais la question du plaisir a, dès l'antiquité, une bien plus haute portée. Avec Socrate, la philosophie avait perdu son caractère de spéculation universelle et désintéressée, pour devenir une science de l'homme, une science de la destinée humaine. Or, dès que l'on commence à se poser le problème de la nature et de la raison de l'existence, la joie et la souffrance sont les objets d'étude qui s'offrent les premiers à notre esprit.

Rechercher les opinions de Platon et d'Aristote sur la nature et la valeur du plaisir, c'était donc demander, à la fois, au plus sublime et au plus pénétrant philosophe de la Grèce, ce qu'ils avaient pensé l'un et l'autre de ce grand problème qui intéresse toujours si vivement l'humanité. C'était de plus pénétrer l'âme antique tout entière et tâcher de connaître, dans ses grandes lignes, la conception qu'elle s'était faite de la vie, de son prix et de sa dignité.

Le *Philèbe*, le *Gorgias*, et les autres écrits où Platon traite plus spécialement du plaisir et de la douleur, contiennent, à ne pas en douter, comme l'écho des doctrines de tout un siècle de luttes ; on y trouve résumées comme les ébauches des premières études morales de la pensée occidentale et comme les esquisses de toute une psychologie rudimentaire des émotions.

Platon démêle les grandes lois qui se dégagent des opinions diverses et parfois contradictoires que lui ont léguées ses prédécesseurs, ou qui s'agitent encore autour de lui. Aristote, à son tour, recueillera l'héritage de son maître ; il apportera à l'étude de ces éternels problèmes ses lumières personnelles, sa sévérité scientifique ; si bien que de la collaboration large et féconde du disciple et du chef d'École, naîtra un système général de doctrines communes et originales tout à la fois, qui se ressembleront sans se confondre, tel ce beau groupe des enfants de Niobé dont parle Chateaubriand, tous d'une même famille, conçu dans un même amour et pourtant tous parfaitement distincts dans l'individualité de leurs traits.

Enfin nous trouvions dans cette étude un réel avantage pour la pensée moderne elle-même. Aucune théorie sur la sensibilité n'a été faite, même de nos jours, sans que ses auteurs ne se soient inspirés de la pensée de Platon et d'Aristote. Il était donc utile d'essayer de dégager cette doctrine dont toute l'antiquité a été pénétrée et dont nous vivons encore.

Il nous a semblé que, dans cette question particulière du plaisir, Aristote était inséparable de Platon, et que Platon appelait nécessairement Aristote. On pourrait étudier isolément le plaisir dans la philosophie stoïcienne ou dans la philosophie épicurienne, mais nous croyons que l'*Eudémonisme* d'Aristote a son fondement et sa racine dans l'*Eudémonisme* de Platon, comme la théorie hédoniste de l'un est le couronnement naturel de la théorie hédoniste de l'autre. Les Livres VII et X de l'*Éthique à Nicomaque* n'ont point tout leur sens si l'on ne connaît préalablement les discussions et la thèse du *Philèbe;* de même, la théorie platonicienne des plaisirs purs ne reçoit toute sa signification, toute sa précision, que de la doctrine du *plaisir-acte,* du plaisir, être réel et positif.

La philosophie grecque a ce grand avantage sur les philosophies plus récentes de présenter un développement régulier et parfait. Il y a eu des tâtonnements d'abord, puis des divergences, et, à la fin, des subtilités dans l'expression des pensées successives de ce peuple harmonieux; il n'y a point eu d'interruptions proprement dites dans l'enchaînement progressif des systèmes; surtout il n'y a point eu de contradictions manifestes entre les diverses doctrines qui les composent. La preuve de cette thèse est manifeste, croyons-nous, particulièrement lorsqu'il s'agit de Platon et d'Aristote. Ceux qui ont vu un antagonisme réel, une discordance indéniable non pas seulement entre les tempéraments et les méthodes de recherches chez les chefs du Péripatétisme et de l'Aristotélisme, mais jusque dans leur doctrine particulière, ont apporté, dans le choix des arguments dont ils se sont servis, une préméditation et une sollicitude exagérées. Pascal, parlant des sages anciens, a eu un mot très profond à leur sujet et au sujet de la façon dont nous prétendons les juger et les comprendre : « On ne s'imagine, dit-il, Platon et Aristote qu'avec de grandes robes de pédants. C'étaient des gens honnêtes et comme les autres, riant avec leurs amis, et quand ils se sont divertis à faire leurs lois et leurs politiques, ils l'ont fait en se jouant. » Le mot nous semble très juste; il ne faut point aborder ces divinités de la pensée avec cet esprit inquiet et torturé du piétiste antique allant consulter le sphinx ou les oracles. Je me représente mal Platon le front chargé de rides et de soucis, comme un Faust qui a trop vécu, élaborant sous la lumière de la lampe, dans la solitude du cabinet, un système très compliqué, très méticuleux des mondes. Il y a trop d'air, trop d'espace, trop de saine indépendance dans les dialogues pour qu'ils soient le produit d'un esprit capricieux qui prenne plaisir à se dérober à ses lecteurs futurs.

Le Grec est artiste, il faut donc aller à lui avec toute la liberté qu'exige l'art. L'œuvre d'art échappe à l'analyse, il se révèle du premier coup et tout à la fois ; il sort de la forme artistique comme une idée générale, comme un sentiment puissant qui porte en lui tout le dessin et la raison des détails ; et si l'on veut rester en communion de pensée avec l'esprit qui a conçu l'ensemble, il ne faut jamais que le souci des particularités nous fasse oublier la loi générale de l'œuvre tout entière.

La méthode synthétique est donc celle qui, par nature, est la plus propre à l'étude des problèmes généraux de la philosophie grecque. De plus, souvent cette méthode est nécessaire, d'une nécessité historique, d'une nécessité scientifique. La pensée grecque, en effet, et principalement la pensée platonicienne et aristotélicienne, ne nous est pas parvenue définitivement fixée dans le plan invariable et précis de systèmes à jamais délimités ; Platon et Aristote ont plutôt vécu que professé leurs doctrines : leur philosophie est moins un enseignement qu'on expose qu'un organisme qui se développe ; c'est donc, avant tout, à la loi, suivant laquelle s'opère cette évolution, qu'il faut donner toute son attention, et on ne peut le faire qu'en négligeant volontairement les accidents passagers qui naissent et se remplacent progressivement jusqu'au moment de l'achèvement complet.

Enfin, voudrions-nous procéder autrement que nous ne le pourrions pas ; il est impossible, en effet, de reconstituer l'œuvre de Platon et d'Aristote dans tous ses détails, non seulement parce que cette œuvre n'a jamais été achevée, non seulement parce qu'il nous manque certains matériaux indispensables, mais encore parce que nous en avons trop ; nous en avons d'apparemment étrangers à l'édifice et nous en avons dont nous ne connaissons pas l'emploi.

Ainsi, dans le cas qui nous occupe plus particulièrement, certains passages du *Philèbe* sont d'une authenticité douteuse ; on s'accorde, d'autre part, généralement à refuser à Aristote la *Morale à Eudème* et la *Grande Morale;* certains commentateurs, tels que M. Grant, trouvent même une contradiction flagrante entre les idées émises dans le VII° livre et dans le X° livre de l'*Éthique à Nicomaque*.

Sans négliger ces avertissements, nous n'avons point voulu faire de notre travail une œuvre de critique intransigeante et d'érudition étroite. Nous pensons, en effet, que dans son ensemble l'*Éthique à Nicomaque* représente bien ce qu'on est convenu d'appeler les théories morales de l'*Eudémonisme* aristotélicien, et de plus nous sommes convaincus que les développements particuliers des autres *Éthiques* procèdent tous d'une même doctrine fondamentale. Certaines parties du système y ont été soulignées avec complaisance, d'autres sont rentrées dans l'ombre ; mais, outre que ces préoccupations intéressées des disciples ont l'avantage d'attirer notre attention sur des points saillants de la doctrine fondamentale, elles ne légitiment en rien la plupart des hypothèses hardies d'après lesquelles la pensée d'Aristote serait insaisissable dans ses grands dessins.

Il en est de même pour Platon. Depuis quelques années, en Angleterre, on s'est efforcé de montrer que les divers dialogues authentiques qu'on est d'accord à lui attribuer renferment deux philosophies très distinctes et même opposées. Platon, partisan tout d'abord des théories socratiques, aurait versé à la fin de sa vie, ou même dès l'année 367, dans une sorte de conceptualisme kantien. C'est l'opinion qu'a défendue M. Lutoslawski (1), opinion qu'il a empruntée d'ailleurs à M. Lewis Campbell. D'autres, au contraire, soutiennent, avec M. Jackson, que la seconde philosophie de Platon aurait été caractérisée par une interprétation plus réaliste de la nature et par la substitution de la théorie de l'immanence à la théorie de la transcendance des Idées.

Personne assurément ne saurait nier qu'il n'y ait une grande diversité dans la doctrine de Platon ; on retrouve chez lui la trace des influences qu'il a subies, influences parfois contraires qu'il ne réussit pas toujours à concilier. Platon n'a pas créé de toutes pièces son système, il l'a plutôt dégagé progressivement des doctrines qu'il avait reçues ; il l'a modifié quand le besoin s'en est fait sentir, quand il en a vu la faiblesse ou quand il n'a pu répondre aux critiques

---

(1) *The Origin and growth of Plato's logic*, London, LONGMANS, GREEN and C°, 1897. Cf. le *Début des Leçons sur Platon* par M. BROCHARD, *Revue des Cours et Conférences*, 1896-1897; bulletin du 4 février 1897, n° 13.

de ses élèves ou de ses adversaires. Mais de ce que Platon a emprunté quelques détails, ou même certaines théories générales à Héraclite, aux Éléates, à la tradition pythagoricienne ou à Socrate ; de ce qu'il a été forcé de tenir compte des critiques du jeune Aristote ou des autres disciples dissidents dont il est fait mention dans le *Sophiste* et au début du *Parménide,* ce serait téméraire d'en conclure que son système général manque d'unité logique et renferme des théories contradictoires.

Ainsi, d'après M. Lutoslawski, le *Gorgias* appartiendrait chronologiquement à la période socratique ; le *Phédon* et la *République,* à la période moyenne ; tandis que le *Philèbe* aurait été conçu et écrit dans la vieillesse de Platon. Néanmoins, la doctrine du plaisir esquissée dans les premiers dialogues reproduit très exactement les lignes générales de la thèse du *Philèbe,* loin de la contredire.

Ces réflexions font prévoir assez quelle méthode nous avons suivie dans la composition de ce travail. Loin de rechercher dans les commentateurs une théorie préconçue, une hypothèse préalable d'après laquelle nous aurions dirigé nos études et ordonné nos découvertes, nous avons tout d'abord essayé de nous dépouiller de toute idée faite d'avance. Pour comprendre une vérité, un système, il faut en aborder l'étude avec un esprit libre de toute préoccupation ; il faut, comme le recommandait Descartes, faire le vide aussi absolu que possible dans sa pensée et dans ses jugements. Or, cette préparation préliminaire de l'intelligence n'est jamais assez complète. Quand il s'agit de problèmes aussi souvent médités que ceux qui ont trait à la question du plaisir ou du bonheur, il y a dans toutes les âmes une foule de notions communes sur lesquelles nous raisonnons sans bien les définir, sans même prendre garde que la plupart du temps elles ne se correspondent point d'un individu à l'autre, d'une époque à une autre époque, et surtout d'une civilisation à une autre civilisation.

Aussi nous avons donc pris directement contact avec Platon et Aristote ; à force de lire et de méditer leurs écrits, nous nous sommes peu à peu familiarisé avec eux ; nous sommes entré progressivement dans leurs expressions, dans leurs pensées, dans leur doctrine. Assurément nous n'aurions pas atteint de sitôt ce résultat, si nous n'avions trouvé auprès de maîtres expérimentés des conseils et des lumières très précieuses. M. Brochard, particulièrement, a été notre initiateur, et c'est à lui que revient le mérite le moins discutable de ce travail. C'est dans la lecture attentive de ses leçons sur Platon et Aristote et surtout dans ses enseignements oraux touchant l'explication du *Philèbe* que nous avons trouvé les lois essentielles de notre méthode d'investigation ainsi que les idées directrices de nos études. Qu'il nous soit permis de lui présenter ici nos très humbles remerciements.

Les ouvrages sur Platon et Aristote sont innombrables ; ceux qui traitent plus spécialement du sujet qui nous occupe sont plus rares ; nous ne les avons consultés qu'après avoir formé nous-même notre opinion personnelle. Parfois les vues qui y sont exposées ont précisé, éclairé ou même modifié nos jugements, presque jamais elles ne nous ont contraint à les abandonner complètement. Si ce sujet n'a rien d'original par lui-même, nous osons dire néanmoins qu'il nous est propre par un certain côté, nous l'avons pensé à notre façon et de ce chef au moins il est neuf.

Il le sera peut-être encore, ou il le paraîtra, pour un autre motif, c'est-à-dire si nous parvenons à intéresser les esprits à des théories psychologiques et morales avec lesquelles nous ne sommes plus familiarisés. Le lecteur sera assurément surpris de la méthode de recherches, des conclusions et même des conséquences que l'on découvrira dans ces études des penseurs anciens, études rudimentaires sur plus d'un point, il faut bien le reconnaître. On ne trouvera pas, dans les analyses psychologiques du *Philèbe,* par exemple, la précision et l'exclusivisme rigoureux auxquels nous a accoutumés, dans les temps modernes, l'étude des sciences positives. Souvent là, comme ailleurs, le point de vue métaphysique dominera et absorbera le point de vue purement psychologique, et, dans un domaine d'investigations où l'expérience méticuleuse seule paraîtrait devoir tout conduire, nous verrons plus d'une fois la spéculation la plus téméraire ou même l'expérience la plus vulgaire lui donner la main et même la remplacer au besoin.

Pourquoi s'en irriter ? S'il y a moins de précision scientifique, il y aura une plus riche variété de vues, des aperçus plus divers et plus inattendus. De plus, dans ce commerce avec l'antiquité, nous trouverons peut-être un avertissement salutaire du passé à nos prétentions de méthode exclusive et comme un profit de discipline intellectuelle, une correction insensible et pourtant très efficace de nos excès, sinon de nos défauts d'esprit.

Il faut bien se l'avouer, chaque génération d'hommes a ses vues courtes, ses préjugés tenaces, ses intransigeances de doctrine, tout comme les collectivités ou comme les individus. Il y a, pour une époque donnée, des idoles d'erreur que l'on encense de concert sans se douter du culte immérité qu'on leur rend. Pour rectifier son jugement, il n'y a alors qu'un remède : reculer dans le passé puisqu'on ne peut avancer dans l'avenir.

Pour nous, il nous a paru bon d'aller chercher auprès de Platon et d'Aristote la largeur de vues qui *comprend*, au sens étymologique du mot, et par là même qui rend intelligible, puisque connaître n'est pas seulement diviser, mais surtout réunir et coordonner. Ajoutons d'ailleurs que ces procédés synthétiques, si familiers aux anciens, n'empêchent point les analyses pénétrantes et délicates, ils les dirigent au contraire et les soutiennent, et par là même préservent les doctrines qu'ils fécondent de tomber dans la poussière et l'incohérence des détails.

Oserons-nous avouer, en terminant, que par ce modeste travail nous avons espéré être utile à la pensée générale de notre temps. Il y a longtemps que l'on s'est aperçu qu'en France la philosophie était trop exclusivement intellectualiste. Le chef de notre philosophie moderne, Descartes, a défini l'homme par la pensée et, depuis ce jour, malgré les protestations d'un Pascal qui réclamait, au nom du cœur, une plus large conception de notre nature, la plupart de nos efforts ont porté sur l'étude de la connaissance, de la logique, de la raison, en un mot sur la partie exclusivement représentative de notre être. Il en est résulté que, peu à peu et inconsciemment, on s'est accoutumé à ne voir dans le monde qu'une vaste synthèse de jugements logiques et dans l'homme qu'une équation algébrique compliquée, mais dont on possède tous les termes et que l'on arrivera un jour ou l'autre à résoudre. L'*Idée* alors a progressivement tout envahi et, quand on a parlé de l'*Action,* c'est encore sous la forme d'un concept qu'on l'a représentée ; elle a été pour nous quelque chose d'intelligible avant tout, une loi, un jugement, rarement une impulsion, une émotion, un sentiment.

C'est en grande partie pour ces raisons générales que la morale conceptualiste de Kant a eu chez nous d'abord un si étonnant succès. On croyait avoir trouvé dans une loi *a priori*, dans un impératif conditionné comme l'universel, comme la pensée elle-même, la raison d'agir dans un sens donné. Il semblait qu'on avait enfin résolu le problème éternel de la conciliation entre l'ordre ontologique et l'ordre logique; l'unité de la doctrine idéaliste était réalisée; l'Idéalisme métaphysique de Descartes n'était plus une chimère, puisque désormais dans le logique pur on découvrait la loi du réel, dans l'idée, la loi de l'action.

Mais comme la morale n'est pas une spéculation, il a fallu peu à peu, lorsqu'on est descendu dans la pratique, reconnaître qu'entre les lois mathématiques et la matière, quelle qu'elle soit, il y avait ce mauvais vouloir éternel dont parle Platon qui empêche l'harmonie consommée des mondes et qu'on pourrait appeler les droits de la réalité contre l'idée. La morale de Kant est belle, mais n'est pas pratique, telle est la réponse très banale et pourtant décisive que lui fera sans cesse la conscience humaine. On s'en aperçoit et déjà le système de l'Impératif catégorique est passé au musée des belles hypothèses; on a renoncé à en faire une loi de vie.

C'est en vain, croyons-nous, qu'une jeune école, avec beaucoup de dextérité, s'efforce de corriger les doctrines du maître et de trouver dans l'Action, toujours conçue comme lumière, mais interprétée avec beaucoup moins de logique, le principe efficace de la connaissance pratique et de la moralité. On a beau constater autour de l'Idée toute de clarté « une sphère de pénombre (1) », d'où surgit une activité vivante et féconde, il faudra nous dire ce qu'est cette pénombre, si elle n'est qu'une moindre lumière, ou bien, au contraire, si elle n'est pas le mystère indéfinissable où plongent toutes les racines de l'être.

En tout cas, il faudra que nous sachions pourquoi il y a des ombres dans cette atmosphère de l'idée, c'est-à-dire quelles sont, en dehors des conditions logiques, les autres exigences de l'action; et, pour résoudre ce problème, toutes les hypothèses seront caduques si elles n'interrogent que la raison générale sans tenir compte des réclamations de la conscience.

Les méthodes morales anciennes nous ramèneront peut-être à ce souci plus pressant de la réalité, et quand nous serons tentés de construire une science pratique de la moralité, peut-être serons-nous plus convaincus que, pour tracer la loi d'après laquelle doit se développer un être raisonnable et sensible, la première condition à remplir c'est non seulement de connaître la fin à laquelle il aspire, mais surtout de tenir compte des tendances irréductibles qui expliquent sa nature.

(1) Cf. *Revue de Métaphysique et de Morale*, numéro de septembre 1900, p. 573.

PREMIÈRE PARTIE

NATURE DU PLAISIR

CHAPITRE PREMIER

CONDITIONS DU PLAISIR

Pour les philosophes grecs, d'un point de vue général et pour Platon et Aristote, en particulier, tous les phénomènes qui se produisent dans l'univers, soit qu'ils aient pour sujet la substance purement matérielle, soit, au contraire, qu'ils se passent dans l'être vivant et sensible, sont conçus comme se rattachant plus ou moins étroitement à une notion métaphysique supérieure qui les domine et les explique. C'est ainsi que dans toutes les théories hédonistes, depuis Aristippe de Cyrène jusqu'aux Stoïciens, l'étude du plaisir apparaît comme subordonnée non seulement à l'étude de la sensibilité en général, mais principalement à l'étude toute spéciale du mouvement.

Pour Platon, le plaisir est un mouvement : il le déclare à plusieurs reprises ; et si, pour Aristote, ce même phénomène est plutôt un repos qu'un mouvement, cette notion même du repos découle encore tout entière de la notion du mouvement. C'est de l'analyse du mouvement mieux compris, mieux interprété, qu'Aristote tirera sa nouvelle théorie et puisera la conviction que le plaisir consiste plutôt dans la fixité que dans l'écoulement. D'ailleurs Aristote lui-même se servira plus d'une fois de l'expression commune, et, pour se conformer au langage ordinaire, ne craindra pas de définir le plaisir « un mouvement de l'âme ».

D'autre part, comme le sens commun donne spontanément et presque exclusivement le nom de plaisirs à nos émotions sensibles, aux jouissances qui intéressent plus particulièrement le corps, on subordonnera aussi généralement la théorie du plaisir à celle de la sensation. Ressentir une émotion et ressentir une sensation seront deux termes synonymes, ou plutôt ces deux phénomènes se traduiront par le même mot de αἰσθάνεσθαι (1). Le plaisir sera une sensation, αἴσθησις, comme la couleur, comme le chaud, le froid. L'émotion sensible et la sensation seront comme les deux aspects différents d'un seul et même phénomène, si bien que l'on se contentera la plupart du temps, pour décrire le phénomène hédonique, d'analyser le phénomène total de la sensation.

Aussi, pour comprendre la théorie psychologique du plaisir, telle que l'ont conçue Platon et Aristote, il est nécessaire de rappeler sommairement les doctrines qu'ils professaient sur la sensibilité de l'être en général, sur le mouvement et la sensation en particulier.

D'abord il y a une erreur dont il faut se garder avec le plus grand soin et qui consiste à croire que, par *sensibilité*, les philosophes socratiques, et surtout Platon et Aristote, aient entendu exclusivement, comme le font bon nombre de modernes, la partie essentiellement affective de nos sensations.

Il est d'ailleurs facile de se rendre compte par la lecture du *Théétète* et du *Philèbe*, où sont exposées, d'une façon plus ou moins explicite, les doctrines diverses que professaient les Écoles philosophiques d'alors relativement à la sensibilité, aussi bien que par les traités

---

(1) Cf. Aristote, *De l'Âme*, B, 2; 413ᵇ 23; B, 3; 414ᵃ 1; Γ, 11; 431ᵃ 3.

spéciaux d'Aristote sur le même sujet — le *Traité de l'Âme*, particulièrement au livre II, le *Traité de la Sensation et des choses sensibles*, etc., — que tout le monde était parfaitement d'accord à considérer la sensation comme principe des phénomènes de connaissance, tels que la croyance, l'opinion, la mémoire, l'imagination, aussi bien que des phénomènes d'affectivité pure, tels que le désir, les passions, le plaisir et la douleur (1). C'est pour cette raison profonde que chez Platon et Aristote, comme chez les philosophes qui les ont précédés, l'étude du plaisir est intimement unie à l'étude de la connaissance sensible ; et, c'est encore pour une raison parallèle que, chez l'un comme chez l'autre, dans un ordre plus élevé, la vertu et la science, le bien et le vrai ont ensemble une si étroite parenté.

Chez les Anciens, en effet, non seulement il n'y a point, dans l'âme, de phénomènes complètement isolés ; mais le point de vue psychologique pur n'existe même pas. Qu'ils expliquent l'homme par l'Univers, ou qu'ils expliquent l'Univers par l'homme, ils font toujours découler leurs conclusions d'un principe métaphysique d'une valeur absolue qui domine leurs recherches.

C'est ainsi que, pour expliquer la sensation, Héraclite, Protagoras, Aristippe et leurs partisans posent, comme postulat, l'écoulement universel de toutes choses : « πάντα ῥεῖ ». C'est pourquoi encore, lorsque Platon, dans le *Théétète*, veut, pour établir sa *Théorie de la Science*, prouver la fausseté de l'aphorisme si connu de Protagoras « *que l'homme est la mesure de toutes choses, de celles qui sont pour autant qu'elles sont, de celles qui ne sont pas pour autant qu'elles ne sont pas* », il a soin,

---

(1) Voir sur ce sujet le début de l'ouvrage de M. Fr. Bouillier sur *Le Plaisir et la Douleur*.

dans sa loyauté habituelle, de nous montrer que cette doctrine, pour avoir tout son sens et toute sa force, doit se rattacher au système métaphysique d'Héraclite (1).

Quant à Platon, fidèle aux traditions de son maître Socrate, il semble avoir conçu sa théorie du plaisir, comme tout le reste de sa philosophie, d'après la nature et les lois de nos concepts. Il a élargi le fameux « γνῶθι σεαυτόν » non seulement jusqu'à en faire un simple aphorisme de morale, mais jusqu'à en faire un principe de science universelle. On pourrait même dire que, pour Platon, la science universelle n'est autre chose que la science de la pensée humaine, une sorte de logique généralisée.

Aussi, dans un tel système, il est vrai de tout point que l'homme, en tant qu'être pensant, est un signe et un abrégé de l'univers, un *microcosme*. En avançant dans cette étude particulière, nous constaterons à chaque pas que les rapports sur lesquels reposent nos jugements, expliquent les rapports de la réalité elle-même ; car il semble qu'analyser nos représentations, c'est rechercher la loi même des êtres ; que la pensée humaine n'est peut-être au fond que l'universelle raison, prenant, dans un individu, conscience d'elle-même. Et comme nos idées ne vont guère sans les mots qui les traduisent, nous serons forcés de reconnaître que, lorsqu'on veut étudier Platon, il ne faut jamais oublier les règles fondamentales de l'analyse logique et de la grammaire générale (2).

Cette théorie conceptualiste, cette théorie fondée sur

---

(1) Cf. les Cours de M. Brochard, publiés par la *Revue des Cours et Conférences*. Année 1896-1897, p. 736, sqq.

(2) C'est assurément dans cette intention qu'au début du *Philèbe*, avant d'étudier la nature du plaisir, Platon a soin d'exposer en résumé sa théorie des *Idées*, et même sa théorie générale de l'*Être*. Cf. Rodier, *Remarques sur le Philèbe*, p. 3, sqq.

la nature du rapport d'une notion à une autre notion plus générale a, d'ailleurs, chez Platon lui-même, la plus étroite relation avec une théorie non moins universelle, la théorie du mouvement.

« Notre monde et tout ce qui s'y passe est un mouvement, ou du moins ne peut s'expliquer sans le mouvement », voilà une vérité grecque acquise depuis Héraclite que la philosophie n'abandonnera plus.

Seulement qu'est-ce que le mouvement? Autant de philosophes, autant de réponses, et presque autant de systèmes. Les idées ioniennes, s'alliant aux vues socratiques, compliquent de plus en plus la notion qu'on avait du mouvement, mais, en même temps, poussent l'esprit à analyser plus minutieusement les éléments que renferme ce concept. Le mouvement n'est bientôt plus conçu comme un pur écoulement, comme une série sans cesse évanouissante d'éléments qui se posent et se nient dans le même instant, mais comme un composé d'éléments durables qui demeurent sous le flux de l'écoulement, comme un devenir orienté, spécifié, déterminé par un terme, par un but.

Depuis Socrate, le concept du rapport logique a fécondé la notion du mouvement et va lui permettre de se développer, d'arriver peu à peu à une détermination de plus en plus nette, à une notion de plus en plus claire.

Néanmoins il ne faudrait pas croire que, chez les anciens philosophes grecs, même chez Aristote, le concept du mouvement ait acquis cette précision presque mathématique qu'il a reçue chez les modernes.

Aujourd'hui, la notion du mouvement est une notion purement abstraite, une sorte de définition logique pure, tout intelligible, une sorte de construction idéale semblable aux définitions géométriques du cercle ou du carré ; autrefois, ce concept était toujours plus ou moins enveloppé des notions accessoires d'espace, de temps, de qualité, de puissance, d'action, de passion ; il n'apparaissait même jamais dans l'esprit du philosophe sans éveiller tout un cortège de données sensibles, d'images empruntées à la vie réelle ou au sens commun, images que nous ne comprenons plus et dont il faut faire abstraction, pour tâcher de découvrir l'idée dominante qu'elles dérobent.

Pour Platon, le mouvement est en général conçu avant tout comme un rapport, comme la relation de quelque chose d'inachevé, d'indéfini, avec un terme fixe et précis ; de la notion vague, à l'idée qui la détermine ; de l'adjectif, au substantif.

Un mouvement quel qu'il soit apparaît nécessairement comme un changement, c'est-à-dire comme quelque chose qui va d'un point de départ à une fin, à un but. De même, dans tous nos jugements, il y a deux termes : l'un fixe qui sert de mesure, de point de comparaison ; l'autre relatif, variable, mesuré, comparé, qui n'a de réalité que par rapport au premier.

Or, d'après Platon, le mouvement ainsi compris est une image du monde, son expression la plus parfaite. Il existe, en effet, deux sortes d'êtres, deux univers à la fois distincts et réunis par des rapports nécessaires, comme le terme est différent du principe tout en étant en relation essentielle avec lui (1). De ces deux mondes, l'un est immuable, suprasensible : c'est le monde des réalités pleines et absolues, des *Idées*, objet de la science et principes de l'existence. L'autre monde est mobile et orienté vers le premier ; c'est un monde d'ap-

---

(1) Cf. *Philèbe*, 53, D : Ἔστον δή τινε δύο, τὸ μὲν αὐτὸ καθ' αὑτό, τὸ δὲ ἀεὶ ἐφιέμενον ἄλλου.

parence, de devenir, d'écoulement continu qui n'a de réalité et de valeur qu'en tant qu'il est en rapport avec l'autre, de même que le mouvement n'est mouvement que parce qu'il tend sans cesse à sa fin.

C'est dans ce monde flottant des choses sensibles que se produisent les existences relatives des êtres contingents ; c'est à lui également que se rapportent tous les phénomènes par lesquels se révèlent ces êtres imparfaits : la Sensation, le Plaisir et les autres modes de la connaissance ou de la réalité inférieure et passagère.

Mais, comme ce monde est dans un perpétuel mouvement et change sans cesse, que par lui-même il *n'est* jamais, mais *devient* toujours, les êtres et les phénomènes qui le composent n'auront que de la relativité par eux-mêmes ; la sensation, par elle-même, n'atteindra jamais à la vérité complète, le plaisir sensuel n'arrivera jamais à l'existence pleine et entière. Tous ces phénomènes n'étant que des mouvements, ou que de simples aspects du mouvement, participeront à l'instabilité des choses qui s'écoulent et dont les éléments constitutifs meurent en même temps qu'ils naissent.

Cette première réflexion sur la nature du mouvement et la constitution de l'univers nous fait déjà entrevoir que le plaisir ainsi que la sensation, phénomènes du monde sensible, appartiennent à la catégorie des contingences, des choses qui n'ont point en elles-mêmes la raison de leur existence.

Comme on le voit, Platon est ici d'accord avec Héraclite, et pour lui, comme pour tous les partisans de la théorie du mouvement continu, la sensation, en dernière analyse, est un cas particulier de l'écoulement général auquel est soumis le monde du devenir

Voici, au dire de Platon lui-même, comment Héraclite ou du moins Aristippe (1), ce qui revient au même, entendait expliquer le phénomène de la perception sensible. Tout est mouvement dans l'univers ; or, le mouvement est de deux espèces, l'un actif, l'autre passif ; notre perception sensible se réduit à la rencontre et au frottement de ces deux mouvements. De ce choc continuel naissent des productions innombrables rangées sous deux classes, δίδυμα ; d'un côté, l'objet sensible, la qualité, ποιότης ; de l'autre, la sensation, αἴσθησις. « La sensation coïncide toujours avec l'objet sensible et se fait avec lui. Les sensations ont les noms de vision, d'audition, d'odorat, de froid, de chaud et encore de plaisir, de douleur, de crainte, sans parler de bien d'autres dont une infinité manque d'expression. Chaque qualité sensible est contemporaine de chacune des sensations correspondantes ; des couleurs de toute espèce répondent à des visions de toute espèce, des sons divers correspondent aux di-

(1) Cf. *Revue des Cours et Conférences*, cours de M. Brochard, *loco citato* ; *Théétète*, 180, D ; 182 A sqq. On est généralement d'accord pour appliquer ces épithètes de κομψότεροι aux disciples de l'École cyrénaïque, par opposition aux expressions de σκληροὶ καὶ ἀντίτυποι, sous lesquelles on croit reconnaître Antisthène et les partisans de l'École cynique. Remarquons, en passant, que Platon donne à ces derniers l'épithète dédaigneuse « d'ignorants ».
Dans le *Philèbe* (p 53, C), on retrouve une nouvelle allusion à ces gens habiles (κόμψοι) qui prétendent ne voir dans le plaisir qu'un écoulement sans fin, un devenir perpétuel (γένεσις), qu'il n'a point de réalité vraie, d'existence réelle : οὐσία δὲ οὐκ ἔστι τὸ παράπαν ἡδονῆς. Stalbaum, Tredelenburg ainsi que Zeller croient, eux aussi, qu'il s'agit, dans ce passage, des Cyrénaïques (Cf. Zeller, *Ph. d. Gr.*, II, 1ᵉ, p. 346, n. 2, t. a. ; trad. fr., III, p. 313, n. 2 ; voir aussi l'article qu'il a publié contre Georgii, Rheinhardt et Köstlin, dans l'*Archiv für Geschichte der Philosophie* (*zu Aristippus*) t. I, pp. 172 sqq.) Nous savons, en effet, par Diogène de Laërce (II, 87, sqq.), qu'Aristippe ne voyait dans le plaisir, comme dans tout le reste, qu'une simple manifestation du mouvement. Tredelenburg (*de Philebi consilio*, 9) pense qu'Aristote, dans l'*Éthique à Nicomaque* (II, 12) et dans la *Grande Morale* (B, 7), fait allusion à ce passage. Cf. Rodier, *Remarques sur le Philèbe*, 29, sqq.

verses affections de l'ouïe et les autres choses sensibles coïncident avec les autres sensations (1). »

Pour Platon, la sensation aussi est un mouvement, ou plutôt la rencontre de deux mouvements, et, quoiqu'il dise dans le *Théétète* qu'il ne s'approprie rien des théories qui y sont réfutées, il n'en est pas moins vrai que la doctrine sensualiste et matérialiste de cette époque a eu sur la pensée platonicienne une influence prépondérante.

De plus, comme Héraclite, Platon est bien convaincu de la réalité absolue et objective de la sensation, en tant que phénomène sensible. La sensation n'est point seulement une manière d'être du moi. Pour toute l'antiquité, sauf pour Démocrite, et encore dans une certaine mesure, le point de vue subjectiviste est complètement écarté de la théorie de la sensation comme de tout le reste des doctrines philosophiques (2). Platon croit très fermement, comme ses devanciers, que « sentir une chose qui ne serait pas réelle ne serait pas sentir ».

Sans doute, il n'explique pas cette réalité objective par le seul écoulement des choses, mais néanmoins il emprunte cette croyance à la valeur absolue de la sensation, aux écoles sensualistes de son temps. La formule énoncée ci-dessus revient à chaque instant dans les dialogues de Platon (3). Aussi, dans une étude du plaisir, d'après la théorie platonicienne, faut-il avoir cette remarque constamment présente à la mémoire, surtout si l'on veut comprendre tout le sens de la divi-

(1) Cf. Brochard, *loco citato*. *Théétète*, *loco citato*.
(2) Cf. Cours de M. Brochard, pp. 736, 737, et l'article qu'il a consacré à Protagoras et à Démocrite dans l'« *Archiv für Geschichte der Philosophie* ». Voir aussi la thèse de M. Liard, sur *Démocrite*.
(3) Cf. *République*, Liv. IX, *Philèbe*, 32, C à 37.

sion si importante des plaisirs en plaisirs vrais et en plaisirs faux, division dont on ne saisit pas le sens tout d'abord.

Malgré ces rapprochements incontestables, il y a néanmoins entre les théories cyrénaïques et empiristes touchant la sensation et entre la théorie de Platon de profondes différences. Socrate, dans le *Théétète,* après avoir exposé à son interlocuteur la théorie d'Aristippe, a soin de lui en montrer les côtés faibles. D'abord, il lui prouve que cette doctrine, à elle seule, ne peut non seulement constituer la science, mais bien plus qu'elle nie toute réalité possible et se contredit manifestement, si l'on veut aller au fond des choses.

Puisque, remarque Platon, nous sommes dans un changement incessant, il est impossible d'attribuer à l'objet sensible ou à la sensation elle-même aucune réalité vraie, pas même une existence relative. En effet, si c'est de la rencontre même de deux mouvements que naissent d'une part le *sensible,* et d'autre part le *senti,* c'est donc le choc lui-même qui produit à la fois la qualité de l'objet et l'affection du sujet, attendu que rien n'est agent avant son union avec ce qui est patient, ni patient avant son union avec ce qui est agent. Mais, comme par hypothèse le changement est continu, sans arrêt, ni la qualité de l'objet, ni la sensation du sujet ne peuvent apparaître, car à l'instant même où elles entreraient dans la réalité, elles devraient en disparaître (1). Soutenir le contraire serait supposer sans

---

(1) Cf. *Théétète,* 182 B, sqq. C'est qu'en effet, pour Héraclite, (et c'est là le point essentiel de son système), le mouvement ne renferme rien de positif, il n'y a que de l'écoulement continu, c'est-à-dire passage d'une chose à son contraire, c'est la théorie de l'opposition des contraires que Platon appliquera, comme nous le verrons, pour expliquer certains plaisirs, les plaisirs du corps. La nature, pour Héraclite, est un *Protée* universel, une série continue de métamorphoses complètes.

raison une suspension dans l'écoulement, par là même, nier sa continuité et détruire le principe tout entier.

Il résulte donc de ce raisonnement, comme le remarque justement Socrate (1), non seulement que rien n'est *un* absolument, mais que chaque chose n'est qu'un rapport qui varie sans cesse ; que, par conséquent, il faut retrancher partout le mot « être » (2). Il pourrait même ajouter que tout n'est qu'un rapport sans terme fixe pour le soutenir, comme sans intelligence pour le saisir (3). Donc rien n'est, tout devient, apparaît et périt simultanément : on ne peut parler de rien ; la théorie se nie d'elle-même (4) et la sensation est impossible. Dans une telle doctrine il n'y a aucune réalité possible, par conséquent ni connaissance, ni plaisir. C'est nier l'évidence au nom de la métaphysique et, pour résoudre le problème, supprimer la question.

Il faut donc quelque chose de plus que l'écoulement perpétuel et universel pour expliquer le mouvement et par là même la sensation. D'ailleurs, si la sensation n'est pas la science complète, n'est-elle pas du moins le point de départ de la connaissance ; bien plus, elle est elle-même une connaissance, par conséquent elle

---

(1) *Théétète*, loco citato.
(2) Au dire de Plutarque (*Heracliti Fragmenta*, p. 317, éd. Didot), Héraclite, ou du moins ses partisans, ne niaient pas ces conclusions : Ποταμῷ γὰρ οὐκ ἔστι δὶς ἐμβῆναι τῷ αὐτῷ καθ' Ἡράκλειτον, οὐδὲ θνητῆς οὐσίας δὶς ἅψασθαι κατὰ ἕξιν · ἀλλὰ ὀξύτης καὶ τάχος τῆς μεταβολῆς σκίδνησι καὶ πάλιν συνάγει, μᾶλλον δὲ οὐδὲ πάλιν οὐδ' ὕστερον, ἀλλ' ἅμα συνίσταται, καὶ ἀπολείπει, πρόσεισι καὶ ἄπεισι · ὅθεν οὐδ' εἰς τὸ εἶναι περαίνει τὸ γιγνόμενον αὐτῆς τῷ μηδέποτε λήγειν μηδ' ἵστασθαι τὴν γένεσιν.
(3) Nous ne pensons point en effet que le Λόγος universel, dont parle Héraclite, soit pour le monde un principe d'intelligence consciente, réfléchie ; c'est plutôt tout simplement la loi immanente d'après laque le s'opère l'écoulement général. Sur les Théories d'Héraclite, cf. PLATON, *Théétète*, 152, D ; 160, D ; — ARISTOTE, *Métaphysique*, A, 3 ; 284ᵇ.
(4) Cf. *Cours de M. Brochard*, p. 73ᵛ.

doit avoir pour objet quelque chose qui est et même qui est un (1). Il y a donc nécessairement dans le devenir un élément qui demeure ; la sensation, en tant que phénomène total, est une réalité du monde sensible, elle appartient au genre mixte, elle renferme donc un mélange d'indéterminé et de déterminé, d'infini et de fini, de multiplicité et d'unité, « du même et de l'autre ».

Ici Platon se sépare nettement d'Héraclite et rejoint Parménide. Il opère la synthèse des deux systèmes opposés : l'être n'est ni l'unité, ni la multiplicité, il est à la fois l'une et l'autre (2). La sensation considérée du point de vue de l'existence, c'est donc la rencontre de ce qui est fixe et de ce qui passe, de l'*Idée* et du *Devenir*; du point de vue de la connaissance, c'est la rencontre par l'âme de cette idée enchaînée et comme cachée dans le monde de l'apparence (3).

Mais l'âme elle-même appartient au monde du devenir ; elle est le premier des êtres changeants τὴν πρώτην γένεσιν, καὶ κίνησιν; comment donc alors pourra-t-elle percevoir la sensation lorsqu'elle viendra à se produire ? Si l'âme n'est que mouvement passif, il y aura, sans doute, des rencontres de mouvements possibles ; il y aura de la qualité, mais il n'y aura pas de connaissance ; il y aura, si l'on veut, modification de l'âme, mais il n'y aura pas sensation proprement dite, perception de la modification produite. Il sera donc nécessaire que l'âme ait comme la puissance intime de se détacher d'elle-même, de se replier sur ses propres états, en un mot,

---

(1) Cf. *République*, VII, p. 515.

(2) Cf. *Sophiste*, théorie de l'*Être* et du *Non-Être*.

(3) Aristote, dans ses œuvres, a repris et complété cette critique du phénoménisme d'Héraclite et du monisme de Parménide. Voir sur ce sujet l'article de M. Piat, *Revue de Philosophie*, N° 4, *Les Catégories d'Aristote*.

de réfléchir. Platon a reconnu que non seulement l'univers, mais que la connaissance dans son degré le plus humble, la sensation, ne pouvait être expliquée par une doctrine purement mécaniste et que la conscience était irréductible au mouvement.

C'est dans ce sens, il me semble, qu'il faut comprendre cette réflexion, étrange au premier abord, que Socrate fait à Protarque, dans le *Philèbe* (1), en remarquant que le plaisir sans intelligence, nous dirions sans conscience, ne saurait exister; car, par le fait même que le plaisir est senti, perçu, il renferme autre chose que du changement, autre chose que de la quantité, comme diraient les modernes; il renferme un élément qualitatif, comme un reflet de connaissance, d'intelligibilité (2).

Ainsi la sensation, considérée comme phénomène intégral, comme connaissance et comme affection sensible, renferme donc autre chose que du changement, du non-être; si, par sa nature, elle appartient aux choses du devenir, si elle-même est dans son essence une sorte de devenir, il est nécessaire néanmoins qu'elle participe à l'être, que, comme le mouvement, elle contienne un élément durable, de l'identique. La sensation aussi est donc un rapport, une synthèse d'unité et de multiplicité, et par là même le plaisir sensuel est, comme tout être contingent, un mélange de réalité et de diversité, un rapport de l'indéterminé au déterminé, au fini.

La théorie de la sensation occupe également une grande place dans la philosophie d'Aristote; nous avons

---

(1) Cf. *Philèbe*, 21, C.-D.
(2) Platon reprendra cet argument pour prouver qu'il y a des plaisirs qu'on a le droit de qualifier de *plaisirs faux*, c'est-à-dire des plaisirs qui ne renferment en eux que du *devenir*, du négatif.

même un traité écrit tout spécialement sur ce sujet (1). De plus, la même question est reprise dans le *Traité de l'Âme*, principalement dans le second livre et dans une bonne partie du troisième. Enfin, d'autres sources d'information, assez nombreuses d'ailleurs, nous sont fournies par des textes tirés de petits opuscules, tels que ceux qui ont pour titre : *De la Mémoire, De la Réminiscence, du Sommeil et du Rêve*, ou d'autres ouvrages plus importants tels que l'*Éthique à Nicomaque*, et les autres *Morales*, l'*Histoire des Animaux* et le traité des *Parties des Animaux*.

Néanmoins, dans ces divers traités spéciaux, aussi bien que dans les passages épars tirés des autres œuvres, nous n'avons nulle part une doctrine suivie, définitive touchant la sensation. Comme le remarque M. Boutroux (2) des ouvrages didactiques en général, attribués à Aristote, il y a, dans ces études particulières, une grande précision, une admirable brièveté de détails et de formule ; mais il y a aussi une incohérence, une négligence dans l'enchaînement logique parfois vraiment désespérante, car, en substituant sans cesse notre interprétation personnelle à celle de l'auteur, nous sommes toujours convaincus de mettre quelque chose de nous dans l'exposé d'un système qui ne nous appartient pas et qu'on voudrait respecter de tout point.

Malgré ces obscurités relatives, une vérité importante reste acquise et semble se dégager elle-même de la lecture attentive de Platon et d'Aristote : c'est qu'entre ces grands penseurs, il n'y a point d'opposition systématique, pas plus dans ce qui concerne la théorie de la sensation que dans la théorie du mouvement en géné-

---

(1) Le Περὶ αἰσθήσεως καὶ αἰσθητῶν.
(2) *Grande Encyclopédie*, article Aristote, p. 950.

ral. Sans doute, l'un modifie l'autre, mais il le continue, il le précise, comme Platon avait lui-même continué et précisé Héraclite et Parménide.

A la suite de tous ses prédécesseurs, Aristote pense qu'entre le plaisir, la sensation et le mouvement il y a une relation très étroite, et, comme Platon, il est convaincu que le mouvement ne se réduit point à une simple succession de phénomènes, à un écoulement continu, c'est-à-dire à un pur mécanisme (1). Le mouvement, pour Platon comme pour Aristote, exige une direction, une fin, une qualité. C'est qu'en effet le mouvement, le changement, n'est autre chose que le passage d'un certain état à un autre état déterminé, « de la puissance à l'acte (2) », comme dit Aristote, non de la puissance à une autre puissance suivant un écoulement indéfini dans un devenir sans fin, comme l'admettait Héraclite.

Pourtant il y a, entre Platon et Aristote, une différence très importante au point de vue des conséquences qui en découlent, lorsqu'il s'agit d'expliquer, de déterminer en quoi consiste exactement cette qualité, cette sorte de fixité, de partie positive inhérente à tout changement.

Pour Platon, la fin vers laquelle se hâte le *devenir* est un but fixe, immuable, indépendant du mouvement lui-même, c'est-à-dire de la série indéfinie d'états par où passe la succession de phénomènes : c'est la borne immobile vers laquelle se dirige le coureur, le but fixé d'avance où court la flèche. Le terme est toujours en

---

(1) Cf. *De l'Ame*, B, 12; 415ᵇ, 24; 416ᵇ, 33 : « Ἡ δ'αἴσθησις ἐν τῷ κινεῖσθαι τε καὶ πάσχειν συμβαίνει... ἀλλοίωσίς τις εἶναι δοκεῖ. » Sur la critique du phénoménisme mécaniste de Leucippe, Démocrite, Héraclite, cf. principalement Aristote, *Métaphysique*, A, 1; 985ᵇ, 4-22; *Physique*, A, 2, 184ᵇ, 20, 22 : *De la Génération et de la Corruption*, A, 2; 316ᵃ, 10, etc.

(2) Ἐκ δυνάμεως εἰς ἐντελέχειαν.

dehors de la carrière à parcourir, c'est-à-dire en *dehors* de la série d'étapes dont est composé le mouvement.

Pour Aristote, au contraire, le terme du mouvement est dans la série successive elle-même, et il en est inséparable. Le mouvement est en quelque sorte sa propre fin à lui-même, ou plutôt, si dans la notion du mouvement, dans le changement, n'était pas renfermé essentiellement un élément final, un élément statique et positif, le mouvement serait une absurdité, une contradiction.

Nous ne pouvons trop insister sur cette théorie du mouvement, dans Aristote, car elle résume et éclaire, non seulement sa *Physique*, mais toute sa philosophie en général aussi bien que sa psychologie et sa morale en particulier (1).

L'être quel qu'il soit — τι, — est ou en *entéléchie*, c'est-à-dire en acte seulement, ou en puissance seulement, ou à la fois en puissance et en acte; et il semble, pour Aristote, qu'il y ait une relation entre l'entéléchie seule et l'être, la perfection; entre la puissance seule et la quantité; entre l'union de l'acte avec la puissance et les êtres contingents. Aucun être du monde contingent, n'étant parfait en soi, n'est simple, n'est immobile. Bien plus, on pourrait dire que l'acte par lui-même, c'est-à-dire Dieu, n'est pas dans un repos absolu, puisqu'il pense sans cesse. Le fond de l'être est donc l'activité, c'est-à-dire une dualité au moins apparente, mais une dualité synthétique et qui tend à l'équilibre et à l'harmonie, c'est-à-dire à l'unité.

Tout est donc en relation avec tout, et, par conséquent, dans les êtres il y a nécessairement des con-

---

(1) « Ignorer le mouvement, c'est ignorer la nature entière. » Sur la théorie du *Mouvement* dans Aristote, cf. *Métaphysique*, K 9; 1065ᵃ, 5, et les études du traité de la *Physique*, du traité de l'*Ame*.

nexions réciproques d'*action* et de *passion*, c'est-à-dire des relations de *contact*, des relations de moteur à mobile.

De plus, le mouvement n'existe point en dehors des choses ; il n'est point, comme dirait Kant, *une chose en soi*, il n'existe que dans les *catégories* et encore dans certaines catégories. Tout ce qui change, en effet, ne change que dans la quantité, dans la qualité ou dans le lieu ; et même le mouvement ne peut se produire que par rapport à ces trois catégories de l'être.

C'est qu'en effet tous ces concepts, toutes ces notions impliquent dualité d'éléments et opposition entre ces éléments. La substance, ou plutôt l'être considéré par rapport à la substance (τόδε), pourra passer, quant à la *qualité*, d'un contraire à l'autre, du blanc au noir, et réciproquement ; dans la quantité, il y aura changement du plus au moins ; dans le lieu, l'être pourra se mouvoir dans les diverses directions de l'espace, de haut en bas, de bas en haut, de gauche à droite, de droite à gauche.

Dans toutes ces catégories, le mouvement, considéré d'un point de vue général, réalisera l'être qui était en puissance par rapport à chacune des alternatives contraires impliquées dans chacune des catégories.

Cette actualisation de la puissance sera, dans la catégorie de la qualité, l'ἀλλοίωσις, le *changement qualitatif* ; dans la quantité, le mouvement sera de l'*augmentation* ou de la *corruption* (αὔξησις, φθίσις) ; enfin dans le lieu, le changement sera désigné sous le terme général de *translation* (φορά) ; mais, dans tous les cas, le mouvement sera bien l'*acte* ou l'*entéléchie* de l'être en puissance de devenir ce qu'il n'est pas ; ce sera l'acte de l'être en voie de passer à un état déterminé, soit que cet être tende à sa propre perfection, soit simplement qu'il devienne autre qu'il n'est. Le mouvement ne sera donc pas l'acte de l'être en tant qu'il est en repos, c'est-à-dire actualisé dans son genre, mais au contraire en tant qu'il est mobile et en puissance par rapport à ce qu'il n'est pas. Ainsi le passage d'un morceau de cire qui, de forme sphérique, prend la forme d'une statue, sera un mouvement, car ce sera l'actualisation d'une puissance de la cire, qu'elle n'avait pas, et non l'acte même de sphéricité.

C'est que, pour Aristote, la puissance, dans l'être, se distingue de son essence. L'essence est ce qu'elle est, une, identique à elle-même, tandis que la puissance peut renfermer, virtuellement au moins, tous les contraires; elle contient, comme dirait Platon, du *même et de l'autre*.

C'est dans l'affirmation de cette distinction profonde entre l'essence et la puissance, entre l'élément statique et l'élément dynamique de l'être (1), que se trouve résumée toute la supériorité d'Aristote sur Platon. Un être du monde contingent, pour Platon, est seulement en puissance, en devenir; il n'a de réalité vraie qu'en tant qu'il participe à son *idée* qui est en dehors de lui (χωρίς); tandis que pour Aristote, l'être, à côté de la puissance, renferme en lui-même une réalité actualisée qui constitue son essence; il n'est pas en puissance pour devenir *lui*; mais pour devenir *autre chose*. D'ailleurs, cette puissance qui est dans l'être est si peu cet être qu'elle est commune à une infinité d'autres êtres, à l'airain, par exemple, au bois, qui, tout comme la cire, sont en puissance de statue. La puissance, l'indéfini,

---

(1) C'est la même idée au fond qu'Aristote reprend sans cesse pour faire remarquer que l'*acte* ou *entéléchie* peut être considéré tantôt comme en repos, tantôt comme agissante.

loin de constituer l'être dans lequel il se manifeste, est, au contraire, indifférent à n'importe quel être.

Le mouvement, c'est-à-dire le passage de la puissance à l'acte, ou l'entrée de l'entéléchie en activité, est donc *l'acte du mobile en tant que mobile, du possible en tant que possible* (1) ; car, dès que le mouvement apparaîtra dans la puissance, la puissance cessera d'être simple puissance ; elle sera un possible non plus seulement indéterminé à être *ceci* ou *cela*, ceci ou son contraire ; mais à être *cela*, c'est-à-dire un possible actualisé, déterminé en tant que possible. Le mouvement est donc bien un *acte*, l'acte du possible en tant que possible. Par le mouvement, la puissance n'est pas actualisée définitivement, mais actualisée pour devenir quelque chose ; elle n'est plus indifférente ; elle est déjà fixée.

Aristote affirme par là qu'il y a un élément positif dans le mouvement, et que cet élément lui est aussi essentiel que l'élément de diversité qu'il renferme, et que c'est de cet élément positif que part le mouvement, l'activité ; c'est ce qu'il fait remarquer à ceux qui ne voyaient dans le mouvement qu'une différenciation continue (ἑτερότης), un équilibre sans cesse rompu (ἀνισότης), un néant relatif (τὸ μὴ ὄν). Tous ces concepts, en effet, ne renferment en eux que du négatif, et il faut d'abord et en premier lieu au mouvement un élément positif ; l'écoulement ne se soutient que par le durable. Bien plus, le mouvement qui n'a aucune de ces notions ni pour principe, ni pour fin, n'est pas davantage déterminé, défini par leurs contraires, c'est-à-dire par le *même*, par l'*égal*, par l'*être*. Le mouvement, comme tout acte, appartient aux intermédiaires,

(1) « Ἡ τοῦ δυνατοῦ, ᾗ δυνατόν, ἐντελέχεια κίνησίς ἐστί. »

c'est un milieu, un équilibre, une synthèse réalisée de l'identité et de la diversité, de la puissance et de l'être actualisé.

Ce qui a induit les philosophes dans les erreurs contraires, c'est que tous ont pensé que le mouvement était nécessairement quelque chose d'*indéterminé* (ἀόριστόν τι); indéterminé complètement pour les uns; déterminé indirectement et comme par accident, pour les autres. Ce qui revient toujours à dire, si l'on veut aller au fond des choses, que, dans le mouvement, en tant que mouvement, il n'y a pas de qualité, de direction; qu'il n'y a que de la quantité, de l'intensité. Pour Platon, le principe de direction étant l'*Idée,* est déjà en dehors du mouvement lui-même; pour que la notion du mouvement soit intelligible, il faut faire rentrer réellement l'Idée dans le devenir, l'unité dans la multiplicité.

On voit, par ces analyses, combien de sens divers et tout à fait opposés pourra cacher cette proposition commune à tant de doctrines philosophiques : *le plaisir est un mouvement.* Pour Héraclite et ses disciples, ce sera, comme nous l'avons remarqué, affirmer l'indéfini absolu du plaisir, sa négation comme substance; pour Platon, ce sera accorder au plaisir une réalité au moins participée, tout en lui refusant une existence pleine et indépendante; enfin, Aristote pourra entendre par la même formule que le plaisir est quelque chose d'essentiellement positif, un être constitué, un acte.

En dehors de ces conditions extérieures et métaphysiques auxquelles se rattachent l'explication des phénomènes du monde sensible, il y en a encore d'autres d'ordre plus intime en quelque sorte, plus intérieures, auxquelles Platon et Aristote donnent une très grande importance, quand il s'agit de l'explication psychologique et même physiologique de la sensation et du plaisir sensible, conditions que, d'après eux, il faut connaître nécessairement pour avoir l'intelligence complète de ces phénomènes (1).

M. Chaignet, dans son ouvrage intitulé : *Psychologie de Platon* (2), dit que Platon a défini la sensation « un mouvement de l'âme produit par les choses extérieures et communiqué à l'âme par l'intermédiaire du corps », et il renvoie au *Dialogue de la République* (livre IX, pages 583 et 584). Platon, il est vrai, à cet endroit, parle des plaisirs corporels plutôt que de la sensation elle-même. Néanmoins, on peut dire que cette définition répond parfaitement à l'idée générale que se fait Platon de l'explication psychologique et physiologique du phénomène intégral de la sensation (3).

L'essence de l'âme, d'après Platon, est « de se mouvoir elle-même et de mouvoir le corps (4) », et c'est apparemment pour cette raison que l'âme est du même genre que la cause, que la fin qui met tout en mouve-

---

(1) C'est ce que Platon déclare expressément dans le *Philèbe* (p. 31, B). Après avoir recherché à quel genre appartient la notion du plaisir et avoir conclu qu'il fallait rattacher ce phénomène au genre de l'*indéfini* (ἄπειρον), c'est-à-dire, croyons-nous, au mouvement considéré, abstraction faite de son élément final, il ajoute qu'il lui paraît nécessaire de rechercher le *sujet* dans lequel se produit le plaisir, ἐν ᾧ ἐστιν, ainsi que la nature de l'*affection* à l'occasion de laquelle il se produit, καὶ διὰ τί πάθος γίγνεται.

(2) Voir page 247.

(3) C'est ce qui ressort très clairement d'un passage du *Philèbe*, où la sensation est expliquée par un ébranlement commun et particulier de l'âme et du corps résultant d'une modification corporelle antécédente : Τὰ δὲ (παθήματα) δι' ἀμφοῖν ἰόντα καὶ τινα ὥσπερ σεισμὸν ἐντιθέντα ἴδιόν τε καὶ κοινὸν ἑκατέρῳ, *Philèbe*, 33, D. Cf. *Timée*, p. 42, A ; 43, C, D, E ; 64, A, sqq. Voir surtout *Philèbe*, 34, A, où la sensation est définie très clairement par « le mouvement qui affecte à la fois l'âme et le corps ».

(4) *Lois*, X, p. 895.

ment (1). L'âme peut donc recevoir des modifications, elle est sujette au changement et au devenir.

La sensation, toutefois, n'est point un de ces mouvements que l'âme se donne à elle-même ou qu'elle donne au corps; c'est, au contraire, un mouvement tout passif que l'âme reçoit du corps.

Par suite du devenir universel des éléments dans le monde sensible en marche incessante vers le monde idéal, notre corps est nécessairement affecté d'une infinité de modifications. Cependant, toutes ces modifications, toutes ces affections n'arrivent pas jusqu'à l'âme : certaines d'entre elles s'éteignent dans le corps (κατασβεννύμενα). L'âme, dans ce cas, reste insensible, il n'y a pas de sensation (ἀναισθησία) (2); il n'y a qu'un phénomène purement corporel, nous dirions physiologique, qui laisse l'âme impassible, sans émotion, sans connaissance (ἀπαθῆ ἐκείνην ἐάσαντα) (3). Mais si le mouvement passe jusqu'à l'âme (δι' ἀμφοῖν ἰόντα), il y a ébranlement commun de l'âme et du corps; l'âme éprouve une modification (πάθημα), et le mouvement qui accompagne cette modification n'est autre que la sensation.

Ainsi, pour Platon, la sensation est donc un mouvement commun de l'âme et du corps, et ce mouvement, bien qu'il n'ait sa pleine actualisation que lorsqu'il arrive à l'âme elle-même, part cependant du dehors, a sa cause déterminante dans un mouvement extérieur.

Aussi cette théorie de la sensibilité n'est possible que dans un système où le monde est conçu, sinon comme

---

(1) C'est dans l'âme que, d'après Platon, se trouve le νοῦς ; or, le νοῦς est du même genre que la *cause* αἰτίας ξυγγενής. Cf. *Philèbe*, 27. B, D; 31, A. — *Timée*, 30, B : διὰ δὴ τὸν λογισμὸν τόνδε νοῦν μὲν ἐν ψυχῇ... κ.τ.λ. Voir ROUIER, *Rem. s. le Philèbe*, p. 17, sqq.

(2) *Philèbe*, 33, E.

(3) *Philèbe*, loco citato.

un écoulement continu, au moins comme nécessairement soumis à la loi du changement ; ce que, d'ailleurs, Aristote admet comme Platon lui-même. Si, en effet, Aristote nie que tout, ici-bas, soit dans un universel mouvement, soit un perpétuel devenir (γένεσις) ; s'il affirme, au contraire, qu'au fond même de l'être concret, réel, l'être du monde visible, il y a nécessairement un élément de repos, de fixité, d'identité, un acte, en un mot ; il ne reconnaît pas moins que le changement est aussi un attribut de l'être contingent, que tout ce qui existe dans notre monde est sujet à un devenir relatif et partiel, sinon à un devenir total. En effet, dans l'être d'Aristote, non seulement, à côté de l'acte, il y a toujours de la puissance, de la virtualité ; mais, de plus, l'acte lui-même est un principe d'activité, c'est-à-dire que si, dans son essence, l'acte est un et immuable, il renferme néanmoins, en tant que principe synthétique de la dualité foncière de l'être, des tendances à sortir de son repos, de sa fixité ; de même que, en sens inverse, l'Idée platonicienne, quoique immobile de sa nature, a comme une énergie attirante qui émane d'elle-même, puisqu'elle est une fin, un but vers lequel gravite le devenir universel (1).

Grâce à ce mouvement qui existe dans le monde, l'être sensible pourra entrer en contact avec les autres êtres ; la sensation pourra se produire. Cependant, toute rencontre de l'être matériel et de l'être sensible ne sera pas une sensation ; ce phénomène particulier d'ordre vital aura besoin de certaines conditions physiologiques et psychologiques pour se produire. L'être

---

(1) *Philèbe*, 26, B ; *Banquet*, 183, E, 188, D ; *Sophiste*, 248, E sqq., etc , où Platon nous montre d'une façon plus ou moins explicite comment l'*Idée* renferme en elle-même un principe d'harmonie, cause de l'union du *fini* à l'*infini*, ainsi que du mélange des genres.

sensible, comme l'être matériel, est composé d'une matière et d'une forme, mais, chez lui, matière et forme ont des lois et des rapports spéciaux. La sensation naîtra-t-elle simplement de la rencontre du monde extérieur avec la forme seule, c'est-à-dire avec l'âme du composé sensible? Aristote, comme Platon, ne le croient pas ; le phénomène de la sensation est un phénomène mixte, à double aspect, et qui dépend à la fois de l'âme et du corps : « Sans le corps, pas de sensation, dit Aristote, « οὐκ ἄνευ σώματος » ; c'est pourquoi il ne craint pas d'appeler le *fait de sentir* quelque chose de corporel « σωματικόν » (1).

Ailleurs, il est plus explicite encore et, dans le *Traité de la Sensation et des Sensibles,* Aristote semble traduire la définition même de Platon rapportée plus haut en affirmant expressément que la sensation n'arrive à l'âme que par un ébranlement du corps (2).

C'est que la sensation, pour Aristote, est par excellence l'acte du *sens*, et que le sens, comme l'être sensible lui-même, est un composé ; or, l'acte d'un composé doit nécessairement lui-même présenter une certaine complexité. Et, en effet, la sensation, vue par rapport à la partie psychique du sens, apparaît surtout comme un acte, par conséquent comme quelque chose d'identique, et d'un, au moins d'une unité synthétique ; mais vue en elle-même en tant que phénomène, la sensation est un être concret en quelque sorte, et comme

---

(1) Cf. *De l'Ame,* Γ 3 ; 427ᵃ, 26, 27 : « πάντες γὰρ οὗτοι τὸ νοεῖν σωματικὸν ὥσπερ τὸ αἰσθάνεσθαι ὑπολαμβάνουσιν. » — Voir aussi *Ibid.,* A, 403ᵃ, 6, 7.

(2) « Ἡ δ' αἴσθησις ὅτι διὰ σώματος γίγνεται τῇ ψυχῇ. »
Un texte emprunté au *Traité du Sommeil* est non moins formel : « Ἡ δὲ λεγομένη αἴσθησις, ὡς ἐνέργεια, κίνησίς τις διὰ τοῦ σώματος τῆς ψυχῆς ἐστιν. »

tel elle est douée d'acte et de puissance. Rien n'empêche, dans la théorie d'Aristote, et, au contraire, c'est un des principes fondamentaux de son système, rien n'empêche qu'un être concret (acte et puissance) soit l'acte d'un autre être. C'est ainsi que l'âme, qui n'est pas acte pur, puisqu'elle renferme des virtualités diverses, est néanmoins l'acte du corps (1).

Le *sens*, d'ailleurs, dont la sensation est éminemment l'acte, n'appartient pas seulement à l'âme, mais simultanément à l'âme et au corps ; et il n'en saurait être autrement, car nulle part et dans aucune manière, et dans aucune de ses puissances sensibles, l'âme ne peut être séparée du corps, ni le corps de l'âme, sinon par une abstraction purement logique. A chacune des cinq facultés sensibles de l'âme correspondent donc nécessairement cinq instruments corporels, cinq organes naturels (ὄργανον), et l'union de chacune de ces facultés psychologiques avec l'organe correspondant forme les cinq sens (2).

Telles sont les conditions psychologiques et physiologiques de tout phénomène de l'ordre sensible et en particulier, dans sa forme le plus générale, le plaisir organique.

Arrivons maintenant à ce qu'on pourrait appeler, dans le système de Platon et d'Aristote, le mécanisme de la sensation.

Platon distingue parmi les impressions que peut faire sur nous le monde extérieur, d'une part les impressions communes au corps entier et les sensations qui en ré-

---

(1) Cf. *De l'Ame*, B. 1 : 412^a à 412^b : « λέγομεν γένος ἕν τι τῶν ὄντων τὴν οὐσίαν, ταύτης δὲ τὸ μὲν ὡς ὕλην... ἕτερον δὲ μορφὴν καὶ εἶδος, καὶ τρίτον τὸ ἐκ τούτων... ἔστι δὲ τὸ σῶμα... ὡς ὕλη... τὴν ψυχὴν εἶναι ὡς εἶδος σώματος φυσικοῦ... ἐντελέχεια ἡ πρώτη. »

(2) Cf. *De l'Ame*, B, 8 ; spécialement 420^a , 9 ; 421^b , 15, etc.

sultent, telles que le chaud, le froid, le dur, la pesanteur ; puis les sensations propres à des organes particuliers, telles que la vision, le son, les saveurs et les odeurs.

Suivant les lois de leur composition intime que Platon décrit très longuement dans le *Timée* (1), l'eau, la terre, le feu et l'air, sous l'action organisatrice du Démiurge, se combinent de façon à former tout l'univers, et, d'après la prédominance de chacun de ces éléments dans tout le composé, ou même, d'après la plus ou moins grande ténuité des corpuscules homogènes (2) qui forment ces éléments constitutifs des choses, les corps ont une nature plus ou moins résistante et reçoivent avec plus ou moins de complaisance (3) les mouvements qui leur sont communiqués du dehors. « Si, dit Platon, une substance mobile de sa nature vient à recevoir une impression, même légère, il s'établit dans le corps comme un cercle de parties qui se transmettent cette même action et la font parvenir jusqu'à la partie pensante de l'homme à laquelle elles annoncent ainsi la puissance de l'agent (4). » C'est alors et alors seulement qu'il y a phénomène psychologique, sensation proprement dite. Au contraire, un corps de nature résistante, ne pouvant se prêter à la transmission de ces ondulations de mouvement, ne peut communiquer à l'âme l'impression qu'il reçoit : alors il y a simplement modification organique, sans phénomène de sensation. La docilité, la souplesse des éléments est donc en quelque sorte la condition première de la sensation ; c'est pour cette raison que la vue dont l'organe est composé uniquement de feu nous procure les sensations

(1) *Timée*, 48, 14. *Philèbe*, 29, 30.
(2) *Timée*, 53, C, à 62
(3) Τὸ τῆς εὐκινήτου τε καὶ δυσκινήτου φύσεως. *Timée*, 64, B.
(4) *Timée*, p. 64 B ; Trad. H. Martin, 173. *République*, VII, 515.

les plus nettes, les plus claires, les plus parfaites (1).

Aristote, lui aussi, ramène le phénomène de la sensation à la rencontre de deux mouvements, ou plus exactement au *contact* du moteur et du mobile dans l'acte même du mouvement. Sa théorie est beaucoup plus complète et surtout beaucoup plus ingénieuse et beaucoup plus détaillée que celle de son maître ; par là même elle rend compte d'une façon bien plus précise, bien plus méticuleuse, du mécanisme intérieur mis en jeu dans la formation psychologique du plaisir. Néanmoins, comme nous le verrons plus loin, tous deux tirent de l'étude de ce phénomène particulier les mêmes conclusions générales.

Quand le moteur agit, il est nécessaire, dit Aristote, qu'il agisse par contact (θίξει), de telle sorte que le moteur devient à la fois *actif* et *passif*; actif, puisqu'il agit ; passif, puisqu'il y a contact. De plus, le moteur apporte toujours à l'être qu'il meut une certaine forme (εἶδος), et ce sera cette forme qui sera le principe (ἀρχή) et la raison (λόγος) du mouvement que le moteur produira. Dès lors, il est clair que le mouvement sera beaucoup plus dans le mobile que dans le moteur, puisque ce sera surtout le mobile qui changera en recevant cette forme, ce qui prouve, une fois de plus, qu'on a eu parfaitement raison de définir le mouvement *l'acte du mobile en tant que mobile*.

De plus, la forme, l'acte du moteur en tant que moteur, ne doit point être autre que l'acte du mobile, puisqu'il faut que l'un et l'autre aient leur entéléchie et que le moteur n'est moteur réel qu'en tant qu'il

---

(1) Cf. *Timée*, 63, D ; *Timée*, trad H. Martin, I, p. 151-163 ; II, notes 49, 50, 51 ; voir aussi la théorie des miroirs d'après Platon, *Timée*, II. Martin, note 152. Il serait intéressant de voir si on ne pourrait point ramener toute la théorie de la connaissance à la théorie de la vision.

ment le mobile. Il n'y a donc qu'un seul acte pour le mobile et pour le moteur, et le contact est un acte synthétique, puisqu'il opère la fusion de deux formes (1). Bien que cet acte semble être dans un rapport différent, dans le mobile et le moteur, il est cependant identique, de même que c'est le même intervalle qui sépare *un* de *deux*, ou *deux* de *un*; Athènes de Thèbes, ou Thèbes d'Athènes.

Appliquons ces théories à la sensation. Aristote considère le *sens* (τὸ αἰσθητικόν) comme jouant le rôle de mobile ; l'*objet extérieur* (τὸ αἰσθητόν), au contraire, est le moteur, et la *sensation* (αἴσθησις) est l'acte synthétique du contact ; le mobile ne passe à l'acte qu'au contact du moteur auquel il emprunte quelque chose, donc le *sens* n'est en fonction, en acte, qu'au moment où il entre en relation avec l'objet sensible, et de même l'objet extérieur n'a la qualité d'objet sensible que lorsqu'il est en contact avec le sens. Telle doit être l'explication générale de la *sensation*, si la théorie de ce phénomène est la même que celle du mouvement.

C'est précisément la manière dont Aristote entend la chose : « Le sens, dit-il expressément, n'est pas, tout d'abord, par rapport à la sensation, en acte, mais seulement en puissance (2). » Alors la sensation elle-même est seulement comme en puissance (3). Mais que le contact de l'objet extérieur et du sens se produise, le sens entre en acte, et c'est cet acte du sens, au moment même du contact, qui produit la sensation. La sensation est donc bien l'*acte du sens* (4). Pourtant,

---

(1) Μία ἡ ἀμφοῖν ἐνέργεια. Cf. *De l'Ame*, Γ, 2 ; 425ᵇ, 26.
(2) Τὸ αἰσθητικόν οὐκ ἔστιν ἐνέργεια ἀλλὰ δυνάμει μόνον. Cf. *De l'Ame*, B, 5 ; 417ᵃ, 6.
(3) Αἴσθησις ὡς δυνάμει. B, 5 ; 417ᵃ, 12.
(4) Ἐνέργεια τοῦ αἰσθητικοῦ.

il ne faudrait pas croire que cet acte est tout entier dans le sens, c'est aussi l'acte de l'objet extérieur, en tant que sensible, de même que le contact est à la fois l'acte du mobile en tant que mobile et l'acte du moteur en tant que moteur (1).

Toutefois si le moteur ou l'objet extérieur apporte une *forme* (εἶδος) au mobile, au moment même où celui-ci s'actualise, on ne saurait dire que c'est son acte propre, son acte essentiel qu'il lui communique; c'est, au contraire, en quelque sorte une forme accidentelle, de même que la forme des lettres qu'il imprime est une forme accidentelle du cachet. La sensation est donc comme un acte accidentel par rapport à l'objet extérieur, tandis que c'est comme l'acte essentiel du sens, puisque le sens n'existe qu'en vue de la sensation, et qu'en dehors de cette forme il n'en a point d'autre, sinon la forme de l'organe corporel et l'acte général, substantiel de l'âme elle-même. Aussi peut-on dire d'une façon plus absolue que la sensation est vraiment et réellement l'acte propre du sens (2). C'est ainsi que la sensation de l'*audition* est l'acte propre du sens de l'ouïe; de même, le *goût* (c'est-à-dire la sensation éprouvée par le goût) est l'acte du sens qui goûte, et ainsi pour la *vue* (3).

Tâchons maintenant, avec Aristote, d'analyser, dans ses éléments, le phénomène du contact lui-même. Dans tout choc, dans toute rencontre, nous avons nécessairement l'entrée en rapport de deux mouvements dis-

---

(1) Cf. *De l'Ame*, Ι', 2; 426ᵃ, 16. Μία ἐστὶν ἡ ἐνέργεια ἡ τοῦ αἰσθητοῦ, καὶ ἡ τοῦ αἰσθητικοῦ.

(2) De même que le mouvement est beaucoup plus dans le *mobile* que dans le *moteur*. Cf. *supra*, page 21.

(3) Cf. *De l'Ame*, Ι', 2; 426ᵃ, 10 : Ἡ δὲ τοῦ ἀκουστικοῦ ἀκοή, ἡ ἄκουσις... ὅρασις λέγεται ἡ τῆς ὄψεως ἐνέργεια, καὶ γεῦσις ἡ τοῦ γευστικοῦ, etc.

tincts, de direction inverse, mais ayant pourtant même trajet ; le mouvement du moteur vers le mobile et le mouvement opposé du mobile au moteur. Soient en effet deux masses A et B, non en rapport de contact,

mais dont l'une A est en mouvement dans la direction de A B et l'autre B, dans la direction de B A. Lorsque le choc en A' B' se produira, que se passera-t-il ? Le moteur A agira sur le mobile B ; B au contraire subira l'action de A. Il y aura donc, d'une part, *action* du moteur ; d'autre part, *passion* du mobile. Est-ce tout ? Non assurément ; B, en effet, par le seul fait qu'il est en mouvement, possède une certaine activité ou résistance opposée à l'activité de A (ἀντικείμενον). Lors du contact cette activité réagira nécessairement sur le moteur A. Par conséquent en plus de la *passion* (πάθημα) dont est affecté le mobile B, il y aura encore une réaction de ce même mobile, réaction qui se traduira elle-même, dans le moteur, par une sorte de *contre-passion*.

Ainsi donc, dans l'acte même du contact, il y aura une multiplicité réelle que l'on pourra ainsi détailler :

A Deux termes { 1° Moteur, *agent*.
{ 2° Mobile, *patient*.

B Deux rapports { 1° Rapport du moteur au mobile.
contraires { 2° Rapport du mobile au moteur.

Ces rapports pourront eux-mêmes se décomposer en trois phases logiquement successives :

1° Action du moteur.
2° Passion du mobile.
3° Réaction du mobile.
4° Contre-passion du moteur.

Si nous appliquons ces remarques à l'interprétation du phénomène de la sensation, nous aurons par analogie :

A Deux termes
- 1° Le *sensible* (τὸ αἰσθητόν), *le moteur, l'agent.*
- 2° Le *sens* (τὸ αἰσθητικόν) *le mobile, le patient.*

B Deux rapports contraires
- 1° Rapport du sensible au sens.
- 2° Rapport du sens au sensible.

C Trois phases de ce double rapport
- 1° Action du sensible sur le sens.
- 2° Réaction du sens.
- 3° Contre-passion du sensible.

La sensation intégrale ne sera autre chose que ce rapport complexe, avec ses trois phases, ses trois mouvements ; la sensation formelle, ou, si l'on veut, l'acte de la sensation, en tant que sensation proprement dite, consistera éminemment dans la *réaction* du sens.

Remarquons en passant qu'Aristote a raison de dire que la *sensation*, comme le mouvement, bien qu'elle soit un acte, est pourtant un acte incomplet (ἀτελής), car non seulement, étant passagère et transitoire, elle ne saurait épuiser toutes les virtualités du sens, mais encore parce que, dans chaque cas particulier, elle n'épuise pas toute l'énergie du sens lui-même, elle ne coïncide pas avec un équilibre, elle est comme entourée de deux instabilités, de deux mouvements : d'une part, l'action du sensible ; d'autre part, la *contre-passion* de ce même sensible. Il y a donc toujours comme un résidu de mouvement, de virtualité que ne peut atteindre ni retenir la réaction du sens, c'est-à-dire l'acte même de la sensation (1).

(1) C'est apparemment pour cette raison qu'Aristote, dans le *Traité de l'Ame*, fait remarquer que la sensation est une moyenne. Voir *De l'Ame*, B, 11 ; 424ᵃ, 25 sqq., où Aristote montre très bien la nature complète et synthétique de la sensation.

Avons-nous épuisé tout le mécanisme de la sensation ; en avons-nous mis à nu tous les ressorts ? Pas encore.

Dans le moteur et le mobile, en effet, nous avons jusqu'à présent considéré surtout la force (δύναμις) dont ils sont doués l'un et l'autre ; mais de plus, pour qu'il puisse y avoir rencontre de deux forces, il faut que ces forces soient déterminées, qu'elles soient orientées dans un sens plutôt que dans un autre, qu'elles aient une *direction,* une spécification (εἶδος). Sans examiner s'il est possible de concevoir une force purement comme une quantité, comme une intensité sans but, sans qualité, nous sommes forcés d'admettre, au nom du sens commun le plus élémentaire, que pour que deux mouvements se rencontrent, il faut qu'il y ait une direction donnée et même une direction opposée ; de même pour que deux voyageurs se rencontrent, l'un partant de Thèbes, l'autre d'Athènes, il faudra qu'ils suivent en sens contraire une route déterminée.

Que se passera-t-il donc dans la rencontre du moteur et du mobile, si nous tenons compte de leurs directions ? Le moteur, en agissant sur le mobile, n'agira pas d'une manière indifférente, mais d'une façon qui sera en rapport avec sa direction propre ; en sorte que *action, passion* et *réaction* seront déterminées *spécifiquement* non seulement par l'intensité du mouvement, mais encore et principalement par sa *qualité,* par sa *direction.*

Il en sera de même de la *sensation ;* le *sensible* agira sur le sens avec la spécificité, avec la détermination particulière (εἶδος) qu'il possède en tant que *sensible* et fera passer, pour ainsi dire, quelque chose de sa *forme* dans le sens lui-même. De son côté, le sens réagira selon sa loi, selon sa nature, et la *sensation* sera vraiment la synthèse commune des déterminations particulières du sensible et du sentant (1).

On conçoit que Platon, qui admettait bien une direction dans le mouvement, mais qui mettait le principe de cette direction dans l'Idée, c'est-à-dire en dehors du mouvement même, ait été embarrassé pour expliquer comment pouvait se faire la synthèse de l'être sentant et de l'objet senti, et ait emprunté à ses prédécesseurs, pour interpréter le phénomène de la sensation, la théorie de la « connaissance du semblable par le semblable », théorie qu'Aristote se fera un malin plaisir de réfuter, non seulement pour confirmer la sienne, mais pour faire sentir aux partisans de son maître à quels dangers on s'expose lorsqu'on veut expliquer toutes choses en fermant trop obstinément les yeux à la réalité.

C'est au chapitre second du Livre premier du *Traité de l'Ame* qu'Aristote dénonce cette doctrine qui, depuis Empédocle, avait eu pour défenseurs des philosophes très divergents d'opinion : Démocrite, Diogène, Héraclite, Critias, Platon, etc. Il en montre longuement les inconséquences et les absurdités dans les chapitres III, IV et V du même *Livre* et se fait fort de prouver qu'avec un pareil système non seulement on ne saurait expliquer le phénomène de la sensation, mais, bien plus, qu'on rendrait le fait de la connaissance, qui est comme l'âme de la sensation même, radicalement impossible (2). Or c'était précisément pour résoudre ce problème de l'identification du sujet et de l'objet dans l'acte de con-

---

(1) Μία ἐστὶν ἡ ἐνέργεια ἡ τοῦ αἰσθητοῦ καὶ ἡ τοῦ αἰσθητικοῦ. Cf. *De l'Ame*, I', 2; 426ª, 16. Quelques lignes auparavant, Aristote exprime la même pensée sous une autre forme : « Ἡ δὲ τοῦ αἰσθητοῦ ἐνέργεια καὶ τῆς αἰσθήσεως ἡ αὐτὴ μὲν ἐστι καὶ μία. »

(2) Cf. *De l'Ame*, A, 2; 405ᵇ, 25; A, 5; 410ª, 24; A, 2; 404ᵇ, 10 à 17; B, 1; 516ᵇ, 35; A, 3; 409ᵇ, 25; id., 412ª, 30; etc.

naître, que Platon avait adopté le système de la compénétration du semblable par le semblable.

Aristote, avec sa nouvelle doctrine, prétend à la fois et sauvegarder la diversité des êtres et résoudre le problème de la connaissance ; bien plus, comme la plupart des philosophes grecs qui l'ont précédé, il croit, lui aussi, ne point séparer ainsi le problème de l'existence de celui de la connaissance, et prouver à la fois que l'être et le connaître sont les deux faces d'une même théorie différentes seulement en apparence.

De ces théories générales du mouvement et de la sensation, auxquelles Platon et Aristote rattachent plus ou moins l'explication métaphysique et psychologique du plaisir, nous pourrons dégager la loi suivante : Dans tout être concret, et même dans tout phénomène du monde réel, mouvement, plaisir, sensation, connaissance, il y a toujours un élément positif sans lequel cet être ou ce phénomène ne saurait subsister ; cependant, à côté de cette qualité déterminée et une, il y a toujours de la multiplicité et de la diversité. Cette multiplicité, cet infini constitue, d'après Platon, comme l'élément primordial de l'être contingent ; tandis que pour Aristote elle est sous la domination de l'acte, du principe unifiant.

De plus, en ce qui concerne plus spécialement la sensation, soit affective, soit représentative, dans Platon comme dans Aristote, il faut toujours, pour que ce phénomène se produise dans l'être sensible : 1° Un mouvement venant du dehors ; 2° un ébranlement commun de l'âme et du corps (1).

---

(1) En plus des références déjà indiquées, voir pour ce qui concerne spécialement Aristote, *Physique*, II. 2 ; 244ᵃ, 11 ; V, 1 ; 451ᵃ, 9, 10 ; Λ, 10 ; 436ᵃ, 8 ; 436ᵃ, 6. — *De la Sensation et des Sensibles...* c. 1, § 2 et 6 ; *Du Sommeil*, A, 6, etc.

Pour compléter ces notions préliminaires, il est nécessaire de faire ici quelques remarques importantes. D'abord, pour Platon, le siège véritable de toute sensation est l'âme, non le corps, bien que le corps soit indispensable à l'intégrité du phénomène, Platon insiste sur ce point en plusieurs endroits (1). De même pour Aristote, c'est dans l'âme et non dans le corps que la sensation a son achèvement, son existence complète. L'âme joue vraiment, par rapport à la sensation, le rôle de substance, d'οὐσία; la sensation, autrement dit, est vraiment une qualité, un mouvement de l'âme plutôt que du corps; c'est à l'âme que s'arrête le processus d'actualisation de la sensation; dans le corps, la sensation, en tant que sensation, n'est encore qu'à l'état imparfait, elle est incomplète, inachevée, ἀτελής.

Par conséquent, quoique plaisir et douleur corporels, pour Platon aussi bien que pour Aristote, ne soient pas, comme nous le verrons, purement synonymes de sensation au sens large du mot, il n'en est pas moins vrai que, pour l'un et l'autre philosophe, tout plaisir ainsi que toute douleur appartient à l'âme. Pour Platon, le plaisir, même sensuel, est un mouvement de l'âme, tout en étant un mouvement en lui-même; pour Aristote, bien que ce plaisir corporel ne soit peut-être pas un mouvement en lui-même, il est néanmoins un accompagnement de la sensation actualisée, c'est-à-dire de la sensation complète et par là même une modification psychique, κίνησις ψυχῆς.

Sans doute, Platon dit bien que ces deux phénomènes, plaisir et douleur, sont des mouvements communs de

---

(1) Cf. *Timée*, p. 64; *République*, IX, 583, 584; *Philèbe*, 33, 34; *Philèbe*, édition STALBAUM, p. 210, note.

l'âme et du corps « κίνησίς τις ἀμφοτέρω », mais il déclare que c'est dans l'âme seule qu'ils arrivent à leur existence « τὸ ἡδὺ ἐν ψυχῇ γιγνόμενον ». Il n'y a donc pas, à proprement parler, de plaisirs du corps (1).

Aussi il ne faut pas se faire une idée fausse de la division des plaisirs que donne Platon dans le *Philèbe* (2). Quand il parle des plaisirs mélangés qui ne concernent que le corps (μίξεις κατὰ τὸ σῶμα), c'est qu'il veut les distinguer, d'une part, des plaisirs mélangés qui appartiennent à l'âme seule (μίξεις τῆς ψυχῆς ἐν τῇ ψυχῇ), et, d'autre part, des affections communes à l'âme et au corps (μίξεις τῆς ψυχῆς καὶ τοῦ σώματος). D'ailleurs il faut bien remarquer qu'il ne s'agit plus ici du plaisir en lui-même, de son actualisation, du sujet dans lequel il se produit (ἐν ᾧ γίγνεται) en tant que plaisir; il s'agit, tout au contraire, du sujet dans lequel se fait le mélange des mouvements, des modifications, qui, en soi, ne sont que des affections sans jouissance ni peine. Or, il est évident que si le corps éprouve à la fois une modification de nature telle, qu'en arrivant à l'âme, elle produise une sensation douloureuse et une modification qui doit engendrer du plaisir, on peut dire en toute justesse que le lieu du mélange est bien le corps lui-même (3).

(1) C'est ce que Apelt a parfaitement mis en lumière, contre Horn, dans son article *Die neueste Athetese des Philebos* (Arch., f. Gesch. d. Philos., x, p. 7). Voir d'ailleurs *Répub.*, 584, C.; *Philèbe*, 32, A, B, C; 55, B, et Rodier, *Remarque sur le Philèbe*, pp. 23, 24; Horn, *Platonstudien*, p. 380.

(2) Cf. *Philèbe*, 24, B, C, D; 32, B, C.

(3) Μίξεις κατὰ τὸ σῶμα ἐν αὐτῷ τῷ σώματι. On ne peut donc dire que c'est le corps qui *reçoit* en lui la douleur ou le plaisir, il les *fournit* seulement dans certains cas, à l'âme. Cf. *Philèbe*, 41, C : Τὸ δὲ τὴν ἀλγηδόνα ἤ τινα διὰ πάθος ἡδονὴν τὸ σῶμα ἦν τὸ παρεχόμενον; *République*, 584, C : Αἱ διὰ τοῦ σώματος ἐπὶ τὴν ψυχὴν τείνουσαι ἡδοναί. C'est toujours la même doctrine que soutient Platon, lorsqu'il définit le plaisir par rapport à l'ἔμψυχον εἶδος, *Philèbe*, 32, A-B; 55, B.

La raison de cette doctrine est dans ce fait que nous avons déjà signalé et qui est commun à Aristote comme à Platon, d'après lequel toute sensation, tout plaisir même est une connaissance, ou tout au moins est nécessairement lié à l'acte de connaître. Or, dans toute connaissance, même sensible, il y a un élément qui dure, qui reste identique. « La connaissance tend à l'être (1). » Tout ce qui est pensé, est ; l'objet de toutes nos pensées est une réalité.

Si donc il est nécessaire qu'il y ait mouvement pour que la connaissance se produise, il n'est pas moins nécessaire qu'il y ait simultanément un repos ; il faut que l'objet pour être connu reste identique à lui-même au moins pendant l'instant où il est perçu ; autrement, tout étant en mouvement, comme dans le système d'Héraclite, la connaissance serait en même temps et ne serait pas, ce qui est une contradiction absolue. Or, pour Platon en particulier, l'âme seule, dans l'être vivant, renferme et concilie ces deux contraires, l'être et le non-être, le mouvement et le repos, le fini et l'infini, le même et l'autre. N'est-elle pas, en effet, la seule chose qui soit mouvement et principe de son mouvement, c'est-à-dire qui soit devenir et renferme en elle-même, grâce à sa préexistence dans le monde des idées, l'idéal, la loi de son évolution? L'âme, en effet, d'après Platon, tout en étant un être du genre mixte, joue vis-à-vis du corps le rôle d'un principe déterminant, le rôle du fini (πέρας) (2). Le corps seul

---

(1) Ὀρέγεται τοῦ ὄντος.
(2) Cf. *Philèbe* 31, B, où ce rôle de puissance unifiante et synthétique de l'âme est très clairement mis en lumière. L'âme du monde joue le même rôle vis-à-vis des éléments dont sont composées toutes choses ; c'est pour ce motif que dans le *Timée* (p. 34, C. sqq), il est dit que Dieu a créé l'âme universelle d'après les nombres et les proportions géométriques.

est du genre de l'infini (ἄπειρον); par lui-même il est indéterminé, ce n'est qu'uni à l'âme qu'il forme un être concret, le vivant (ἔμψυχον). Si l'on peut dire avec justesse que le vivant sent, connaît, jouit, il faut aussitôt ajouter qu'il ne jouit, sent, connaît que par l'âme qu'il renferme. Plutarque avait très bien remarqué la profondeur de cette doctrine et le rapport intime qu'elle présente avec la théorie d'Aristote relativement à la nature et au rôle de l'âme, et c'est pour ce motif qu'il écrivait : « Platon dit que le sens est un commerce de l'âme et du corps, dont la fin est de mettre l'âme en rapport avec les choses extérieures. La puissance et l'acte appartiennent à l'âme, le corps ne fournit qu'un instrument (1). »

Ainsi donc que l'on considère le mouvement dans sa notion générale ou qu'on l'analyse dans une de ses manifestations particulières, il nous apparaît toujours comme une synthèse, comme une sorte de contradiction réalisée de l'être et du non-être, de la quantité et de la qualité, de l'indéfini et du fini ; c'est pour cela que la sensation réunit en elle, dans un acte commun, le semblable et le dissemblable, le corps et l'âme.

Quelle que soit l'importance de ces constatations, nous ne pouvons cependant en déduire une définition exacte du plaisir en général, pas même de ce plaisir corporel qui suppose la sensation. Il est certain, en effet, que, malgré la connexion étroite qu'ont entre eux ces deux phénomènes, ils ne se confondent pas, pas plus que l'impression corporelle ne se confond avec la sensation, bien que la sensation ne puisse exister sans elle. De l'impression organique au plaisir, il y a un *processus* physiologique et psychologique dont la

(1) Cf. RODIER, *Remarques sur le Philèbe*, 21, sqq.

sensation est le moyen terme. Nous avons trouvé dans la notion du mouvement la raison de ce processus, nous en avons expliqué les deux premières étapes, dans quelles conditions particulières se réalisera la troisième, comment de la sensation le mouvement sensoriel passera-t-il à l'émotion, au plaisir ? Tel est le problème qui désormais sollicite nos recherches.

CHAPITRE II

LE PHÉNOMÈNE DU PLAISIR

Plaisir et activité.

Nous avons vu que, d'après les théories de Platon, tous les mouvements corporels ne se termineront pas nécessairement par des sensations; de même les sensations, phénomènes psychologiques, ne seront pas nécessairement agréables ou désagréables (1). A quelles conditions la sensation deviendra-t-elle donc émotion? Comment naîtront en nous le plaisir et la douleur physiques?

Platon répond à cette question d'une façon très nette dans le *Timée* et dans le *Philèbe*. La première qualité que devra renfermer la sensation pour qu'elle soit ressentie comme émotion dans le sujet où elle se produit, devra être une certaine violence, une certaine intensité : « Les grands changements seuls, dit Socrate à Protarque, produisent en nous des plaisirs ou des peines; au contraire, les changements mesurés, réglés et petits ne produisent en nous absolument aucune de ces deux affections (2). » Le plaisir et la douleur corporels n'accompagneront donc que la sensation violente ou subite, et l'affectivité émotionnelle se rapporte né-

---

(1) Cf. *Timée*, p. 64.
(2) *Philèbe*, 43, C, édition Stalbaum, p. 259. Cf. *Timée*. Théorie de la sensibilité générale et de la sensibilité particulière, 63 à 70.

cessairement à l'intensité du mouvement. Platon revient sans cesse sur cette pensée qu'il a empruntée d'ailleurs, comme nous le verrons bientôt, à la tradition d'Héraclite (1).

Platon croit trouver une preuve de la vérité de cette théorie dans ce fait que les sens, auxquels nous devons les émotions les plus fortes et les plus vives, sont précisément ceux dont les organes sont composés d'éléments plus résistants, ceux, par conséquent, qui exigent, pour être pénétrés, un choc plus puissant, un ébranlement plus considérable. C'est ainsi que l'organe général du toucher, de la sensibilité physique, la *chair* (σάρξ), sera le siège naturel des plaisirs et des douleurs les plus intenses. Par contre, la vue, dont l'organe, le feu visuel (2), est composé d'éléments mobiles et sans consistance, ne procurera à l'âme généralement aucune sensation physique agréable ou désagréable (3).

C'est ce que Platon expose assez longuement dans sa théorie de la vision. La lumière qui nous entoure est un composé de feu, mais de feu qui a perdu sa propriété de brûler. Dans l'organe de l'œil, se trouve un feu semblable ou feu lumineux (ἀδελφὸν τούτου), feu sans mélange et qui forme « à travers les yeux un courant continu composé tout entier de parties très fines ». La prunelle tamise encore, pour ainsi dire, ce feu intérieur, qui, de ce fait, devient parfaitement pur. « Lors donc que la lumière du jour rencontre le courant du feu visuel (τὸ τῆς ὄψεως ῥεῦμα), alors le semblable s'applique ainsi sur son semblable et s'unit si intimement à lui, qu'en

---

(1) *Timée*, p. 64.
(2) *Ibid.*, p. 64, E.
(3) *Timée, loco citato; République*, IX, 583, C. E. C'est pour cette raison que Platon aime à rapprocher les mots ἡμέρα, jour, et ἥμερος, doux, agréable. Cf. *Timée*, p. 44; *Cratyle*, p. 418.

s'identifiant, ils forment tous deux un corps unique, suivant la direction des yeux où la lumière qui arrive de l'intérieur rencontre celle qui vient des objets extérieurs. Ce corps de lumière, éprouvant les mêmes affections (ὁμοιοπαθές) dans toutes ses parties, à cause de leur similitude, s'il touche quelques objets, ou s'il en est touché, en transmet les mouvements dans tout le corps jusqu'à l'âme et produit ainsi cette sensation que nous nommons la vue (1). »

La vision est donc ainsi ramenée à un contact indirect : nous voyons par l'intermédiaire du corps lumineux; le véritable organe de la vue ce n'est pas l'œil : c'est ce corps lui-même. Or ce corps lumineux est de sa nature comme impassible : « les coupures, les brûlures et les autres affections qu'il éprouve ne causent aucune douleur et on ne ressent non plus aucun plaisir quand il retourne à sa forme primitive (2) ». Cousin donne comme raison de cette insensibilité « l'instantanéité » du phénomène de la vision, mais Platon dit lui-même, très nettement, que si le corps lumineux est insensible, c'est qu'il n'y a absolument aucune violence dans sa division ni dans sa réunion (3).

Est-ce dire pour cela, comme semble le croire M. Chaignet, que le plaisir ou la douleur physiques ne pourraient jamais accompagner le phénomène de la vision? M. H. Martin s'oppose à cette interprétation. Il serait téméraire, en effet, d'affirmer que Platon eût nié, qu'en dehors des jouissances esthétiques propres à l'âme seule, le sens de la vue ne fût affecté plus ou moins

---

(1) *Timée,* traduction de H. Martin, I, 151 à 165; II, notes 49, 50, 51. Cf. *ibid*., la Théorie des miroirs d'après Platon, II, note 152.
(2) *Timée,* 64, E.
(3) βία γὰρ τὸ πάμπαν οὐκ ἔνι τῇ διακρίσει τε αὐτῆς καὶ συγκρίσει. *Timée, ibid.*

agréablement, plus ou moins douloureusement par certaines couleurs plus douces ou plus éclatantes. Il affirme, au contraire, que, parmi les particules qui rencontrent le corps lumineux, celles qui sont plus grosses que le feu visuel lui-même le contractent violemment, tandis que celles qui sont plus petites le dilatent. Puis il ajoute : « Ces particules sont à peu près, pour le corps lumineux, ce qu'est, dans le phénomène de la perception, l'éclat des couleurs vives (μαρμαρυγάς). » Enfin, quand Platon nous parle « du feu du dehors qui divise le feu visuel jusqu'aux yeux mêmes, dont il écarte avec brutalité et dissout les ouvertures », il serait difficile de croire que l'âme éprouve alors une émotion identique à celle qui résulte de la perception du transparent ou du blanc.

Quoi qu'il en soit de la théorie de la vision, il est bien certain que c'est à la violence, c'est-à-dire à l'intensité seule du mouvement sensoriel, que Platon ramène les émotions éprouvées par tous les autres sens. C'est ainsi que la langue nous procure les diverses sensations d'amer, de salé, de piquant, d'acide, etc., toutes douloureuses à cause de l'action violente et immodérée qu'exercent sur le sens les corps variés qui les provoquent. Par contre, lorsqu'une substance introduite dans la bouche rétablit l'ordre, soit en resserrant les tissus de l'organe trop relâchés, soit en les dilatant quand ils sont contractés, il se produit alors une sensation agréable et bienfaisante et l'on donne à l'aliment qui la provoque le nom de *doux*. Il en est de même des odeurs (1) et des sons : leur caractère affectif est propor-

(1) « Τὸ μὲν τραχύνόν τε καὶ βιαζόμενον τὸ κύτος ἅπαν, ὅσον ἡμῶν μεταξὺ κορυφῆς, τοῦ τε ὀμφαλοῦ κεῖται, τὸ δὲ ταὐτὸν τοῦτο καταπραῧνον καὶ πάλιν ᾗ πέφυκεν ἀγαπητῶς ἀποδιδόν. » *Timée*, 67, D. — H. MARTIN (*Timée*, traduction, II, note 112, p. 288) croit, d'après ce texte, que les

tionnel à l'intensité du mouvement qui les produit.

Ainsi pour Platon il peut parfaitement exister des sensations purement représentatives, sans aucun caractère émotionnel, et il est bon de remarquer en passant cette distinction, cette opposition même entre l'affectivité du sens et la délicatesse, la pénétrabilité de ses éléments. Bien que Platon n'y ait pas insisté et n'ait pas tiré de là toutes les conclusions qu'ont dégagées les philosophes modernes, il n'en est pas moins vrai qu'il a entrevu cette loi capitale de la sensibilité intégrale formulée de nos jours par Hamilton et Maine de Biran et d'après laquelle, « dans tout phénomène complet de sensation l'élément représentatif est en raison inverse de l'élément affectif et réciproquement ».

Jusque-là Platon se sépare peu de ses prédécesseurs et de ses contemporains de l'École cyrénaïque. Comme eux, il explique l'affectivité de l'âme, le plaisir et la douleur uniquement par le mouvement considéré comme quantité pure, comme intensité. Le plaisir et la peine sensuels sont simplement des mouvements sensibles, violents et subits. Le mouvement est considéré indépendamment de toute qualité, de toute direction, même de cette direction *minima* sans laquelle on ne pouvait concevoir le monde d'après Démocrite et dont les deux formes étaient du *haut* et du *bas* : Ἄνω καὶ κάτω (1).

---

sensations désagréables de l'odorat, telles que les odeurs du chlore, de l'ammoniaque, ne nous paraissent douloureuses que par suite des troubles qu'elles provoquent dans d'autres parties du corps, le cerveau, les yeux, le larynx, etc. En tous les cas, c'est toujours à la violence de la sensation qu'est rapporté le côté émotionnel, le caractère d'affectivité purement physique qui les accompagne.

(1) Cf. *Philèbe*, 43, A. : « Ἀεὶ γὰρ ἅπαντα ἄνω τε καὶ κάτω ῥεῖ. » Nous pensons qu'il s'agit, dans ce passage du *Philèbe*, de Démocrite; Héraclite, en effet, n'a attaché aucune importance à la direction du mouvement.

L'originalité de Platon consiste seulement en ce point, qu'au lieu de faire du plaisir un mouvement léger et de la douleur un mouvement violent, comme l'entendaient, au dire de Diogène Laërce, d'Eusèbe et de Sextus (1), Aristippe de Cyrène et son École, il rapporte à la violence seule, c'est-à-dire à l'intensité indéterminée du mouvement, toutes les affections agréables ou désagréables que nous éprouvons.

D'après les disciples d'Héraclite auxquels Platon fait certainement allusion dans le *Philèbe* (2) et dans la *République* (3), comme il n'y avait que du mouvement dans le monde, théoriquement tous les modes de l'affectivité devaient se partager indistinctement entre le plaisir et la douleur; les Cyrénaïques, pour se conformer au sens commun qui reconnaît des états indifférents dans l'homme, avaient modifié la théorie de l'écoulement et pensaient trouver dans une interprétation plus minutieuse des divers degrés d'intensité dont est susceptible le mouvement, l'explication générale de tous les modes de nos émotions.

D'après eux, il y avait pour le composé humain (περ

---

(1) Cf. Diogène, II, 86, 87, 89; Eusèbe, *Prépar. Evang.*, XIV, 18, 32; Sextus, *Hypothyposes Pyrrh.*, I, 215; *Adv. Math.*, VII, 119. La plupart de ces textes ont trait plutôt à la doctrine d'Aristippe le Jeune qu'à celle de son aïeul Aristippe de Cyrène : mais on peut dire que ces théories hédonistes étaient déjà en germe, dans la philosophie des Sophistes, et, à plus forte raison, dans celle du fondateur de l'École cyrénaïque. Cf. Zeller, *Philosophie des Grecs*, II° partie, tome III, page 318 de la traduction de M. Boutroux. Voir aussi H. v. Stein, *De Philosophia Cyrenaïca, par prior, de Vita Aristippi*, et surtout la dissertation de M. Rodier, *Remarques sur le Philèbe*, 31, sqq.

(2) Cf. *Philèbe*, pp. 42, sqq. Nous ne prétendons pas qu'Héraclite, pas plus que les Sophistes, aient tiré les conclusions morales que comporte leur système; mais, comme le remarque Platon, elles en découlaient nécessairement.

Nous savons également par ce même passage du *Philèbe* que pour Antisthène le plaisir et la douleur étaient deux contraires, et que le premier n'était produit que par la disparition du second.

(3) *République*, IX, 583, C. E.

τὴν ἡμετέραν σύγκρασιν) trois états possibles, τρεῖς καταστάσεις. D'abord un état d'agitation douce, de bercement, semblable au léger clapotis de la mer, c'était l'état de jouissance, la condition du plaisir; au contraire, si le mouvement de notre être était violent, comme la tempête qui secoue les flots, nous éprouvions un sentiment de douleur; enfin, si le mouvement était imperceptible, semblable au calme plat de la mer, nous n'éprouvions ni joie ni douleur; c'était l'état de neutralité émotionnelle, l'état d'indifférence (1).

Remarquons-le bien, dans cette théorie, tous les modes de notre sensibilité affective correspondent à des degrés du mouvement : le *calme plat,* la γαλήνη, est elle-même un mouvement et non un repos, comme semblerait le laisser croire une phrase d'Ed. Zeller (2) qu'il a d'ailleurs heureusement corrigée ; car, dans une philosophie sensualiste et toute dynamiste comme est celle d'Aristippe de Cyrène, il ne saurait y avoir de repos, pas plus que dans la philosophie de l'écoulement universel d'Héraclite, dont d'ailleurs la doctrine cyrénaïque n'est qu'une forme particulière.

Voici donc, en résumé, comment nous pensons devoir interpréter la théorie cyrénaïque sur les conditions d'existence du plaisir et de la douleur.

---

(1) Voici, d'après Eusèbe, les termes mêmes dont se sert Aristoclès pour exposer le système hédoniste d'Aristippe le Jeune : « Τρεῖς γὰρ ἔστι, καταστάσεις εἶναι περὶ τὴν ἡμετέραν σύγκρασιν · μίαν μὲν καθ'ἣν ἀλγοῦμεν, ἐοικυῖαν τῷ κατὰ θάλασσαν χειμῶνι, ἑτέραν δὲ καθ'ἣν ἡδόμεθα τῷ λείῳ κύματι ἀφομοιουμένην · εἶναι γὰρ λείαν κίνησιν τὴν ἡδονήν, οὐρίῳ παραβαλλομένην ἀνέμῳ · τὴν δὲ τρίτην μέσην εἶναι κατάστασιν, καθ'ἣν οὔτ'ἀλγοῦμεν οὔτε ἡδόμεθα, γαλήνῃ παραπλησίαν οὖσαν. »

(2) « Toute sensation, selon Aristippe comme selon Protagoras, consiste dans un mouvement de l'être sentant. Si ce mouvement est doux, il y a sentiment de plaisir ; s'il est rude et violent, alors se produit la peine, et enfin, si nous nous trouvons en état de repos, ou du moins si le mouvement est assez faible pour être imperceptible, nous n'avons plus aucune sensation ni de plaisir ni de peine. » Zeller, p. 318.

1° Mouvement de l'être très léger et imperceptible, — absence de plaisir et de douleur : ἀηδονία, καὶ ἀπονία.

2° Mouvement plus fort, mais doux et mesuré, — plaisir.

3° Mouvement violent, — douleur.

Ainsi, pensent les Cyrénaïques, au point de vue affectif, le mouvement seul explique tout; cependant, ils semblent déjà entrevoir, comme Sextus d'ailleurs se plaît à le remarquer (1), que l'état d'indifférence est produit par un mouvement tellement léger, qu'il paraît à la conscience de l'être affecté que les éléments qui constituent sa nature soient en harmonie et comme en équilibre. De plus, le plaisir lui-même leur semble être comme une sorte de moyenne, comme un rapport entre la violence extrême et le calme plat, tandis que la douleur est constituée par le désordre et le trouble profond des parties dans l'être sensible. Ces remarques sont importantes, car Aristote reprendra plus tard les grandes lignes de ce système; il en dégagera la loi d'harmonie qu'elle contient, et, tout en la modifiant, l'accommodera à sa théorie du plaisir achèvement de l'acte et acte lui-même, c'est-à-dire mesure, équilibre et repos.

Faut-il aller plus loin et prétendre avec Zeller (2) qu'Aristippe a pressenti la théorie finaliste du plaisir et paraît avoir professé que, si le plaisir ne consiste pas dans quelque chose d'achevé (οὐσία), mais dans une

---

(1) Cf. Sextus, *Adv. Math.*, vii, 199, τῶν γὰρ παθῶν τὰ μέν ἐστιν ἡδέα, τὰ δὲ ἀλγεινά, τὰ δὲ μεταξύ.

Voir le texte d'Eusèbe cité plus haut, page 48, on y trouve une expression analogue τὴν δὲ τρίτην μέσην εἶναι κατάστασιν; Diogène appelle aussi des états indifférents (ἀηδονία et ἀπονία) des μέσας καταστάσεις. Cf. Diogène, ii, 89.

(2) *Philosophie des Grecs*, trad. franc. III, 352, n. 1, t. a.

modification, un mouvement, un devenir (1), il a besoin, pour s'affirmer à la conscience d'une direction, d'une signification ; qu'il résulte, en un mot, non d'un mouvement quelconque, mais d'une modification rétablissant les rapports naturels des parties du corps (2) ?

Nous ne le pensons pas. Aristippe peut parfaitement avoir expliqué le plaisir par un mouvement doux (λεία κίνησις), la douleur, par un mouvement violent (τραχεία κίνησις), sans que ces expressions soient synonymes de *mouvements dirigés dans le sens de la nature,* ou *contraires à la nature.* Aristippe et ses partisans ont eu en vue, dans leur théorie de la sensibilité, beaucoup plus la *nature* intime du mouvement, que le *résultat* apporté à l'organisme par ce même mouvement, tandis que Platon, comme nous le verrons, s'attache surtout à la signification du mouvement, c'est-à-dire à son terme, à sa fin, à ses résultats.

En attendant, Platon garde néanmoins la plupart des conclusions du système d'Aristippe, tout en y apportant un correctif de la plus grande importance. Comme Aristippe, en effet, il est persuadé que si le plaisir, ainsi que la douleur se rapportent au mouvement, la vie d'indifférence, au contraire, paraît être une harmonie, par là même une sorte de repos. C'est pour ce motif qu'elle est le seul genre d'existence digne des dieux que Platon croit impassibles (3).

Ce sera donc seulement quand il s'agira d'expliquer la spécificité de nos émotions, c'est-à-dire de préciser pourquoi tel mouvement violent est plaisir, tandis que tel autre est perçu comme douleur, que les expli-

---

(1) *Philèbe,* 42, E ; 53, C ; 54, D ; Aristote, *Éthique à Nicomaque,* 1152ᵇ, 12 ; 1153ᵃ, 13 ; Diogène, II, 85.
(2) *Philèbe,* 31, D ; 41, C sqq. Aristote, *Éth. Nicom.,* 1152ᵇ, 12.
(3) Cf. *Philèbe,* 31, C, D, E ; 32 ; *Timée,* 64, D : βίαιον καὶ ἀθρόον.

cations des Cyrénaïques paraîtront tout à fait insuffisantes à Platon. Bien que le plaisir et la douleur, surtout dans le phénomène de la sensation, apparaissent comme liés nécessairement l'un à l'autre et que tous deux soient des mouvements brusques et violents (1), il n'est pas moins vrai que ces deux modes de l'affectivité ont chacun leur caractère spécifique propre, et qu'on ne saurait les ranger, en tant que phénomènes sensibles, dans une seule et même catégorie, sous une seule et même idée.

C'est pourquoi le mouvement qui, considéré uniquement du point de vue de l'intensité, n'admet que du plus et du moins, mais n'admet point de qualité, ne pourrait à lui seul, croit Platon, donner raison de la distinction spécifique qu'il y a entre le plaisir et la douleur. Il faut quelque chose de plus, un élément qualificatif pour rendre compte à quelle condition une émotion sera agréable, à quelle condition elle sera désagréable. Le mouvement explique bien l'affectivité en général, il n'explique pas le plaisir ; il ne suffit pas à rendre compte de la différence spécifique qui existe entre les deux pôles de nos émotions, le plaisir et la douleur.

Il faut donc que le mouvement renferme une qualité spéciale, étrangère en quelque sorte à la série purement successive, une direction. En dehors de la direction, en effet, un mouvement ne peut différer d'un autre mouvement que par l'intensité ; le plaisir et la douleur s'opposent d'une certaine façon, personne ne saurait en douter, il faut donc qu'il y ait en eux un élément qualificatif qui les spécifie.

C'est pour cette raison que le plaisir, d'après Platon,

---

(1) Cf. *Philèbe*, 31, B.

est un mouvement « dans le sens de la nature » κατὰ φύσιν (1) ; la douleur, un mouvement contre la nature, qui est contraire à la nature (παρὰ φύσιν).

Ainsi, par rapport à la sensation, il y aura pour l'être vivant, d'après la théorie platonicienne, trois alternatives possibles.

1° Le mouvement sensoriel sera léger et progressif, et l'être, tout en ayant peut-être une perception sensible (vue), n'éprouvera aucune émotion (2).

2° Le mouvement sera violent et contraire à la nature, l'être éprouvera une douleur (3).

3° Le mouvement, tout en étant violent et subit, sera conforme à la nature, l'être éprouvera du plaisir (4).

En introduisant cette orientation nécessaire au mouvement sensible pour qu'il soit perçu comme agréable ou désagréable, Platon concilie encore les deux théories rivales d'Aristippe et d'Antisthène, comme il avait déjà, par sa théorie du mouvement et de l'*Idée*, opéré la synthèse des systèmes d'Héraclite et de Parménide. Nous savons, en effet, par Platon lui-même (5), que les Cyniques étaient avant tout préoccupés de trouver un système de vie parfaitement conforme à la nature (6),

---

(1) Cf. *Philèbe*, 31, D ; 41, C sqq. etc.
(2) Τὸ δ'ἠρέμα καὶ κατὰ σμικρόν, ἀναίσθητον. *Timée*, 64.
(3) Τὸ μὲν παρὰ φύσιν καὶ βίαιον γιγνόμενον ἀθρόον παρ' ἡμῖν πάθος ἀλγεινόν. *Ibid*.
(4) Τὸ δ'εἰς φύσιν ἀπιὸν πάλιν ἀθρόον ἡδύ. *Ibid*.
(5) Cf. *Philèbe*, 44, B ; 51, A ; *République*, IX, 583, B.
(6) Cf. Zeller, *Philosophie des Grecs. Socrate et les Socratiques*, p. 278, note 5. Au dire de Platon lui-même, les Cyniques, si c'est bien d'eux qu'il s'agit dans le *Philèbe*, 44, B, auraient été préoccupés de dégager au point de vue moral les choses en accord avec la nature (τὰ περὶ τὴν φύσιν) ; seulement pour eux le plaisir ne pourrait faire partie de cette discipline morale. « Μάλα δεινοὺς λεγομένους τὰ περὶ τὴν φύσιν, οἳ τὸ παράπαν ἡδονάς φασιν εἶναι. » Cf. *Philèbe*, loco citato, 44, B ; 51, A ; *République*, IX, 583, B ; Aristote, *Éth. à Nicom.* II, 13 ; 1153ᵃ, 12. Voir l'article de Zeller que nous avons déjà signalé, Ze

et que c'était précisément parce que le plaisir leur semblait incompatible avec la loi de cette existence idéale, qu'ils le rejetaient comme indigne de l'homme. Or, Platon est heureux de leur montrer que, dans le plaisir même, il y a comme une révélation profonde du sens de l'être sensible, de son bien naturel.

Seulement il faut bien prendre garde que ce κατὰ φύσιν, s'il détermine l'affectivité en tant que plaisir, reste toujours en dehors du mouvement hédonique, comme l'*Idée* est en dehors du devenir universel, comme le terme final, en un mot, est en dehors du mouvement. Le plaisir, pour Platon, est comme tous les êtres du monde contingent, il a sa réalité dans une Idée à laquelle il participe, mais qui est essentiellement différente.

Ces conclusions générales, une fois élaborées, resteront désormais acquises à la philosophie grecque. Elles se retrouvent tout entières d'abord chez Aristote, au moins dans leurs grandes lignes. Aristote accepte, comme Platon, la nécessité d'une fin, d'une direction dans le mouvement sensoriel agréable ou désagréable : « Le plaisir, dit-il en toutes lettres au commencement

Aristippus (Archiv. für Gesch. d. Philos. 1, 172, sqq.) et la dissertation de M. Rodier (*Rem. sur le Philèbe*, 31, sqq.). Schleiermacher (*Plat. W. W.*, II, 3, 493), Steinhart (*Plat. W. W.*, IV, 651), Dümmler (*Academica*, p. 168), ainsi que plusieurs autres critiques ou commentateurs adoptent l'opinion de Zeller et pensent qu'il s'agit d'Antisthène ; tandis que Hirzel (*Unters. zu Cic.*, I, 111), Natorp (*Die Ethik des Demok.* 166) ; *Demokrit Spuren bei Platon* (Arch. f. Gesch. d. Phil., III, 521, sqq.), Windelband et Bury croient que Platon, ici comme dans d'autres passages (*Rép.* 583, B ; 584, A ; *Phédon*, 69, B ; 81, B ; 84, A), fait allusion à la doctrine morale de Démocrite. L'opinion de Zeller nous semble plus vraisemblable et plus en rapport avec les préoccupations de Platon qui, dans le *Philèbe* en particulier, s'attache avant tout à la discussion des théories hédonistes les plus répandues. Si Démocrite, à cette époque, avait déjà fait école, ses doctrines ne pouvaient avoir la vogue ni la célébrité de l'école cynique déjà ancienne et sans doute fort populaire, grâce aux excentricités de ses membres.

de sa *Rhétorique* (1), est comme un mouvement de l'âme, ou plutôt comme un retour subit et sensible de l'âme à son assiette propre : la douleur est tout le contraire. »

Et pourtant entre Aristote et son maître il y a encore ici un progrès très fécond dans les idées. D'abord Platon combattait, par sa théorie du mouvement violent, mais dirigé, les doctrines cyrénaïques ; Aristote pense que pour avoir le dernier mot sur la question, il faut une fois de plus réconcilier et unir théoriciens et contradicteurs. Il est, en effet, convaincu qu'Aristippe comme Platon ont raison partiellement l'un et l'autre ; qu'au lieu de les opposer, il ut faire, au contraire, une synthèse de leurs systèmes. à ce prix on aura la vérité.

C'est pourquoi Aristo. croit qu'il faut définir le plaisir non plus *un mouvement violent dirigé dans le sens de la nature,* mais plutôt *un mouvement modéré, mesuré et conforme à la nature* : et même il dirait volontiers tout court : le plaisir consiste dans un *mouvement mesuré,* persuadé qu'un mouvement réglé ne saurait être que conforme à la fin de notre être.

Remarquons qu'il y a, dans la pensée d'Aristote, autre chose que l'intention plus ou moins bienveillante de concilier deux opinions opposées : il y a d'abord une vue profonde éclairée par l'expérience. Aristote ne quitte jamais des yeux notre monde réel, sensible, et il n'a pas eu de peine à y découvrir qu'ici-bas tout ce qui était *violent* nous répugnait, et que, s'il en était ainsi, toute contrainte était en opposition formelle avec notre nature. Le plaisir qui est un mouvement dans le sens de l'être et de ses fins ne saurait donc être un mouvement violent et désordonné.

C'est ce qu'Aristote déclare en plusieurs endroits de

(1) Cf. *Rhétorique,* A, 10 ; 1369ᵇ, 33 sqq.

ses œuvres, notamment dans ce même chapitre xi de la *Rhétorique :* « Le plaisir, dit-il, ne saurait être quelque chose de violent ; car la violence s'oppose à la nature. Aussi la nécessité, la contrainte est-elle toujours quelque chose de douloureux, et on a eu raison de dire que tout travail forcé est un travail à charge (1). » Et comme appui de sa thèse, Aristote énumère tout ce qui, dans ses occupations, est désagréable à l'homme : les soins, les soucis, les études, les contentions ; seule l'habitude, c'est-à-dire une autre nature, pourrait les rendre indifférentes ou agréables.

Au contraire, le sommeil, le repos, les rêveries, tous les mouvements doux de notre être nous plaisent et nous remplissent naturellement d'une infinie volupté (2). Aristote se complaît visiblement à nous faire sentir toute la justesse de sa doctrine en l'appliquant successivement à nos diverses sensations : « La perception de l'ouïe, écrit-il dans le *Traité de l'Ame*, consiste nécessairement dans un rapport. C'est précisément ce qui fait que tout excès, dans le grave comme dans l'aigu, échappe à nos oreilles. Il en est de même pour les saveurs et pour le goût. De même pour les couleurs, ce qui est trop brillant ou trop vif échappe à la vision ; pour l'odorat, une odeur trop forte, soit agréable, soit désagréable, échappe à la conscience, comme si toute sensation consistait essentiellement dans une sorte de rapport. Aussi les émotions que l'on ressent sont agréables, lorsqu'elles sont amenées pures et sans mélange au rapport convenable, comme l'aigu, ou le doux, ou le rude ; et c'est à cette condition qu'elles nous plaisent (3). »

---

(1) Παρὰ φύσιν γὰρ ἡ βία · Διὸ τὸ ἀναγκαῖον πρᾶγμα ἀνιαρὸν ἔφυ. *Rhétorique*, A, 10 ; 1370ᵃ, 9.
(2) Cf. *Rhétorique, loco citato,* sqq.
(3) Cf. *De l'Ame,* Γ, 2 ; 426ᵃ, 27 sqq ; cf. *Ibid.,* B, 11, 424ᵃ, 28.

D'ailleurs cette théorie particulière du plaisir, comme celle du mouvement et de la sensation, n'est en quelque sorte qu'un détail du système général d'Aristote, de sa grande théorie de l'harmonie universelle. Tout ici-bas est un accord, l'être concret lui-même, ainsi que ses manifestations les plus diverses et les plus profondes. Tout ce qui existe est, par le fait même qu'il existe, une *moyenne*, un rapport réalisé : moyenne entre l'acte et la puissance dans l'essence ; moyenne entre les contraires dans la puissance ; moyenne entre l'action et la passion dans l'acte. La vertu est un juste milieu entre les vices opposés ; la sensation elle-même, comme nous l'avons vu, est un intermédiaire, un rapport, une moyenne entre le sens et le sensible ; le plaisir lui aussi sera quelque chose de modéré, de mitoyen, un mouvement ordonné, mesuré, réglé.

Cette remarque intéressante ressortira plus clairement d'une étude attentive de la genèse psychologique du plaisir comme l'entend Aristote.

Disons d'abord que le plaisir se produit d'une façon analogue à la sensation elle-même ; que si le mouvement sensoriel pur, celui que nous appellerions représentatif, est une sorte de rencontre de l'objet sensible et de l'âme, le plaisir lui aussi est une espèce de contact entre l'âme et les objets agréables : « Se réjouir, dit Aristote, consiste dans le fait de sentir une certaine affection (1). »

De même qu'il y a dans notre âme une partie (μέρος) qui a le pouvoir de percevoir les qualités sensibles des objets extérieurs, il y a aussi une partie destinée à

---

(1) Ἔστι τὸ ἥδεσθαι ἐν τῷ αἰσθάνεσθαί τινος πάθους. *Rhétorique*, A, 11 ; 1370ᵃ, 27.

être affectée par les qualités agréables des objets, par l'agréable, τὸ ἡδύ (1).

Cette puissance, cette virtualité s'appelle τὸ ἐπιθυμητικόν; elle est la faculté spéciale du plaisir et de la douleur (2). Quand cette puissance entre en acte, son acte même est une affection douloureuse ou agréable, comme l'acte de l'αἰσθητικόν est une sensation de vue ou d'ouïe, de blanc ou de noir.

Et ici, de même que dans le cas de la sensation, c'est de l'extérieur que vient l'impulsion qui fera passer l'ἐπιθυμητικόν de la puissance à l'acte. L'objet agréable et l'objet désagréable sont l'un et l'autre des agents, des principes actifs de la douleur ou du plaisir, comme l'objet sensible est le plaisir générateur de la sensation, le moteur du sens (3).

Le plaisir sera donc un acte commun de la chose agréable et de la faculté affective de l'âme, et, par conséquent, une sorte de mélange des deux, comme un équilibre entre l'action de l'*agréable* et la réaction de l'ἐπιθυμητικόν; mais, pourra-t-on se demander, où se trouve l'*agréable*, τὸ ἡδύ ? est-il, comme le τὸ αἰσθητόν, une qualité réelle des objets sensibles, ayant une sorte d'existence particulière, incomplète il est vrai, mais néanmoins distincte de celle de l'objet où elle réside ? Cela assurément ne saurait être. L'agréable, le plaisir en puissance, ne peut être au même degré que le sensible une qualité des objets extérieurs ; le plaisir appartient en quelque sorte plus à l'âme que la sen-

---

(1) Cf. *Rhétorique*, A, 11 ; 1370ᵃ, 1 sqq.
(2) Ἡ μὲν λύπη, ἐν τῷ ἐπιθυμητικῷ. Ἐν τούτῳ γὰρ καὶ ἡ ἡδονή. *Topiques*. Δ, 128ᵃ, 4.
(3) Εἰ δ'ἐστὶν ἡδονὴ τὸ τοιοῦτον, δῆλον ὅτι καὶ ἡδύ ἐστι τὸ ποιητικὸν τῆς εἰρημένης διαθέσεως, τὸ δὲ φθαρτικὸν ἢ τῆς ἐναντίας καταστάσεως ποιητικὸν λυπηρόν, *Rhétorique*, A, 11 ; 1370ᵇ. 1.

sation (1), et c'est sans doute pour cela que nous nous accordons moins sur les qualités agréables ou désagréables des objets que sur leurs qualités sensibles. Qu'est donc la qualité agréable ou désagréable, en quoi se trouve-t-elle en puissance avant de devenir notre plaisir et notre douleur? C'est dans cette réponse que se trouve le point le plus important, le plus original de toute la théorique hédonique d'Aristote.

L'agréable, c'est-à-dire *le plaisir en jouissance, est une qualité non des objets eux-mêmes, mais de tous les actes qui s'accomplissent dans l'être vivant et sensible*, soit que ses actes aient pour ainsi dire leur racine dans les qualités sensibles des objets connus, c'est le cas du plaisir qui naît de la sensation; soit au contraire que ces actes soient des produits directs de l'intelligence elle-même, de ses spéculations les plus immatérielles (2). Dans tous les cas, toutes les fois qu'une énergie de l'être quelle qu'elle soit vient à se réaliser, à s'actualiser, le plaisir existe au moins en puissance, ou, si l'on veut, le mouvement générateur du plaisir en acte existe; il n'a plus qu'à entrer en contact avec l'ἐπιθυμητικόν pour que le plaisir réel soit.

Dans l'être sensible, *acte* et *plaisir* sont donc deux termes inséparables; il n'y a point d'acte sans plaisir, et le plaisir est comme l'achèvement nécessaire de tout acte (3). Le plaisir est donc, pour ainsi dire, doublement

---

(1) Τὸ μὲν γὰρ ἥδεσθαι τῶν ψυχικῶν. *Éthique à Nicomaque*, A, 9; 1099ᵃ. 10.

(2) C'est ce que répète Aristote en plusieurs endroits de l'*Éthique à Nicomaque* : « Toute espèce de sensation peut être une source de plaisir, de même qu'il peut y avoir plaisir dans la pensée pure aussi bien que dans la contemplation. Κατὰ πᾶσαν γὰρ αἴσθησίν ἐστιν ἡδονή, ὁμοίως δὲ καὶ διάνοιαν καὶ θεωρίαν. » *Éthique à Nicomaque*, K, 4; 1174ᵇ, 20. Cf. *Ibid.*, 1174ᵇ, 30 sqq.

(3) Συνεζεῦχθαι μὲν γὰρ ταῦτα (τὸ ζῆν καὶ ἡ ἡδονή) φαίνεται καὶ

fils de l'âme, premièrement parce que le plaisir en lui-même, le plaisir réalisé, est l'acte d'une puissance de l'âme, ou tout au moins d'une puissance appartenant autant à l'âme que les divers sens où se produit la sensation ; parce que l'*agréable*, qui doit être l'agent du plaisir, qui doit mettre en jeu l'ἐπιθυμητικόν, est une qualité propre non à un objet extérieur, mais à un acte psychique, à un acte de l'âme.

Ainsi la condition de tout plaisir, c'est l'entrée en activité de l'une de nos facultés. Cette condition, on vient de le voir, est absolument nécessaire. Est-elle toujours suffisante ? Aristote le croit, puisqu'il déclare que non seulement la relation de plaisir à acte est nécessaire, mais encore celle d'acte à plaisir, et que acte et plaisir sont deux termes conjoints, inséparables. D'ailleurs, comment pourrait-il en être autrement ? Si le plaisir, en général, peut se définir, comme le remarque Aristote, un mouvement ou plutôt le résultat d'un mouvement conforme à la nature de l'être, chaque acte n'est pas forcément un progrès de l'être, puisque c'est la réalisation, le passage à l'existence, à la réalité d'une actualité indécise et indéterminée et que toute détermination, toute spécification d'une puissance au sein de l'être, est, en quelque sorte, une affirmation de lui-même, un développement partiel de sa nature ?

C'est pourquoi Aristote ne doute pas d'affirmer que tout acte, et à plus forte raison toute sensation, est, théoriquement du moins, associée nécessairement à un plaisir, car dans toute sensation quelle qu'elle soit il y a le passage de la puissance à l'acte, il y a apparition de quelque chose de déterminé, au sein de l'indé-

χωρισμὸν οὐ δέχεσθαι ἄνευ τε γὰρ ἐνεργείας οὐ γίνεται ἡδονή, πᾶσαν τε ἐνέργειαν τελειοῖ ἡ ἡδονή. *Éthique à Nicomaque*, K, 4 ; 1175ᵃ, 19 sqq.

fini, au sein du possible. « C'est une chose évidente, dit-il, que toute sensation est susceptible d'être accompagnée de plaisir (1). »

Tout sens pourra donc être pour l'homme une source de jouissance, même en tant que faculté purement sensible, car il ne s'agit point ici des plaisirs d'un ordre supérieur, des plaisirs esthétiques, par exemple, que nous procurent indirectement les yeux ou l'ouïe. Non. Il y aura dans l'acte de la vision même, comme dans l'acte de l'audition, un plaisir particulier attaché à la sensation en tant que sensation (2).

Cette théorie est donc radicale, beaucoup plus large et beaucoup plus simple en même temps que celle de Platon. Le plaisir et la douleur sensuels ne sont point des phénomènes en quelque sorte isolés, d'un autre ordre que la sensation elle-même ; c'est au contraire comme un élément indispensable de l'acte de sentir ; il n'y a point, théoriquement du moins, de sensations sans émotion agréable ou désagréable, et plaisir et douleur sont coextensifs à toute la sensibilité. Pour Aristote, les sensations visuelles aussi bien que les autres renferment en elles-mêmes un élément de plaisir ou de peine ; et il ne s'agit pas seulement de cette joie cachée qui, au dire de Kant, accompagne la plus humble de nos connaissances, mais bien d'un plaisir ou d'une peine physique que l'habitude nous a rendu difficile à saisir, mais qui n'en existe pas moins.

Il y a, cependant, plusieurs remarques très importantes à faire à cette théorie, sur lesquelles Aristote insiste longuement lui-même.

Puisque la vie nous semble être un effort perpétuel,

---

(1) Καθ' ἑκάστην δ' αἴσθησιν ὅτι γίγνεται ἡδονή, δῆλον. *Éthique à Nicomaque*, K, 4 ; 1174ᵇ, 26 sqq.

(2) *Éthique à Nicomaque, loco citato.*

une série d'actes successifs, comment se fait-il que nous ne jouissions pas sans cesse, que parfois nous soyons dans la douleur, que parfois même nous n'éprouvions, au moins en apparence, ni plaisir ni peine ?

A cette objection toute naturelle, Aristote oppose une double réponse. D'abord il conteste que la vie soit un acte continu : « L'être humain, dit-il, ne saurait être toujours en activité ; il en résulte que le plaisir est un phénomène intermittent, au même degré que l'acte qu'il accompagne nécessairement (1). »

D'autre part, tout acte qui se développe a fatalement un maximum d'intensité, puis décroît de plus en plus jusqu'à l'évanouissement complet ; il n'est donc pas surprenant si le plaisir suit lui-même ces phases diverses, et apparaisse à la conscience avec une vivacité variable et changeante. Pour bien saisir la valeur de cette explication, il suffit de se rappeler le phénomène du contact entre le sensible et le sens qui produit la sensation. Dès que le sens subit l'action du sensible, nous avons vu qu'il entre dans un mouvement présentant deux phases successives et distinctes : premièrement, un mouvement passif ; deuxièmement, un mouvement de réaction. Ce mouvement de réaction, dans lequel consiste essentiellement la sensation, et par là même le plaisir, sera proportionnel, en intensité, à l'action du sensible et à la résistance du sens combinés ensemble ; mais peu à peu ces deux forces contraires se feront équilibre et le sens tendra au repos : la sensation s'affaiblira et le plaisir disparaîtra avec elle.

Dans le cas d'une sensation qui se prolonge, grâce à une présence continue de l'objet sensible en rapport avec le sens, — par exemple dans le cas d'une saveur

(1) Cf. *Éthique à Nicomaque*, K, 4 ; 1175ᵃ, 3 sqq.

prolongée par un corps doux qui demeure dans la bouche, — le sens réagira de moins en moins, puisque l'équilibre sera de plus en plus facile à établir ; aussi l'expérience nous prouve qu'il faut, dans ces circonstances, réveiller le sens par une excitation plus forte, ou par une interruption dans le contact.

Remarquons que le motif de l'habitude qu'Aristote invoque comme ayant le plus d'influence sur la variation de la sensibilité affective durant une même sensation, a toute sa raison d'être dans l'explication précédente. L'habitude, pour Aristote, est une seconde nature ; qu'est-ce à dire, sinon un équilibre, une harmonie nouvelle créée dans l'être ? et, s'il en est ainsi, on comprendra pourquoi les plaisirs, comme les douleurs, décroissent progressivement par la répétition ou par la continuité (ce qui n'est qu'une répétition à intervalles inconscients) d'un même acte d'une même sensation.

Après chaque sensation, le sens ne retourne pas complètement à son état initial ; il a reçu la forme du sensible qui l'a modifié, accidentellement si l'on veut, mais réellement cependant. Ses puissances ne sont plus indifférentes, elles ont été et restent déterminées, sa force est désormais orientée (1), et par conséquent, lors de la seconde sensation, le sensible ne sera déjà plus si étranger au sens, il y aura entre eux une certaine sympathie, l'accord sera plus facile, et par conséquent la réaction du sens moins vive, c'est-à-dire l'acte de la sensation aura moins de développement. Sans doute cet acte sera d'une certaine façon plus par-

---

(1) S'il en était autrement, outre que le phénomène de la mémoire serait inexplicable, on retomberait fatalement dans la théorie d'Héraclite ; il n'y aurait que de l'écoulement, rien ne resterait. Πάντα ῥεῖ, οὐδὲν μένει.

fait, mais l'objet (*objectum*, ἀντικείμενον) sur lequel il s'exercera aura perdu de son énergie provocante, l'acte aussi en une manière sera donc diminué et moins parfait (1).

C'est qu'en effet dans l'acte considéré non plus simplement du point de vue statique, non plus comme une forme qui détermine l'essence de l'être, mais dans l'acte considéré du point de vue dynamique, comme une énergie en activité, plus l'ampleur de l'action sera considérable, plus l'acte en un sens sera parfait, car alors il utilisera une plus grande partie de son énergie propre. C'est pourquoi, remarque Aristote, la nouveauté nous est toujours plus agréable : « Certaines choses, dit-il, nous sont agréables surtout quand elles sont nouvelles; dans la suite, elles ne procurent plus les mêmes jouissances. Au premier moment, en effet, la pensée s'y applique et agit sur ces choses avec intensité, comme dans l'acte de la vue quand on regarde de près quelque chose. Plus tard cet acte n'est plus aussi vif, et il se relâche : voilà pourquoi le plaisir languit et s'évanouit (2). »

Enfin, il y a une dernière raison pour laquelle nous ne jouissons pas toujours, bien que la vie ne semble être qu'une synthèse d'actes successifs (3), c'est que notre nature n'est pas une nature simple. Dieu seul est simple dans son essence ; aussi Dieu seul jouit sans cesse. Pour nous, nous sommes composés de diversité ; il y a en nous des éléments de destruction, des éléments de mort. « Aussi quand une des parties de notre

---

(1) Cf. *Éthique à Nicomaque* : καθ' ἕκαστον βελτίστη ἐστὶν ἡ ἐνέργεια τοῦ ἄριστα διακειμένου πρὸς τὸ κράτιστον τῶν ὑφ' αὐτήν · αὐτή δ'ἂν τελειοτάτη εἴη, καὶ ἡδίστη.

(2) Cf. *Éthique à Nicomaque*, K, 4; 1175ᵃ, 6 sqq.

(3) Cf. *Ibid.*, K, 4; 1175ᵃ, 12 sqq.

être entre en acte, on dirait que pour l'autre nature qui est en nous cet acte soit contre nature ; et quand il y a égalité entre les deux, l'acte accompli ne nous paraît ni agréable, ni désagréable... Si donc le changement, comme dit le poète, a, pour l'homme, des charmes incomparables, ce n'est que par suite d'une certaine imperfection dont nous sommes victimes. De même que le méchant aime le changement, ainsi notre nature a besoin de changer sans cesse, parce qu'elle n'est ni simple, ni pure (1). »

La sensation, au moment même où elle se produit, peut donner naissance à des plaisirs ainsi qu'à des douleurs. Platon et Aristote, quoique pour des raisons différentes, le reconnaissent également, et tous les deux donnent à ces plaisirs et à ces douleurs le qualificatif de *corporels,* non pas, encore une fois, que le corps soit la partie de l'être à laquelle on puisse les rapporter exclusivement, mais parce que leur apparition dans la conscience nécessite l'intervention des organes sensibles, c'est-à-dire du corps.

Mais, en dehors du phénomène de la sensation, l'âme possède encore la puissance d'éprouver certaines affections agréables ou désagréables analogues, et pour ainsi dire de même nature que les émotions de plaisir ou de peine qui accompagnent la sensation elle-même. Ainsi, sans manger, sans boire, l'âme peut, par une sorte d'anticipation toute psychologique, ressentir le plaisir qui accompagne l'acte même de manger ou de boire réellement. C'est ce que Platon appelle *les plaisirs de l'âme,* les plaisirs que l'âme éprouve en elle-même, en dehors du corps. Aristote admet lui aussi cette distinc-

(1) Cf. *Éthique à Nicomaque,* II, 15 ; 1154ᵇ, 21 sqq.

tion des *plaisirs corporels* d'avec les plaisirs purement psychologiques; et, bien qu'il donne moins d'importance que son maître à cette dichotomie, comme lui cependant, il cherche à rattacher ces diverses jouissances qu'éprouve l'âme sans le corps, aux phénomènes psychologiques de la *mémoire*, de l'*imagination* et du *désir*.

Platon est convaincu qu'on ne saurait comprendre la nature du plaisir qui naît de nos désirs sans une explication préalable du phénomène de la mémoire. Il définit d'abord la mémoire, d'une façon générale, « la conservation de la sensation ». Alors même que le corps n'est plus affecté, l'âme peut conserver encore en elle, à l'état faible, l'ébranlement qu'elle avait reçu de l'impression organique.

Il faut bien se garder, nous dit Platon, de confondre la *mémoire* (μνήμη) avec la *réminiscence* (ἀνάμνησις). Mais au juste que faut-il entendre par ces deux phénomènes? Les interprétateurs du platonisme n'ont pas toujours été d'accord dans leurs réponses. D'ailleurs Platon lui-même n'est pas très explicite sur ce point. Cette théorie de la mémoire est liée, d'une part, à la théorie de l'être et de la *réminiscence des Idées*; d'autre part, elle est connexe à la théorie du désir; aussi on est toujours exposé de prendre un terme pour un autre et de confondre les systèmes. Ainsi, dans le *Ménon*, Platon explique au long la théorie de la réminiscence des idées et de la réminiscence en général; mais, outre que le *Ménon* a été composé vraisemblablement assez longtemps avant le *Philèbe*, et qu'il serait par conséquent un peu téméraire d'expliquer le dernier de ces dialogues par le premier (1), il semble bien que Platon

(1) Dans le *Ménon*, d'ailleurs, Platon n'étudie pas la réminiscence comme phénomène psychologique. Cf. Rodier, *Remarques sur le Philèbe*, 27 sqq.

n'ait pas voulu, dans ce passage du *Philèbe*, auquel nous faisons allusion, établir une distinction bien tranchée entre ces deux faits psychologiques (1), puisqu'en terminant il semble confondre l'un et l'autre. Quoi qu'il en soit, il me semble que Platon avant Aristote a pressenti qu'il y avait dans la mémoire comme deux parties principales : le souvenir de la sensation (σωτηρία αἰσθήσεως) d'une part ; et le souvenir, la conservation d'une connaissance acquise précédemment (μνήμη μαθήματος) (2).

Dans le premier cas, la mémoire ne serait pas autre chose que ce qu'on appellera plus tard la *mémoire imaginative* (φαντασία), ou peut-être simplement le souvenir avant l'oubli, la conservation d'une modification corporelle et psychique en l'absence de l'objet qui la provoque. Il me semble qu'on pourrait justifier cette interprétation par les paroles mêmes de Platon. A propos de cette forme de la mémoire, Platon, en effet, parle de l'*oubli*, et il considère l'oubli comme le terme, comme la mort de cette conservation des sensations (3) : « Ἔστι λήθη μνήμης ἔξοδος. » C'est à cette mémoire des choses sensibles, à cette continuation du mouvement sensoriel à travers le corps et l'âme, que Platon oppose le rappel (ἀνάμνησις). De l'examen attentif du texte, on pourrait, à mon avis, dégager cette opposition entre la conservation et le rappel des sensations.

Ce qui caractérise essentiellement le *rappel*, la *réminiscence sensible*, c'est qu'elle est une activité de notre esprit, tandis que la conservation est avant tout passive et tient uniquement à la sensation dont elle n'est

---

(1) Cf. *Philèbe*, 34, C.
(2) Cf. *Ibid., loco citato.*
(3) Cf. *Ibid.*, 33, E.

que le prolongement en quelque sorte. Le rappel porte, sans doute, sur un fait de sensation (1), mais alors cette sensation est tombée de la conscience (ἐπαγή ποτε), et c'est par sa vertu propre, par son énergie interne que l'âme la retrouve (αὐτὴ ἐν ἑαυτῇ) (2); aussi n'a-t-elle point besoin d'une modification organique pour déterminer son souvenir (ἄνευ τοῦ σώματος) (3). Par ces derniers mots Platon veut peut-être aussi faire remarquer, que la réminiscence, étant un fait de l'âme seule, porte principalement sur la partie de la sensation qui appartient à l'âme et ne donne point la localisation de l'impression dans les organes du corps.

Au-dessus de cette mémoire et de ce rappel des choses sensibles, il y aurait une mémoire et un rappel de l'intelligible connu par la pensée (μαθήματος). La mémoire inférieure n'en serait que l'image. De même qu'avant son union avec le corps, l'âme a conservé en elle le souvenir de l'intelligible, ainsi conserve-t-elle encore ce qu'elle apprend par l'expérience. La mémoire est comme un réceptacle (4) où vont se réunir toutes les acquisitions intellectuelles de l'âme de quelque nature qu'elles soient.

Ce seront précisément tous ces souvenirs recueillis dans la vie antérieure, ou dans la vie présente qui fourniront à l'âme, en quelque sorte, la matière dont elle remplira ses désirs. Ce sera de cette réserve de biens, d'acquisitions psychologiques qu'elle remplira les vides

---

(1) ΣΩΚ. — Ὅταν ἃ μετὰ τοῦ σώματος ἐπαγχέ ποθ' ἡ ψυχή, ταῦτα ἄνευ τοῦ σώματος αὐτὴ ἐν ἑαυτῇ ὅτι μάλιστα ἀναλαμβάνῃ, τότε ἀναμιμνήσκεσθαι που λέγομεν. ἢ γάρ; ΠΡΩ. — Πάνυ μὲν οὖν.

(2) Cette expression semble bien indiquer l'acte de réflexion attentive que fait l'âme dans le rappel.

(3) *Philèbe*, loco citato.

(4) *Lois*, XII, p. 964, E. : « παραδιδόναι τὰς αἰσθήσεις ταῖς μνήμαις.

qui se font en elle et se donnera ainsi un plaisir qui sera tout entier sa création, son produit.

Il est essentiel de bien se pénétrer de la théorie du *désir* d'après Platon non seulement pour comprendre la nature et l'origine des plaisirs et des douleurs qui en découlent ou qui l'accompagnent, mais encore pour avoir une idée générale et précise de la nature métaphysique de l'être vivant lui-même. Stalbaum (1) pense que Platon a emprunté le fond de sa doctrine sur le plaisir à l'École pythagoricienne. D'après Stobée et Jamblique (2) les Pythagoriciens, et, en particulier, Aristoxène enseignaient que le désir était une affection (πάθος) très variée et dont l'étude demandait beaucoup d'efforts (ποικίλον καὶ πολύπονον). Le désir a des espèces très nombreuses (πολυειδέστατον) : il y a, en effet, des désirs innés (3), d'autres sont acquis par l'expérience (4) et en quelque sorte créés par nous-mêmes.

Malgré ces différences, tout désir est en lui-même un mouvement de l'âme, un élan (5), un besoin d'une perfection plus grande, d'une réplétion (πληρώσεως). C'est encore le désir qui fait que l'individu se complaît dans la sensation qu'il éprouve, qu'il souffre quand elle vient à s'évanouir, ou qui le pousse à la rejeter quand elle est désagréable.

Dans ces quelques lignes on retrouve certainement les principales idées de Platon sur le désir, sa nature, son origine et sa relation avec le plaisir et la douleur.

Quoique d'une façon moins explicite, Platon, comme les Pythagoriciens, distingue, lui aussi, deux sortes de

(1) *Philèbe*, édition Stalbaum, p. 218, note.
(2) Stobée, *Ecclogg. Eth.*, p. 132. — Jamblique, *De Vita Pyth.*, § 205.
(3) Συμφύτους. Stobée, *loco citato*.
(4) Ἐπικτήτους καὶ παρασκευαστάς. *Ibid*.
(5) Ἐπιφορά τῆς ψυχῆς καὶ ὁρμὴ καὶ ὄρεξις. *Ibid*.

désirs : un désir primitif, inné ; l'autre, acquis. Le premier est ce que les psychologues modernes appellent généralement dans l'homme, inclination ou instinct ; le second est le désir proprement dit, c'est-à-dire une inclination qui a déjà fait l'expérience de son objet.

Mais dans les deux cas, que le désir soit antérieur à l'expérience, ou qu'il soit né d'elle, il est toujours une tendance de l'âme, c'est-à-dire une activité orientée vers un but déterminé ; celui qui désire, désire nécessairement quelque chose (1).

Il ne pouvait d'ailleurs en être autrement dans une doctrine finaliste comme celle de Platon. Puisque, d'une part, tout être concret est un élément du monde du devenir ; que, d'autre part, ce monde du devenir est incessamment en marche pour passer de la réalité apparente à la réalité vraie, il est nécessaire que toutes les activités d'un être quel qu'il soit soient ordonnées vers un terme fixe, prédéterminé, qui le rapproche de l'idéal proposé. Sans doute nous ne naissons pas avec tous nos besoins ; le désir est susceptible de préciser sa direction, de se spécifier, de se diversifier à l'infini. Au livre IV de la *République*, Platon nous dit expressément que si tout homme désire *naturellement* boire quand il a soif, ce n'est pas par la *seule force de la nature* qu'il désire boire *chaud* ou *froid*, en petite quantité ou abondamment, telle liqueur plutôt que telle autre. Le chaud, le froid, le peu, le plus, sont des qualités accidentelles qui se joignent au désir ; ce sont des désirs secondaires, des désirs acquis (ἐπίκτητοι). Malgré ces restrictions, Platon déclare qu'il y a dans toute activité une direction essentielle et que, par exemple, l'appétit de boire est, par sa nature propre, et avant

(1) Ὁ ἐπιθυμῶν τινος ἐπιθυμεῖ. *Philèbe*, 35, B.

toute expérience, diffèrent essentiellement de l'appétit de manger. « La soif, prise en soi, n'est autre chose que le désir de la boisson, qui est son objet propre, comme l'objet propre de la faim est le manger...; chaque désir, pris en lui-même, se porte vers son objet pris aussi en lui-même (2). »

Le désir n'est donc pas quelque chose de purement dynamique, pas plus que l'idée n'est quelque chose d'exclusivement logique; le désir et l'idée ne sont point deux réalités distinctes au sein de la conscience, l'idée suppose le désir et le désir réclame l'idée; l'idée est le principe de l'action et le désir n'acquiert de précision, d'individualité, d'existence spécifique et différenciée que grâce à l'idée.

Il ne faudrait pas croire que cette idée, cette fin, vers laquelle se porte spontanément le désir, ne soit autre chose que le bien général de l'être, sa perfection au sens le plus large. Platon nous a mis en garde contre cette interprétation qui tendrait à fausser sa pensée. Avant toute expérience sensible, dès son union avec le corps, l'âme de l'être vivant est instruite de ses besoins essentiels et l'appétit est déjà orienté vers des fins particulières et spécifiquement distinctes.

Rapprochons cette théorie finaliste relativement au désir des théories mécanistes, nous la comprendrons mieux et nous en verrons mieux la valeur.

Descartes, par exemple, déclare que notre bonheur consiste dans le sentiment d'une perfection, que le plaisir est ce sentiment-là même, *sensus alicujus per-*

---

(2) Nous donnons le texte grec qui est très précis et qu'une traduction ne peut rendre avec toute la fidélité voulue : Αὐτὸ δὲ τὸ διψῆν οὐ μήποτε ἄλλου γένηται ἐπιθυμία ἢ οὗπερ πέφυκεν, αὐτοῦ πώματος, καὶ αὖ τὸ πεινῆν, βρώματος... αὐτή γε ἡ ἐπιθυμία ἑκάστη, αὐτοῦ μόνου ἑκάστου οὗ πέφυκε. *République*, p. 437, E.

fectionis. Si Descartes, qui croit pouvoir tout ramener au mécanisme, était fidèle à sa doctrine, notre perfection ne devrait consister que dans la quantité, et le désir se réduirait au sentiment d'une force qui se développe, sans direction aucune. Mais comme, d'après son système, Dieu, en créant la matière, a introduit dans le monde une idée, une géométrie, Descartes peut sans se contredire entendre par perfection de l'être un rapprochement de cet être vers un idéal, vers une fin; mais alors le désir est une tendance, une marche progressive vers le bien, vers un idéal, et le mécanisme seul ne suffit plus à expliquer le monde.

Spinoza a été plus logique que son maître; il a vu le point faible du système cartésien; aussi il a soumis Dieu lui-même à la loi mathématique. Dieu est l'univers et l'univers est Dieu, et Dieu comme l'univers sont soumis à une logique inéluctable. Il n'y a donc entre tous les êtres que des rapports de nécessité, non de finalité.

L'être, par cela qu'il est, est tout ce qu'il peut être, et si l'on cherche en lui une force quelconque, cette force ne peut être autre chose que la persistance dans l'existence, c'est-à-dire l'inertie. Sans doute Spinoza définit la joie : « Le passage d'une moindre à une plus grande perfection »; et la tristesse : « Le passage d'une plus grande à une moins grande perfection »; mais, dans ces mots, il n'y a rien qui permette d'attribuer à Spinoza une contradiction entre son mécanisme géométrique et une interprétation finaliste qu'on prétendrait donner de ces deux définitions. La perfection dont il s'agit n'est point une perfection qualitative, si je puis ainsi m'exprimer; c'est une perfection quantitative. Puisque l'être, quel qu'il soit, est par essence, tout ce qu'il peut, tout ce qu'il doit être, il ne saurait jamais se rapprocher davantage de sa nature ; il est, par le seul fait qu'il est, toute sa réalité, tout son idéal.

Il est donc bien impossible, avec un pareil système, d'admettre un élément qualificatif quelconque dans la notion du plaisir, ni aucune finalité dans le désir. Il suffit, d'ailleurs, de lire attentivement le commentaire que donne Spinoza lui-même de ce qu'il entend par perfection : « Je dis que la joie est un passage à la perfection. En effet, elle n'est pas la perfection elle-même. Si l'homme, en effet, naissait avec cette perfection où il passe par la joie, il ne ressentirait aucune joie à la posséder ; et c'est ce qui est plus clair encore pour la tristesse. Personne ne peut nier que la tristesse ne consiste dans le passage à une moindre perfection, et non dans cette perfection elle-même, puisqu'il est visiblement impossible que l'homme, de ce qu'il participe à une certaine perfection, en ressente de la tristesse. Et nous ne pouvons pas dire que la tristesse consiste dans la privation d'une perfection plus grande, car une privation ce n'est rien. Or, la passion de la tristesse, étant une chose actuelle, ne peut donc être que le passage actuel à une moindre perfection, en d'autres termes un acte par lequel *la puissance d'agir de l'homme est diminuée ou empêchée* (1). » Ainsi la joie n'est point le sentiment d'une activité *meilleure*, mais d'une activité *plus grande*, et la tristesse ne naît point d'une imperfection, d'une déchéance de l'être, mais de ce que son activité est contrariée.

Il faut donner à la définition de Leibnitz la même signification quand il dit : « Je crois que, dans le fond, le plaisir est un sentiment de perfection et la douleur

---

(1) CHARLES, *Lectures philosophiques*, t. I, pp. 450, 451 ; cf. *Éthique*, traduction SAISSET, t. II, p. 154.

un sentiment d'imperfection (1) », car, dans un dynamisme absolu, il ne saurait y avoir de place pour la finalité. La monade est un système clos, et son activité ne sort point d'elle-même ; la perfection est donc toute dans l'intensité, dans la quantité de l'énergie, non dans la direction, dans l'orientation de la force.

Hamilton, lui non plus, ne s'écarte point sensiblement de ces théories, il les précise davantage, et en les précisant il nous montre mieux l'abîme qui existe entre les doctrines anciennes et les doctrines modernes, que l'on s'est pourtant flatté plus d'une fois de concilier. Pour lui, le plus grand plaisir réside toujours dans l'énergie la plus parfaite. Mais que faut-il entendre par énergie parfaite ? « Cette perfection, répond Hamilton, peut se considérer de deux manières : par rapport à ce pouvoir même qui agit, et par rapport à l'objet sur lequel il agit. En considérant le pouvoir qui agit, son énergie est parfaite quand elle est équivalente, sans la dépasser, à toute sa puissance d'agir ; elle est imparfaite quand le pouvoir ne peut dépenser la somme de forces qu'il tend à déployer, ou bien encore lorsqu'il excède ses ressources naturelles. Il faut tenir compte dans ces deux cas de l'intensité de l'action et de sa durée. D'autre part, si l'on considère l'objet, on trouvera que l'énergie est parfaite, *quand il est de nature à lui permettre l'entière expansion de sa force, sans l'outrepasser ;* et qu'elle est imparfaite, lorsqu'il la stimule au-delà de ce qui lui est *naturel*, sous le rapport du degré d'intensité ou de durée ; ou bien lorsqu'il refoule les tendances de la nature en-deçà de leurs limites naturelles (2). »

(1) *Nouveaux Essais*, II, 27.
(2) *Lectures on Metaphysics*, t. II, p. 433-440, résumé par E. Charles. *Lectures philosophiques*, p. 449-450, t. I.

Là encore l'activité n'est considérée que sous le rapport de l'intensité, de la quantité. Il est vrai que Hamilton exige de nos puissances une certaine réglementation naturelle pour que le plaisir puisse naître de leur exercice ; mais cette mesure même n'est qu'un pur rapport de quantité, un juste équilibre entre le travail de la force agissante et la puissance native de son énergie. Le pouvoir dynamique de l'être vivant n'est point ordonné vers une fin idéale qui serait en dehors de lui ; son terme c'est lui-même, c'est l'épuisement, aussi parfait que possible, de toute sa fécondité ; le désir est lui aussi une sorte de finalité sans fin. Sa raison d'être n'est point de faire sortir l'individu de lui-même, pour le rapprocher d'un type parfait ; c'est au contraire de le maintenir aussi rigoureusement que possible dans l'état même où il se trouve par sa nature.

C'est pour ne pas avoir distingué avec assez de précision ces deux éléments de l'activité, l'énergie et la direction, que les philosophes modernes, dans leurs théories sur la sensibilité, sont arrivés plus d'une fois à des contradictions flagrantes. Ils expliquent Aristote par Hamilton, commentent Platon par Spinoza, oubliant que sur aucun point une doctrine mécaniste, quelle qu'elle soit, ne peut donner raison d'une doctrine finaliste ni s'allier avec elle.

Quand M. Fr. Bouillier, par exemple, écrit ces paroles : « Il y a plaisir toutes les fois que l'activité de l'âme, ou bien celle d'un être vivant quelconque, *s'exerce dans le sens des voies de la nature*, c'est-à-dire dans le sens de la conservation ou du développement de son être ; il y a douleur, au contraire, toutes les fois que cette activité est détournée de son but et empêchée par quelque obstacle du dedans ou du dehors », ne semble-t-il pas être le fidèle disciple de Platon, ou tout au moins d'Aristote? Au contraire, quand ailleurs il écrit : « Toute douleur a pour cause un arrêt de notre activité... tout plaisir, un déploiement quelconque d'activité », n'explique-t-il pas toute la sensibilité par l'activité pure, considérée en dehors de la fin vers laquelle elle tend. D'ailleurs, il affirme expressément que ce n'est pas la direction, la qualité de l'action qui crée le plaisir, mais bien au contraire que c'est « le plaisir qui, en accompagnant notre activité spontanée, la dirige en tel ou tel sens ». Rien n'est plus clair ; cependant ces deux façons diamétralement opposées de comprendre les rapports de l'activité et de la sensibilité marquent non seulement une simple différence de détail entre deux systèmes, mais crée un abîme infranchissable entre eux. Essayer de les concilier, c'est donc tenter l'impossible.

Si, en effet, l'être vivant s'explique tout entier par l'activité seule, par l'énergie qui se développe sans termes précis à atteindre ; si, d'autre part, cet être, par le fait qu'il n'est qu'activité, est toujours en mouvement, il n'y a point et ne saurait y avoir dans la vie humaine d'intermittence, d'états indifférents : « l'âme sent toujours (1). » Le plaisir est donc, au même titre que l'activité, dont il ne diffère en somme qu'aux yeux de la conscience, la condition, le fait primitif de la vie ; il faut définir le plaisir par le plaisir et la douleur par la privation du plaisir (2) : « Le mode positif de l'activité, pour parler la langue des physiciens, est le plaisir, tandis que le mode négatif est la douleur (3). »

Doctrine virile sans doute et consolante, mais qui entraîne peut-être des conséquences auxquelles on ne

---

(1) F. BOUILLIER, *Du Plaisir et de la Douleur*, p. 91 ; GERMER-BAILLIÈRE, 1865.
(2) F. BOUILLIER, *Ibid.*, p. 104.
(3) F. BOUILLIER, p. 104.

s'attendrait pas. Si le plaisir est l'accompagnement naturel de l'activité toute nue, non seulement le plaisir n'est pas le bien, mais même n'a en soi aucune valeur morale. Si la girouette ou le moulin à vent avaient conscience de leurs mouvements, ils éprouveraient un plaisir aussi digne, aussi noble que celui du mathématicien qui calcule avec facilité et justesse la gravitation des sphères, ou que celui de l'artiste ou du saint qui donnent à tout leur être ce mouvement large, cet élan puissant, où concourent les énergies les plus sublimes de leur activité. Car dans une telle théorie il n'y a point de différences spécifiques entre les plaisirs, mais seulement des différences d'intensité, puisqu'en dehors de l'intensité une activité ne saurait différer d'une autre que par la fin vers laquelle elle tend. De plus, il faut admettre que si c'est le plaisir qui oriente nos inclinations, il faut nécessairement que le plaisir lui-même devienne une fin et la seule, l'unique fin de nos actions, puisqu'avant qu'elle ne soit agréable l'activité n'a aucune détermination.

Ce serait nous écarter du sujet que nous nous sommes proposé que de rechercher comment les mécanistes s'efforcent d'échapper à ces conclusions qui s'imposent. Disons seulement que la plupart empruntent consciemment ou inconsciemment à la doctrine finaliste les éléments dont ils ne sauraient se passer et donnent à l'activité, au moins une fin générale : la conservation et le progrès de l'individu : « Il faut distinguer deux moments dans l'inclination : au début, l'inclination vague et générale, c'est-à-dire indéterminée, ou du moins déterminée seulement à une fin toute générale : la conservation de l'être ; plus tard, l'inclination précise, qui se propose tel objet, tel mode d'action connu, apprécié, choisi. L'une est semblable à la voix inarticulée de l'enfant, qui, selon le mot du poète, semble vouloir tout dire ; elle est comme le vagissement confus du désir. L'autre est semblable au langage articulé, qui, par des mots distincts, exprime sciemment des idées définies (1). »

Ainsi, il n'y a point, dès le début, comme pour Platon, des directions fixes dans l'activité : le plaisir et la douleur sont les guides et les éclaireurs de la sensibilité. « L'activité est semblable à une source vive dont les eaux, d'abord contenues de toutes parts, s'échappent par toutes les issues qui leur sont ouvertes (2). »

Platon, au contraire, ne peut concevoir une activité quelconque sans une fin précise qui la détermine ; les inclinations humaines, aussi bien que l'instinct de l'animal, sont par essence adaptées à des biens qu'elles poursuivent, et ce n'est que si elles les atteignent, que l'être vivant jouit, ou du moins si elles s'avancent dans le sens où ces fins les sollicitent. Il ne pouvait en être autrement dans cette philosophie encore à demi socratique qui expliquait toutes les réalités, sensibles ou intelligibles, par les lois logiques des concepts. Comme la connaissance, le désir est un rapport. Donc toute tendance suppose deux termes : l'un, d'où elle part, l'autre où elle va ; toutefois, elle ne se confond en aucune façon avec aucun d'eux, pas plus que le rapport d'un concept à un autre concept, bien qu'il repose sur ces deux concepts, ne se confond cependant avec eux.

On peut même dire que, pour Platon, la fin ne fait pas même partie intégrante, essentielle de l'activité. Ici, comme toujours, le terme est en dehors ($\chi\omega\rho\iota\varsigma$) de

---

(1) Cf. RABIER, *Psychologie*, p. 471.
(2) IDEM, *ibid*.

la force qui s'y rend, il préexiste à la force et la sollicite au lieu simplement de l'actualiser; ce n'est pas un acte, c'est un but. Aucun être du monde de la génération et du devenir n'a donc en soi naturellement sa fin propre.

Aussi Platon est-il loin d'être panthéiste à la façon des Stoïciens. Pour lui, l'univers ne s'explique point par lui-même, car il n'a point en lui de perfection absolue et immanente; pour la même raison il ne se recherche point lui-même, mais il gravite vers une perfection transcendante qui le domine, qui lui donne à la fois sa raison d'être, sa raison d'agir et son intelligibilité. Dieu lui-même a en dehors de lui le principe qui l'éclaire et qui le soutient, l'idée du Bien; comme tous les êtres concrets, il est un composé (μίξις εἴδου). S'il en était autrement, Dieu n'aurait plus, semble-t-il, sa personnalité propre; or, pour Platon, Dieu est comme la divinité d'Athènes, Pallas Athéné, un Dieu « aux yeux clairs (1) ».

Ainsi la théorie platonicienne du désir n'est qu'un aspect particulier du grand problème de la finalité universelle. Au sommet de tout, au terme de tout, se trouve la fin pure, le Bien qui préside à tout, sollicite tout. Comme le moteur immobile d'Aristote, il meut tout sans se mouvoir, mais il meut tout par attrait, car il ne renferme en lui que de la perfection, de la finalité (τέλος), il n'est point composé du même et de l'autre, mais il ne renferme en lui que de l'être, du fini (πέρας).

Après avoir ainsi montré la place du désir dans le système de Platon, il est nécessaire d'arriver à ce qu'on

---

(1) Cf. Cours de M. Brochard. *Revue des Cours et Conf.* p. 454; M. Brochard arrive à une conclusion analogue en s'appuyant sur d'autres considérations.

pourrait appeler la psychologie platonicienne des inclinations, c'est-à-dire à voir par le détail comment, d'après Platon, le désir se manifeste dans le vivant (1). Puisque le désir s'explique par le rapport de deux termes contraires, de ce qui n'est pas encore à ce qui est, on pourrait le définir : « le rapport du non-être à l'être, réalisé dans le monde du devenir ». Le désir est donc, avant tout, un mouvement, une énergie qui se développe, un élan (ὁρμή, ὄρεξις); c'est dans cette activité que réside son essence propre, mais puisqu'on ne peut comprendre une activité que par rapport à ses termes, que non seulement la direction, mais encore l'intensité d'une force, est subordonnée à son point de départ et à sa fin, pour connaître la nature et la valeur du désir, il faut connaître d'abord et son origine et son but.

Platon a été vivement frappé de cette sorte d'antinomie qui fait le fond de toute activité. « Considérez un être actif : sa manière d'être actuelle (une douleur, par exemple) n'exprime pas tout son être, puisque, par derrière cette manière d'être, il y a en lui une tendance à l'annuler (tendance au plaisir) pour en réaliser une autre. Il y a donc en lui, comme dit Platon, *du même et de l'autre;* il y a en lui un principe de différenciation, et, pour ainsi dire, une thèse et une antithèse. » On pourrait dire que l'activité est une contradiction réalisée, si on ne remarquait toutefois qu'entre les deux termes qui s'opposent, il n'y a pas une négation absolue, qu'ils ne sont pas du même ordre; nous dirions que l'un est dans la réalité actuelle, tandis que l'autre n'est qu'idéal. Platon, au contraire, dira que le premier est un non-être, et l'autre une réalité pleine.

(1) *Philèbe*, 31, B. Τί ποτ' ἔστι καὶ ποῦ γίγνεται.

Le point de départ du désir est donc le moins, et il tend au plus. Il naît d'un vide et va à la réplétion. Platon a exprimé cette pensée à plusieurs reprises, dans le *Gorgias*, dans la *République* et dans le *Philèbe*. Sa théorie de l'amour est fondée sur les mêmes principes, car l'amour, comme le remarque Agathon dans le *Banquet*, est le désir par excellence (1).

Aussi, par une heureuse métaphore, Platon fait naître l'amour de la Pauvreté et de l'Abondance. Dans le même dialogue, il met dans la bouche d'Aristophane un discours très curieux, où, d'une façon bouffonne, il fait ressortir avec beaucoup de netteté la nature intime de l'amour en tant que désir. C'est le sentiment profond d'un vide, d'une imperfection ; et comme cette imperfection, précisément dans le cas de l'amour, est plus grande que partout ailleurs, l'amour est le plus violent des désirs. Aristophane suppose qu'à l'origine du monde il y avait un troisième sexe : l'Androgyne, être rond, composé de deux têtes et de huit membres. Jupiter le coupa en deux parce qu'il s'était révolté contre lui, et commanda à Apollon de former un être particulier de chacune des deux parties : l'amour, ainsi, n'est que le besoin immense qui pousse l'homme et la femme à chercher leur complément naturel.

Tout désir tend donc par sa nature à un état opposé à celui qui lui donne naissance, « celui qui est vide désire être rempli », dit Platon (2). « Le désir ne saurait donc se confondre avec la sensation à l'occasion de laquelle il se produit, puisqu'il n'existe qu'en tant qu'il se sépare de cette sensation même (3). »

(1) Cf. *Philèbe*, 33, 34, 35, 36, etc. ; *Gorgias*, 498, 499, etc.
(2) Cf. *Ibid.*, p. 35, A. Ὁ κενούμενος ἡμῶν ἐπιθυμεῖ τῶν ἐναντίων ἢ πάσχει.
(3) Cf. *Ibid.*, 35, B. Οὐκ ἄρ' ὅ γε πάσχει τούτου ἐπιθυμεῖ.

Il n'y a donc point de désirs du corps, conclut Platon, mais seulement des désirs de l'âme, c'est-à-dire que c'est l'âme et l'âme seule qui est le principe de l'activité, de l'élan (ὁρμή) du désir; de plus, c'est elle qui donne la raison à cet élan, puisque c'est elle qui fournit, comme nous dirions dans notre langage moderne, la représentation anticipée de l'objet désirable. Pour que le premier désir naisse, il est donc nécessaire que l'âme, avant toute expérience sensible, ait déjà une connaissance de l'objet qu'elle poursuit. On ne désire que ce que l'on connaît, dirait l'École : *Ignoti nulla cupido*. Or, si l'âme ne connaissait point avant de désirer, jamais le désir ne pourrait naître, car ce n'est pas l'activité qui crée la fin, c'est la fin qui détermine l'activité. L'âme, en s'unissant au corps, apporte donc avec elle la science de tous les besoins du corps et de leurs remèdes. Ainsi le désir suppose la vie antérieure de l'âme et la réminiscence, en même temps qu'il prouve l'une et l'autre (1).

Après ces explications, il sera facile de comprendre les relations du désir avec le plaisir et la douleur. Par sa nature, le désir participe à la fois de l'une et de l'autre de ces deux affections, puisqu'il est le rapport d'un vide à une réplétion, d'un état défavorable à la nature à un état favorable, et que tout rapport participe naturellement de ses deux termes. Pourtant, il semble que le désir soit plutôt une douleur, car il est avant tout le sentiment d'une imperfection; il a sa racine dans le non-être. C'est ce que Platon affirme

---

(1) M. Rodier a donc tort, nous semble t-il, de conclure d'après un certain passage du *Philèbe* (34, E ; 35 A), que, pour Platon, le désir ne devient possible qu'après une première expérience, à moins qu'il comprenne, dans le terme d'*expérience*, les données que l'âme a rapportées de son commerce primitif avec les idées.

dans le *Gorgias* : « Tout besoin, tout désir, dit-il, est une peine (1). »

Platon aurait-il méconnu que tout désir ne naît pas de la souffrance, qu'il y a dans le désir une volupté qui nous pousse et nous entraîne avec autant de violence que la douleur elle-même ? L'expérience quotidienne nous prouve que nous sommes portés à faire succéder les plaisirs aux plaisirs, et que le voluptueux et le riche ont plus de désirs que l'ascète ou le pauvre.

Platon ne s'est point mépris sur cette apparence. Dans tout plaisir qui donne naissance au désir, il y a un élément négatif, une douleur. Le plaisir et la douleur, du moins dans l'ordre des émotions qui de près ou de loin tiennent à l'organisme, sont eux-mêmes des rapports, des rapports conjugués, comme le plus et le moins, le plus froid et le plus chaud ; ils n'existent donc point en eux-mêmes, mais seulement l'un relativement à l'autre ; et c'est précisément de cet élément de souffrance impliqué dans le plaisir que surgit, pour ainsi parler, le désir. C'est ce que fait remarquer Platon sans cesse, en rappelant que le plaisir est du genre de l'infini (ἄπειρον). Le plaisir est donc par essence incomplet, il entraîne nécessairement avec lui la marque de son impuissance ; l'âme n'est donc jamais satisfaite dans sa partie sensible et nécessairement portée à désirer (2).

Pour cette même raison, le désir, quoique étant le sentiment d'un vide, est néanmoins toujours accompagné de plaisir. En tant qu'il tient à la sensation pénible, il est douleur (3) ; en tant qu'il tend à une perfection, il est une joie. Il n'y a donc point de désir sans douleur,

---

(1) *Gorgias*, 496, D : Ὁμολογῶ ἅπασαν ἐνδείαν καὶ ἐπιθυμίαν ἀνιαρὸν εἶναι.

(2) Cf. *Philèbe*, 35, C. Ὁρμὴ ἐπὶ τοὐναντίον ἄγουσα ἢ τὰ παθήματα.

(3) *Ibid.*, 35, E. Διὰ μὲν τὸ πάθος ἀλγῇ.

mais il n'y a point non plus de désir sans plaisir.

C'est ainsi que Platon, par une méthode ingénieuse et parfaitement en rapport avec son système, arrive à expliquer, d'une façon satisfaisante, cette vérité de sens commun que les poètes de tous les temps ont mise à contribution sans jamais l'épuiser.

Il faut remarquer toutefois que la douleur est l'élément primitif et dominant du désir. Peut-on en conclure que Platon soit pessimiste, et que la douleur soit la raison du plaisir? Malgré son apparente sévérité, Platon, pas plus qu'aucun des Grecs (1), n'est ni pessimiste, ni optimiste au sens moderne du mot. Si, en effet, la douleur est le fond même du désir, le désir n'est point le fait primitif de la vie. La vie sensible, région du devenir et des besoins, a été précédée d'une vie d'équilibre et d'harmonie, de laquelle étaient bannies la joie et la peine. Dans le Platonisme, comme dans le Mosaïsme, la vie de l'homme est une déchéance : nous retournons à la terre promise par la science et la vertu (2).

De plus, si l'âme désire, par là même souffre, elle a aussi en elle-même de quoi se satisfaire, une réserve d'énergie, grâce à laquelle elle répare sans cesse ce qui se détruit en elle et dans le corps. C'est par quelque chose de lui-même (τι τῶν τοῦ διψῶντος) (3) que celui qui a

---

(1) Nous ne voulons pas dire qu'il n'y ait chez les Grecs, principalement chez les poètes, des sentiments pessimistes. Les Grecs n'ont point ignoré la part de la douleur dans le monde, et les imprécations d'Œdipe contre la vie ne sont pas moins amères que celles de Job ; ce que nous affirmons, c'est que les Grecs n'ont jamais fondé un système philosophique sur cette constatation de la souffrance entrant nécessairement comme élément dans le monde. Le Grec aime la vie, car la vie c'est l'action, et si l'action suppose l'effort, elle le dépasse et l'enrichit.

(2) En faisant ce rapprochement, nous ne voulons pas dire qu'il y ait, même sur ce point particulier, quelque ressemblance parfaite entre les théories de Platon et celles de la Bible. L'état de l'homme dans l'Éden diffère en tout point de la préexistence des âmes.

(3) *Philèbe*, 35, B.

soif se désaltère par anticipation. Le moral soutient le physique, et le répare, car il le domine (1).

Enfin, si le désir est un état ordinaire de l'âme, il n'est pas un état nécessaire. Quoique l'homme soit, par sa nature, dans le monde du devenir, par conséquent dans une instabilité continuelle, il est possible, comme nous l'avons vu, que l'âme ne soit affectée d'aucune sensation : le désir n'est donc point un élément essentiel de la vie, c'est un moyen de restitution et de réparation (2).

En dehors de la sensation il y a donc une autre source de plaisirs, le désir ; ces plaisirs, quoiqu'ils intéressent souvent le corps, sont bien des plaisirs particuliers à l'âme (χωρὶς τοῦ σώματος). Sans doute, c'est toujours comme unie au corps que l'âme les éprouve ; mais cependant le corps n'y est pour rien, et, si je jouis en désirant boire, il est manifeste que mon corps ne boit pas.

Il était, nous semble-t-il, préférable d'exposer de suite et sans interruption toute la théorie de Platon sur l'activité de l'être sensible dans ses rapports avec le plaisir. De cette façon, il a été plus facile d'en saisir tout le développement et toute la parfaite harmonie.

D'ailleurs, il est incontestable qu'Aristote, qui a repris sur lui le soin d'expliquer, à sa manière, le problème si obscur et toujours si passionnant de l'activité dans l'être vivant et sensible, n'ait adopté comme définitives la plupart des conclusions établies par les analyses minutieuses de son prédécesseur (3).

---

(1) Μνήμην ψυχῆς ξύμπασαν τήν τε ὁρμὴν καὶ ἐπιθυμίαν καὶ τὴν ἀρχὴν τοῦ ζώου παντὸς ἀπέφηνεν (ὁ λόγος). *Philèbe*, 35, D.
(2) C'est pour cette raison sans doute que Platon trouve qu'il y a quelque chose d'inconvenant dans le plaisir, ἄσχημόν τι.
(3) Voir tout le chapitre xi du livre Iᵉʳ de la *Rhétorique*, dans lequel Aristote montre, comme l'avait déjà fait Platon, dans le *Philèbe*, le mélange intime du plaisir et de la douleur dans le phénomène du désir.

Comme Platon, tout d'abord, il a été frappé par le sentiment de l'étroite connexion qui existe entre la sensation, le plaisir, la mémoire, l'imagination et le désir. Tous ces phénomènes, en un sens, se tiennent, sont comme les phases successives d'un même mouvement du composé vivant. Il suffit qu'un animal quelconque soit doué du seul sens du toucher pour qu'on puisse affirmer de lui qu'il sent, qu'il jouit, qu'il souffre et qu'il désire (1). Ces diverses affections sont des caractéristiques essentielles de la vie. Si parfois certains animaux, aux degrés les plus bas de l'échelle de la vie, semblent dépourvus d'imagination ou de mémoire, c'est uniquement parce que la sensation elle-même est réduite, dans ces êtres, à son minimum d'intensité et ne se manifeste que par des mouvements indécis dans lesquels la spontanéité est à peine apparente (2).

En second lieu, Aristote, comme Platon, reconnaît que le plaisir et la douleur, au lieu d'être des phénomènes distincts, spécifiquement déterminés comme la

---

(1) Τὰ δὲ ζῶα πάντ' ἔχουσιν μίαν, γε τῶν αἰσθήσεων, τὴν ἁφήν · ᾧ δ' αἴσθησις ὑπάρχει, τούτῳ ἡδονή τε καὶ λύπη, καὶ τὸ ἡδύ τε καὶ λυπηρόν, οἷς δὲ ταῦτα, καὶ ἡ ἐπιθυμία · τοῦ γὰρ ἡδέος ὄρεξις αὕτη. De l'Ame, B, 3; 414ᵇ, 2 Cf. Ibid., B, 2; 413ᵇ, 2 sqq. Voir aussi Du Mouvement des animaux, chapitre VI; Du Sommeil et de la Veille, A, 1; 454ᵇ, 25-30. Οἷς δ' αἴσθησις ὑπάρχει, καὶ τὸ λυπεῖσθαι, καὶ τὸ χαίρειν · οἷς δὲ ταῦτα, καὶ ἐπιθυμία. L'auteur de la Grande Morale fait les mêmes constatations. Cf. Grande Morale, A, 11; 1888ᵇ, 2, sqq , etc.

(2) Cf. De l'Ame, B, 2; 413ᵇ. 414, etc. Dans ce même traité (Γ, 3; 427 et 428), Aristote, tout en distinguant avec beaucoup de soin l'imagination de la sensation, et en montrant que les fourmis, les abeilles, les vers, ne possèdent vraisemblablement pas l'imagination, c'est-à-dire la puissance de conserver et de reproduire (φαντάζειν καὶ ὑπολαμβάνειν) leurs images, a soin d'affirmer qu'imaginer, au moins dans le sens passif du mot, est comme un corollaire de sentir : φαντασία ἕτερον αἰσθήσεως... αὐτή τ' οὐ γίνεται ἄνευ αἰσθήσεως. Ibid., 427ᵇ, 15. Cf. Ibid., Γ, 10; 434ᵇ, 1, sqq., où Aristote affirme, que l'imagination sensible (αἰσθητικὴ φαντασία) appartient à tous les animaux. Cuvier semble

sensation, la mémoire, l'imagination, le désir, semblent plutôt être comme les deux modes généraux qui enveloppent, dans leur alternative continue de joie et de peine, toutes les manifestations psychologiques qui se rapportent à la partie sensible de l'être. C'est pourquoi Aristote, bien qu'il insiste plus que Platon sur la nature toute psychologique du plaisir, n'en reconnaît pas moins qu'il y a une distinction légitime à établir entre les plaisirs qui accompagnent la sensation proprement dite et les plaisirs qui naissent plutôt des suites de la sensation, c'est-à-dire de la mémoire, de l'imagination et du désir, que de la sensation elle-même au moment où elle apparaît dans le composé vivant. Tout le chapitre xi du premier livre de la *Rhétorique* est consacré spécialement à montrer cette différence et à exposer la genèse des plaisirs que nous devons à l'imagination : « Jouir, dit Aristote, n'est-ce pas sentir une certaine affection ; or, l'imagination n'est autre chose qu'une sorte de sensation affaiblie, puisque, quand on se rappelle ou qu'on espère quelque chose, on se représente toujours comme une image de ce que l'on se rappelle ou de ce que l'on espère. S'il en est ainsi, il est évident que des jouissances accompagneront nos souvenirs et nos attentes, puisque ces mêmes phénomènes semblent produire en nous une sorte de sensation. C'est pourquoi il est nécessaire que tous nos plaisirs consistent soit à jouir des objets présents, soit à se souvenir du passé, soit dans l'attente de l'avenir.

admettre une théorie analogue, quand il explique l'instinct des animaux par « des images innées et constantes qui les déterminent à agir comme les sensations ordinaires et accidentelles nous déterminent », *Règne animal*, t. 1, p. 45; mais pour Aristote ces images sont des directions plutôt que des représentations, c'est-à-dire des orientations de mouvement, mais non des images précises (φαντασία κινεῖται... ἀορίστως).

Bien plus, nous jouissons à nous souvenir non seulement des choses qui nous étaient agréables quand elles étaient présentes, mais encore de celles qui, au moment de leur production, nous furent désagréables, mais qui furent suivies de quelque avantage pour nous. »

Aristote développe ces principes généraux avec beaucoup de détails et nous montre comment, grâce à ce mécanisme de l'imagination s'exerçant dans le passé ou dans l'avenir, on peut fournir une explication de nos passions les plus complexes ainsi que des émotions diverses qui les accompagnent.

Toutes nos passions, au fond, sont des désirs, c'est-à-dire des émotions à double aspect, des mélanges de douleurs présentes et de jouissances remémorées ou anticipées, car pour Aristote, tout comme pour Platon, l'apparente contradiction qui fait le fond de nos inclinations consiste dans le sentiment d'une privation dont nous souffrons, associé à l'image anticipée d'une sensation agréable. « Dans la plupart de nos désirs se trouve un élément de plaisir, car, soit qu'on se souvienne d'un bonheur passé, soit qu'on espère une satisfaction future, dans les deux cas on éprouve une certaine satisfaction. C'est ainsi que les malades, dévorés de soif dans la fièvre, prennent plaisir à se souvenir qu'ils ont bu jadis et à espérer qu'ils boiront plus tard. C'est ainsi que ceux qui sont sujets à la passion de l'amour trouvent plaisir à s'entretenir, à écrire, à s'occuper de n'importe quelle façon de l'objet aimé, car dans tout cela ils retrouvent le souvenir de leurs plaisirs passés et s'imaginent qu'ils sentent actuellement la présence de ceux qu'ils aiment. Le principe et le début de l'amour, c'est même non seulement de se sentir heureux en la présence de la personne qu'on aime, mais encore jouir d'elle par le souvenir quand elle est absente; c'est pourquoi, lorsque l'amant souffre de l'absence de son objet, il trouve aussi un certain charme même dans les regrets, car, s'il y a douleur à être privé de son absence, il y a joie à s'en souvenir, à se le représenter, pour ainsi dire, devant les yeux, à se rappeler ce qu'il faisait, quelle était son image (1). »

Enfin, Aristote affirme, lui aussi, l'étroite relation de l'activité et de la sensibilité dans l'être vivant en général, et le rapport nécessaire du plaisir et du désir dans l'être sensible en particulier. « Le désir, dit-il, c'est l'appétit de l'agréable ; — tout ce qui est fait sous l'influence du désir procure du plaisir (2). »

Seulement là où il se sépare de Platon et où il le dépasse, c'est lorsqu'il s'agit d'étudier la nature intime de nos inclinations, de préciser le rôle que joue le plaisir dans l'orientation de notre activité, car, quoi qu'on en ait dit, Aristote est un finaliste et pense qu'on ne peut comprendre rien à la nature de l'être quel qu'il soit, si l'on ne pose en principe que tout ici-bas se fait en vue d'une fin précise, que toute action a un terme nécessaire sans lequel on ne saurait concevoir son développement : « La nature, répète-t-il avec complaisance, ne fait rien en vain ; la nature agit sans cesse en vue d'une fin : tout phénomène qui se produit tend et se dirige vers un principe et vers un but, vers une fin (3). »

---

(1) Cf. *Rhétorique, loco citato; Éthique à Nicomaque*, Γ, 13; 1119ᵃ, 2 sqq.

(2) Cf. *Grande Morale*, A, 11 ; 1188ᵃ, 4 : Τοῖς δ' ἐπιθυμίαν πραττομένοις ἡδονὴ ἀκολουθεῖ. — Ἡ ἐπιθυμία ἐστὶν τοῦ ἡδέος ὄρεξις.

(3) Ἡ φύσις ἕνεκά του ποιεῖ πάντα. *Des Parties des Animaux*, A, 1; 641ᵇ, 12 : ἡ φύσις φεύγει τὸ ἄπειρον · τὸ μὲν γὰρ ἄπειρον ἀτελές, ἡ δὲ φύσις ἀεὶ ζητεῖ τέλος. *De la génération des animaux*, A, 1 ; 715ᵇ, 21. — Οὐδὲν ἡ φύσις ποιεῖ μάτην. *Des Parties des Animaux*, B, 13; 658ᵃ, 8. Ἅπαν ἐπ' ἀρχὴν βαδίζει τὸ γιγνόμενον καὶ τέλος · ἀρχὴ γὰρ τὸ οὗ ἕνεκα, τοῦ τέλους δ' ἕνεκα ἡ γένεσις. *Métaphysique*, II, 8, etc.

Mais cette fin, ce terme de la nature en général et de chaque nature en particulier, ce n'est point dans un monde à part et par là même chimérique qu'il faut le chercher, c'est dans l'être concret lui-même. Tout acte, c'est-à-dire toute réalité pleine est une fin en même temps qu'un principe; toute activité qui se développe renferme en soi une finalité, est même, dans un sens, sa propre finalité. Si l'on considère, en effet, l'être uniquement du point de vue de son essence, de sa définition, son acte pourra simplement nous apparaître comme le principe immobile de sa réalité, comme la loi intrinsèque et statique de sa substance ; mais si, au contraire, nous envisageons l'être dans sa production, dans son évolution, son acte, c'est-à-dire sa forme, nous apparaîtra évidemment comme une fin vers lequel cet être tend (1). Sans doute l'être constitué est indivisible et un en lui-même, au moins d'une unité synthétique, puisque l'acte par lequel il est, *l'entéléchie*, est un terme où les puissances trouvent leur repos, un principe de détermination et de fixité dans l'existence. Bien plus, l'être restera dans cette immobilité naturelle tant que rien ne viendra la troubler soit du dehors soit du dedans, c'est-à-dire tant qu'il n'aura rien à souffrir d'un agent quelconque, qu'il ne recevra aucune modification (2).

Toutefois, dans les êtres contingents qui ne sont pas acte pur, cette unité substantielle n'est qu'une unité d'harmonie, une unité d'équilibre et non une unité absolue, inaltérable, comme était celle de l'*Idée*, d'après

---

(1) Cf. *Métaphysique*, Z, 17; 1,041ᵃ et ᵇ.
C'est dans ce sens qu'Aristote pose comme principe que la substance est à la fois principe et cause : ἡ οὐσία ἀρχή, καὶ αἰτία τις ἐστίν. *Ibid.*, Z, 17 ; 1041ᵃ, 10.

(2 Διὸ ᾗ συμπέφυκεν, οὐδὲν πάσχει αὐτὸ ὑφ' ἑαυτοῦ · ἓν γὰρ καὶ οὐκ ἄλλο. *Métaphysique*, Θ, 1 ; 1046ᵃ, 27. Cf. *Ibid.*, Z, 17 ; 1041ᵇ, surtout vers la fin.

Platon ; dans le monde logique qui n'a pas d'existence réelle, *l'acte* assurément peut être considéré uniquement comme un principe immuable, comme l'expression de la loi fixe de l'essence, et c'est pour ce motif que le mot *entéléchie* (1) lui appartient surtout quand l'acte n'est envisagé que comme une notion intelligible, comme une forme idéale (εἶδος); mais dans le monde de l'existence réelle, l'acte apparaît surtout comme un principe actif, comme une forme qui se fait, comme une énergie (ἐνέργεια), par conséquent plutôt comme une unité en formation que comme une unité définitivement actualisée. Cela est si vrai, remarque Aristote, que c'est précisément parce que *l'acte* nous apparaît surtout dans les mouvements auxquels sont soumis les êtres contingents, que, par analogie avec une énergie qui se développe, nous lui avons donné le nom de ἐνέργεια : « Le mot d'*acte* (ἐνέργεια), que nous appliquons parfois à la *réalisation définitive* (ἐντελέχεια) d'un être, a été emprunté par analogie à la notion de mouvement, pour être de là appliqué à tout le reste, attendu que *acte-énergie* (ἐνέργεια) et mouvement semblent (2) être une seule et même chose. Voilà pourquoi on n'attribue pas la notion de mouvement aux choses qui n'existent pas dans la réalité, bien qu'on leur attribue d'autres notions, d'autres catégories. Ainsi l'on dit bien des choses qui n'existent pas réellement, qu'elles sont intelligibles, qu'elles sont désirables, mais on ne saurait dire qu'elles sont en mouvement,

---

(1) Nous ne voulons pas dire qu'Aristote emploie exclusivement chacun de ces deux termes ἐντελέχεια et ἐνέργεια, dans leur sens propre ; toutefois, nous maintenons qu'il y a dans la pensée d'Aristote la distinction que nous signalons.

(2) Aristote ne prend pas du tout sur lui cette affirmation, c'est simplement l'opinion commune qu'il rapporte, aussi se sert-il de δοκεῖ et non de ἔοικε.

car alors il y aurait contradiction puisqu'on dirait d'une part que, n'étant pas en acte elles sont en acte cependant (1). C'est que, parmi les choses qui ne sont pas de fait, quelques-unes sont bien en puissance d'être ; cependant on ne peut dire qu'elles sont réellement, puisqu'elles ne sont pas actualisées (2). »

Être en acte, pour une même chose, a donc plusieurs significations, plusieurs degrés. C'est pourquoi il peut se faire qu'on dise d'un objet qu'il est en acte, simplement pour signifier qu'il est en voie de réalisation, d'actualisation ; ainsi le mouvement d'une nature qui se développe selon ses énergies est tout aussi bien *l'acte* de cette nature par rapport à cette nature seulement en puissance, que la substance achevée est un acte par rapport à la matière brute et non organisée (3). D'ailleurs ce n'est pas sans raison que l'on identifie ainsi, pour le même être, l'acte en repos, l'acte-entéléchie et l'acte en activité, *l'acte-énergie*. Si, en effet, il n'y avait pas dans l'être un fond commun qui demeure identique pendant que l'acte-énergie se développe, il n'y aurait que l'écoulement continu comme le voulait Héraclite ; d'autre part, si ce fond permanent n'était pas l'essence même de l'être, son *acte-entéléchie*, l'être changerait perpétuellement d'essence tant qu'il agirait. Ainsi un homme malade cesserait d'être homme en revenant à la santé ; de même, un enfant perdrait sa forme humaine à mesure qu'il se développerait (4).

---

(1) Τοῦτο δ' ὅτι οὐκ ὄντα ἐνεργείᾳ ἔσονται ἐνεργείᾳ.
(2) *Métaphysique*, Θ, 3 ; 1047ᵃ, 30 sqq.
(3) Λέγεται δὲ ἐνεργείᾳ οὐ πάντα ὁμοίως, ἀλλ' ἢ τῷ ἀνάλογον, ὡς τοῦτο ἐν τούτῳ ἢ πρὸς τοῦτο, τόδ' ἐν τῷδε, ἢ πρὸς τόδε · τὰ μὲν γὰρ ὡς κίνησις πρὸς δύναμιν, τὰ δ' ὡς οὐσία πρός τινα ὕλην. (*Métaphysique*, Θ, 6 ; 1048ᵇ, 6 sqq.)
(4) *Métaphysique*, Θ, 6 ; 1048ᵇ, 18 sqq.

L'activité, encore une fois, n'est pas simplement un écoulement, une simple multiplicité, une chose purement négative, c'est une synthèse du permanent et du phénomène de l'écoulement et de l'être qui dure ; et quand un être est en acte (ἐνέργει), on ne peut dire qu'il sort de lui, qu'il s'évanouit, ni qu'il *se fait* au sens fort du mot (*fit*) ; il faut dire plutôt qu'il s'affirme, qu'il se manifeste. L'acte appartient au genre du πέρας, il est vraiment un de ces termes qui est à la fois principe et fin, principe du mouvement et but ultime du mouvement (1). Ainsi, il n'y a point de différence essentielle « entre la *vue* et l'*acte de voir*, entre il *réfléchit*, il *pense* et il *a pensé*, c'est-à-dire entre la vision en entéléchie et la vision en activité, entre la pensée à l'état de repos et la pensée en exercice (2) ».

Ces remarques auront une importance toute particulière si nous les appliquons à l'explication de la nature dans l'être vivant et sensible. Ici, en effet, l'acte n'apparaît presque jamais, dans la réalité, comme une simple forme, comme une pure qualité ; mais, au contraire, c'est toujours comme activité en exercice qu'elle se manifeste. Prenons un cercle d'airain ou de fer, il est évident que la forme ici est une pure manière d'être déterminée et fixe, une loi stable et en repos ; mais dans l'animal, mais dans l'homme, il en est tout autrement ; on ne peut dire que l'acte de l'être vivant est quelque chose de purement inerte, de purement simple, parce que l'être vivant ne peut se concevoir sans la notion de mouvement, par conséquent sans la notion de détermination sans doute,

---

(1) *Métaphysique*, Δ, 17 ; 1022ᵃ, 4 sqq.
(2) *Ibid.*, Θ, 6 ; 1048ᵇ, 13 sqq.

mais aussi de multiplicité (1). C'est qu'en effet l'animal n'est plus un composé à la façon du cercle de bois ou du cercle d'airain, dans lequel la forme est en elle-même indépendante de sa matière ; c'est un composé d'un ordre tout particulier et dans lequel matière et forme sont unies par des liens essentiels, dans lequel la forme se subordonne sa matière et ne saurait exister sans elle (2). Dans la substance sensible, entre la matière et la forme, il n'y a qu'une distinction de raison, l'être réel, ce n'est ni la forme ni la matière prises isolément, c'est le tout, c'est le composé de l'une et de l'autre (3).

L'activité, dans l'animal, considérée d'un point de vue général, ne sera donc autre chose que cet exercice de l'acte s'affirmant de plus en plus, se subordonnant et s'assimilant pour ainsi dire de plus en plus intimement sa matière ; et, comme on le voit par les analyses qui précèdent, cette activité sera fixée, déterminée à l'avance par la forme même de l'être. Il y a donc dans les tendances de tout être animé, avant même toute expérience de sa part, une direction, une idée ; cette idée, c'est l'animal lui-même ; l'animal se fait ; il est, sous un certain rapport, sa propre fin. C'est la théorie expresse d'Aristote exposée maintes fois dans ses œuvres (4).

(1) Ἀισθητὸν γάρ τι τὸ ζῷον, καὶ ἄνευ κινήσεως οὐκ ἔστιν ὁρίσασθαι, διὸ οὐδὲ ἄνευ τῶν μερῶν ἐχόντων πως. *Métaphysique*, Z, 11 ; 1036ᵇ, 28. Voir tout le chapitre.
(2) *Métaphysique*, Ibid., 1036ᵇ, 27 sqq. C'est encore, comme le remarque ici même Aristote, pour ne pas avoir tenu compte de cette compénétration de plus en plus intime de la matière et de la forme à mesure que l'on monte dans l'échelle des êtres, que Platon, après les Pythagoriciens, a cru que l'on pouvait séparer les *Idées* des êtres concrets, comme on sépare le nombre des objets nombrés. Cf. le chapitre I du livre VII où Aristote reprend cette question et montre l'intime connexité de la matière et de la forme dans la *substance sensible*.
(3) *Métaphysique*, II, 1 ; 1 42ᵇ, 23 sqq.
(4) Cf. *De l'Âme*, B, 2 ; 414ᵃ, 14 sqq. ; *Métaphysique*, II, 1 ; tout le chapitre, etc.

Chez l'animal, la matière a reçu la dénomination spéciale de *corps;* la forme, au contraire, c'est l'âme ; c'est dans l'âme qu'est réalisé l'acte-entéléchie du composé ; c'est en elle aussi que réside la vertu active de l'acte-énergie, en sorte que l'on peut dire en toute vérité que lorsqu'un être animé agit conformément à sa fin, c'est son âme même qui se réalise dans le corps (1). De toute façon, toutes les fois que l'être animé agit suivant sa nature, c'est donc suivant son être plus réalisé qu'il agit, c'est suivant son bien. On peut dire que le terme universel vers lequel tend spontanément l'activité générale d'un être sensible c'est sa réalisation de plus en plus parfaite, c'est son bien ; et le plaisir, en général, n'est que la traduction sensible de ce progrès de l'être vivant, c'est ce bien senti et goûté toutes les fois qu'il s'actualise (2) : « Le moteur immobile, c'est le bien qui est à faire ; le moteur tout à la fois moteur et mû, c'est l'inclination (3). »

Il est donc très inexact de dire que c'est le plaisir

---

(1) Cf. *De l'Ame*, B, 2 ; 414ᵃ, 10 : Δοκεῖ... ἐν τῷ πάσχοντι καὶ διατιθεμένῳ ἡ τῶν ποιητικῶν ὑπάρχει ἐνέργεια, ἡ ψυχὴ δὲ τοῦτο ᾧ ζῶμεν καὶ αἰσθανόμεθα καὶ διανοούμεθα πρώτως, ὥστε λόγος τις ἂν εἴη καὶ εἶδος, ἀλλ' οὐχ ὕλη καὶ τὸ ὑποκείμενον · τριχῶς γὰρ λεγομένης τῆς οὐσίας, καθάπερ εἴπομεν, ὧν τὸ μὲν εἶδος, τὸ δ' ὕλη, τὸ δ' ἐξ ἀμφοῖν · τούτων δ' ἡ μὲν ὕλη δύναμις, τὸ δ' εἶδος ἐντελέχεια, ἐπεὶ δὲ τὸ ἐξ ἀμφοῖν ἔμψυχον, οὐ τὸ σῶμά ἐστιν ἐντελέχεια ψυχῆς, ἀλλ' αὕτη σώματός τινος... Ἑκάστου ἡ ἐντελέχεια ἐν τῷ δυνάμει ὑπάρχοντι καὶ τῇ οἰκείᾳ ὕλῃ πέφυκεν ἐγγίνεσθαι. »

(2) *De l'Ame*, Γ, 7 ; 431ᵃ, 9 sqq.
Τὸ μὲν οὖν αἰσθάνεσθαι ὅμοιον τῷ φάναι μόνον καὶ νοεῖν · ὅταν δ' ἡδὺ ἢ λυπηρόν, οἷον καταφᾶσα ἢ ἀποφᾶσα, διώκει ἢ φεύγει, καὶ ἔστι τὸ ἥδεσθαι καὶ λυπεῖσθαι τὸ ἐνεργεῖν τῇ αἰσθητικῇ μεσότητι πρὸς τὸ ἀγαθὸν ἢ κακὸν ἢ τοιαῦτα.

(3) *De l'Ame*, Γ, 10 ; 432ᵃ et 433ᵃ. Cf. *Métaphysique*, Θ, 9 ; 1051ᵃ, sqq. où Aristote montre comment l'actualisation d'une puissance de l'être est toujours un bien pour cet être. Cf. *Éthique à Nicomaque* : Ἡ δὲ δύναμις εἰς τὴν ἐνέργειαν ἀνάγεται · τὸ δὲ κύριον ἐν τῇ ἐνεργείᾳ. I, 9 ; 1170ᵃ, 18.

qui détermine la fin de l'activité; l'activité avant tout exercice est orientée dans certaines directions. Aristote et Platon s'accordent entièrement sur ce point.

Le plaisir néanmoins aura une influence considérable sur nos appétits et nos inclinations, car s'il n'a pas la puissance de les déterminer originellement, il peut les modifier dans la suite, il peut même détruire les directions primitives et en créer de nouvelles.

Aristote divise l'activité naturelle de l'homme (ὄρεξις) en plusieurs espèces particulières qui sont le *désir* (ἐπιθυμία); le courage (θυμός ou ὀργή); la volonté (βούλησις): l'intention ou le choix réfléchi (προαίρεσις). Ces divers modes d'activité se résument à leur tour en deux genres, suivant qu'ils participent ou non à la raison, au λόγος, suivant, comme le dit Aristote, qu'ils reçoivent l'impulsion de l'intelligence, ou qu'ils sont simplement la traduction des tendances primitives et irréfléchies de l'être (1).

Le désir, le courage, la volonté sont avant tout des tendances, c'est-à-dire que leur essence consiste surtout dans l'élément appétitif; l'intention, au contraire, participe également à l'appétit et à la raison qui juge, à la réflexion (2). En définitive, il y a donc deux moteurs (3) pour l'homme : l'objet de l'appétit et l'objet de la raison-juge (τὸ ὀρεκτὸν καὶ τὸ διανοητόν) (4);

---

(1) Ὁρῶμεν, δὲ τὰ κινοῦντα τὸ ζῷον διάνοιαν καὶ φαντασίαν, καὶ προαίρεσιν, καὶ βούλησιν, καὶ ἐπιθυμίαν · ταῦτα δὲ πάντα ἀνάγεται εἰς νοῦν καὶ ὄρεξιν. *Du mouvement des animaux*, 6; 700. Cf. *De l'Âme*, B, 2; 414ᵃ, 2.

(2) Βούλησις δὲ καὶ θυμὸς καὶ ἐπιθυμία πάντα ὀρέξεις, ἡ δὲ προαίρεσις κοινὸν διανοίας καὶ ὀρέξεως. *Du mouvement des animaux*, loc. cit. Cf. *De l'Âme*, Γ, 10; 433ᵃ, 9 sqq.

(3) Quand je dis *deux moteurs*, j'entends, comme Aristote, *deux moteurs mus*, le bien de l'être restant toujours le *moteur* primitif et immobile de l'être. Cf. *De l'Âme*, Γ, 10; 433ᵃ, 20 sqq.

(4) *Du mouvement des animaux*, 6; 700.

mais il ne faudrait pas croire que, parce qu'il ne participe pas à l'intelligence réfléchie, l'appétit, le désir soient pour cela complètement aveugles ; outre leurs directions naturelles, ils reçoivent de la sensation et de l'imagination des orientations secondaires qui les éclaire et spécifie de plus en plus le sens de l'élan (1). D'autre part, ce serait tomber dans une erreur non moins regrettable de croire que toute pensée réfléchie (διανοητόν) soit un principe d'action, un principe de détermination pour l'intention ; la pensée réfléchie ne détermine l'activité que si la réflexion porte sur les fins diverses qui se proposent à nous comme les termes divers de nos actes (2).

Ainsi, pour Aristote, dans aucun cas le plaisir ne sera pour l'activité le terme unique, le terme vraiment réel ; toutes nos tendances naturelles ou acquises, irrationnelles ou réfléchies pourraient, théoriquement du moins, s'exercer suivant leur direction si le plaisir n'existait pas. Le plaisir ne contraint pas, ne nécessite jamais une inclination quelle qu'elle soit (3). Pour l'activité réfléchie, la raison se comprend d'elle-même ; pour nos tendances purement sensibles, la chose est plus difficile à expliquer. Dans l'homme sain et vertueux, dans celui dont la nature n'est pas corrompue, c'est-à-dire n'est pas détruite dans son dessin général, l'appétit sensible bien que séparé de l'intelligence (4) reste toujours, jusqu'à un certain point, sous la domi-

(1) *Ibid.* Καὶ γὰρ ἡ φαντασία καὶ ἡ αἴσθησις τὴν αὐτὴν τῷ νῷ χώραν ἔχουσιν · κριτικὰ γὰρ πάντα · διαφέρουσι δὲ κατὰ τὰς εἰρημένας ἐν ἄλλοις διαφοράς. Cf. *De l'Ame*, les passages cités plus haut.

(2) Οὐ πᾶν δὲ τὸ διανοητὸν ἀλλὰ τὸ τῶν πρακτῶν τέλος · διὸ τὸ τοιοῦτόν ἐστι τῶν ἀγαθῶν τὸ κινοῦν, ἀλλ' οὐ πᾶν τὸ καλόν. *Du mouvement des animaux*, 6 ; 700.

(3) *Éthique à Nicomaque*, I, 3 ; 1110ᵇ, 9 sqq.

(4) *Ibid.*, I, 9 ; 1170ᵃ ; *De l'Ame*, B, 2 ; 413ᵇ, 26.

nation de la partie rationnelle ; par conséquent, si le plaisir entraîne quelquefois, il n'entraîne pas nécessairement. Mais dans la brute, mais chez l'homme débauché dont la nature rationnelle est détruite, chez l'homme « animalisé », comme dit Aristote, le plaisir ne sera-t-il pas fatalement le seul déterminant de ses actes, la seule direction de toute son activité ?

Il semble bien qu'il en soit ainsi dans la vie, et en réalité, pratiquement on pourrait dire qu'il en est ainsi. L'animal, s'il réfléchissait, le croirait lui-même ; pourtant il faut faire ici une distinction qui a son importance.

Si le plaisir était dans un cas quelconque la vraie fin de l'activité de l'être, il serait l'acte lui-même de cet être, puisque fin et acte sont une seule et même chose (1) ; or, pour Aristote, si le plaisir est en lui-même une sorte d'acte, comme nous le verrons dans la suite, il n'est jamais qu'un acte secondaire et subordonné à un acte d'où il dépend. C'est un achèvement, c'est le couronnement de tout acte, ce n'est point l'essence de l'acte, pas plus que la grâce souriante et délicieuse de la jeunesse n'est la jeunesse elle-même.

Ces réserves faites et la théorie de l'acte-fin parfaitement hors de cause, il n'y a point erreur absolue à dire que le plaisir apparaît à l'animal comme le terme de son activité et le remplace équivalemment. L'animal, en effet, est un être essentiellement sensible. Si

---

(1) Cette vérité ressort de tous les passages où Aristote a étudié l'acte ou la *fin* ou le *terme*. Cf. *Métaphysique*, A, 2 ; 982ᵇ ; 3 ; 983ᵃ, 32 sqq ; B, 2 ; 996ᵃ, 24 ; Δ, 1 ; 1013ᵃ, 13 sqq ; 16 tout le chapitre. *Du mouvement des animaux*, chapitres vi, vii, etc. ; *De la génération des animaux*, B, 6 ; 742ᵃ, 23 sqq ; *Physique*, B, 1 ; 3, 8, etc. Dans l'*Éthique à Nicomaque* on lit également ce texte suffisamment clair par lui-même : Ὀρθῶς δὲ καὶ ὅτι πράξεις τινὲς λέγονται καὶ αἱ ἐνέργειαι τὸ τέλος. *Eth. Nic.*, A, 8 ; 1098ᵇ, 18.

la plante est constituée, est déterminée par la vie dans son degré le plus infime, c'est-à-dire par la puissance d'augmentation et de déperdition, l'animal possède comme élément spécifique la vie sensible (1). La fin en lui est donc une fin sentie ; l'acte de l'animal n'est point, comme dans les êtres insensibles, une formule impassible ou le terme logique et mathématique d'une force purement intelligible qui se déploie ; c'est une réalité vivante, une réalité qui se connaît et qui se juge par un plaisir ou un déplaisir tout intimes : « Celui qui voit sent qu'il voit, celui qui entend sent qu'il entend ; celui qui marche sent qu'il marche et de même pour tout le reste. Il y a en nous quelque chose qui sent notre propre action, de telle sorte que nous avons le pouvoir de sentir que nous sentons et de penser que nous pensons (2). »

Pour l'animal acte et sentiment de l'acte sont donc une seule et même chose. « Bien plus, pourrions-nous dire, en développant la pensée d'Aristote, est-ce vraiment deux choses que voir et sentir que l'on voit, vivre et sentir que l'on vit ? Acte parfait et plaisir, acte imparfait et douleur, termes distincts seulement dans l'abstrait, dans la réalité inséparables ; termes que l'analyse a mis à part, mais dont la synthèse retrouve l'identité profonde (3). »

Ainsi, bien qu'il soit plus juste de dire que la fin de toute activité dans l'être vivant et sensible soit son être meilleur, son acte aussi parfait que possible, on

---

(1) Cf. *De l'Ame*, B, 2 ; 413ª, 1 sqq. : Τὸ μὲν οὖν ζῆν διὰ τὴν ἀρχὴν ταύτην ὑπάρχει τοῖς ζῶσι, τὸ δὲ ζῷον διὰ τὴν αἴσθησιν πρώτως. Cf. Γ, 11 ; 434ª, 28 ; *Éthique à Nicomaque*, I, 7 ; 1170ª, 16.
(2) Cf. *Éthique à Nicomaque*, I, 9 ; 1170ª, 29 sqq.
(3) Cf. *Ibid.*, livre X, traduction de Fr. Thurot, *Introd.* par A. Hannequin, p. 11.

pourra, jusqu'à un certain point, dire aussi que la fin de l'activité est le plaisir, le bonheur de l'être. Mais alors d'où viennent donc ces aberrations malheureuses dans lesquelles tombe le débauché, l'intempérant, précisément celui-là qui semble le mieux se conformer aux lois de la vie en en poursuivant exclusivement les jouissances ?

La réponse est facile à Aristote, car s'il admet que le plaisir et l'acte s'identifient pour ainsi dire pratiquement, il reconnaît d'autre part qu'il y a une hiérarchie entre les actes et par là même entre les plaisirs ; le débauché ne poursuit pas le vrai bien humain, le plaisir correspondant à l'acte le meilleur et le plus élevé, il s'attache au contraire au plaisir le plus bas, à celui qui naît de l'exercice des puissances inférieures, c'est-à-dire des inclinations irrationnelles ; car si l'essence de l'animal est de sentir, la nature de l'homme est de sentir et de penser et de sentir pour penser. La fin dernière de l'homme (τέλος τελειότατον) c'est la réalisation de sa pensée ; tous les actes de la partie sensible ne sont que des moyens par rapport à cette fin.

Prendre le plaisir au hasard, prendre uniquement le plaisir sensuel pour la fin de son action, c'est donc agir en brute et non en homme ; c'est se dégrader, c'est se pervertir. Il y a donc une détermination spécifique des plaisirs qu'il faut connaître pour mener sa vie d'homme (1). Platon, qui ne voyait dans le plaisir qu'une chose sans cesse en devenir et jamais constituée, ne pouvait admettre qu'il y eût des espèces déterminées de plaisirs (2) ; il n'y avait dans le plaisir que du plus

---

(1) Cf. *Éthique à Nicomaque*, K, 5, le chapitre tout entier.
(2) Nous n'ignorons point que Platon, dans le *Philèbe* (32, B, C), parle de deux catégories déterminées de plaisirs : « ἓν εἶδος τιθέμεθα λύπης τε καὶ ἡδονῆς ἐν τούτοις τοῖς πάθεσιν ἑκατέροις... Ἔστι γὰρ

ou du moins ;. pour Aristote, il y aura dans chaque acte une qualité réelle qui fixera sa valeur et sa dignité.

Quand Platon et Aristote parleront de division des plaisirs, il ne faudra pas perdre de vue cette remarque, on comprendra mieux comment, tout en adoptant à peu près la même classification, ils donnent aux diverses catégories de jouissances qu'ils déterminent une importance très diverse et un sens tout différent.

οὖν τοῦθ' ἡδονῆς καὶ λύπης ἕτερον εἶδος... » Mais ici il ne s'agit point d'une réalité spécifique intrinsèque au plaisir, mais seulement de qualités extérieures (conditions de production ; sujet où le plaisir apparaît) qui permettent de classer les plaisirs en certains groupes, sans pour cela nécessiter en rien que le plaisir ait en lui son existence profonde, son principe, son idée. Platon, en effet, déclare expressément dans ce même dialogue du *Philèbe* (24, B) que le plaisir, étant du genre de l'infini, de ces choses qui admettent nécessairement du plus et du moins, vouloir le fixer dans une idée, c'est-à-dire lui supposer une essence stable, délimitée, ce serait détruire sa notion. γενομένης γὰρ τελευτῆς, καὶ αὐτὸ τετελευτήκατον. D'ailleurs pas plus que le nombre, et pour les mêmes motifs, il ne saurait y avoir d'*idée* spéciale du plaisir. *Philèbe*, 25 E ; cf. RODIER, *op. cit.* 26.

CHAPITRE III

DIVERSITÉ DES PLAISIRS

Plaisirs faux, plaisirs vrais.

Le premier caractère du plaisir, d'après Platon, celui qui, dès qu'on l'étudie, apparaît tout d'abord, c'est la variété sous laquelle il se manifeste (1). Il tient, comme nous l'avons vu, cette indétermination de sa nature métaphysique, qui est du genre de l'infini. Sans doute, par le fait même que le plaisir appartient à ce genre unique de l'ἄπειρον, il jouit encore d'une certaine unité, au moins d'une unité extérieure. On peut dire de lui comme de tout le reste qu'il est à la fois un et multiple sous un certain rapport; seulement, comme ce principe d'unité n'appartient pas au plaisir en tant que plaisir, et que l'ἄπειρον est de sa nature essentiellement inachevé, il est tout à fait impossible de déterminer numériquement les formes du plaisir en établissant, comme pour les autres êtres, par des proportions régulières, le rapport de la multiplicité à l'unité, des espèces au genre (2).

D'ailleurs Platon n'a jamais traité du plaisir pour étudier le plaisir lui-même. C'est toujours en vue du *bien* que, soit dans la *République*, soit dans le *Gorgias*, soit

---

(1) Τὴν δ' ἡδονὴν οἶδ' ὡς ἔστι ποικίλον.
(2) Voir tout le commencement du *Philèbe*.

dans le *Philèbe*, il nous parle du plaisir. La thèse du *Philèbe*, toute consacrée au plaisir, est néanmoins toute pratique et toute morale ; elle n'est métaphysique et psychologique que par besoin.

Les divisions que Platon donne du plaisir ne sont donc pas des divisions rigoureuses, des classifications scientifiques, ce sont plutôt des distinctions utiles, faites de plusieurs points de vue ; ces classes un peu factices, considérées d'ailleurs, pourraient même parfois rentrer les unes dans les autres et se confondre. Quand Platon parle (1) des plaisirs du sage et des plaisirs de l'intempérant, il classe les plaisirs d'après leurs causes ; quand, ailleurs, il traite, comme nous l'avons vu, de la sensation et du désir, c'est par rapport au sujet dans lequel il se produit qu'il définit le plaisir (2). Dans le *Timée*, on pourrait voir une division des sensations en sensations générales, qui se passent par tout le corps, et en sensations particulières, qui ont les organes spéciaux pour siège.

Ces classifications plus ou moins complètes se résument en une classification plus générale qui les domine toutes. Pour Platon, tous les plaisirs peuvent se ranger dans deux grandes catégories : d'un côté, les plaisirs faux, impurs ; d'autre part, les plaisirs vrais, sans mélange (3).

D'abord Platon ne se dissimule pas qu'il y ait quelque témérité à parler de plaisirs faux. Le plaisir n'est-il pas essentiellement affectif ? par conséquent il est tout entier ou il n'est pas ; tout au plus peut-il varier en

---

(1) Cf. *Philèbe*, 12, D.
(2) Cf. page 63, sqq.
(3) *Philèbe*, 36, C, D, E ; 37, A, C, etc. ; 51, A, sqq ; *République*, IX, 583, B, 586, C. — *Gorgias*, 499, C. — *Protagoras*, 351, B, — 357, E. *Phédon*, 60, B, etc.

intensité. Un moderne raisonnerait ainsi (1); c'est d'ailleurs la remarque que fait Protarque dans le *Philèbe ;* mais pour Platon le subjectif pur n'existe point, l'âme seule n'est la mesure d'aucune chose. C'est pourquoi Socrate s'efforce de montrer à Protarque, par une analyse profonde et par un enchaînement de raisons graduées, qu'il y a des plaisirs faux.

Le plaisir est faux non seulement pour des raisons extérieures, à cause de la fausseté que lui apporte parfois l'opinion, l'imagination, l'espérance; mais encore pour des raisons intrinsèques. Il y a des plaisirs qui sont nécessairement mélangés d'éléments douloureux; d'autres qui ne sont que des cessations de douleur; nous trouvons cette triple fausseté non seulement dans les plaisirs qui ne concernent que le corps, mais même dans ceux qui concernent l'âme et le corps, et dans certains autres qui semblent n'intéresser que l'âme (2).

Qu'y a-t-il donc de si étonnant que le plaisir soit faux, se demande Platon, puisqu'il est manifeste qu'il y a des opinions fausses (3)? De plus, personne de bon

(1) Et en effet c'est ainsi que semblent raisonner Jackson (*Plato and the later theory of Ideas.* journal of *Philology.* XXV, p. 65, sqq.) ainsi que Horn (*Platonstudien*, p. 383, sqq.) lorsqu'ils affirment que cette distinction de plaisirs, en plaisirs *faux* et en plaisirs *vrais*, est insoutenable et absurde, et concluent de là, le premier, que le *Philèbe* est postérieur au *Timée* où l'on ne rencontre pas cette distinction ; le second, à l'inauthenticité du *Philèbe*.

(2) Némésius (*De Nat. Hominis,* p. 223, édit. Matthaei), résumant la pensée de Platon, dit : « Pour Platon sont faux tous les plaisirs qui accompagnent la sensation, l'opinion fausse, ou qui, par leur nature, renferment nécessairement en eux un élément de douleur. Sont vrais, au contraire, les plaisirs de l'âme, ceux qu'elle éprouve en elle-même et qui la concernent seule; ils accompagnent la science, l'intelligence, la prudence, et ne renferment en eux rien de pénible ; aussi, jamais le reproche de la conscience ($\mu\epsilon\tau\acute{a}\nu o\iota a$) ne les accompagne. » Cf. *Philèbe*, Éd. Stalbaum, pp. 222, 223.

(3) Platon pose, en effet, le problème de la fausseté du plaisir à peu près de la même façon que le problème de la fausseté de l'opinion. A

sens ne niera qu'il n'y ait certains plaisirs auxquels nous accordons moins de réalité qu'à d'autres. Le plaisir que l'on éprouve dans le sommeil, bien qu'il soit agréable, diffère assurément de celui qu'on éprouve pendant la veille; de même, le fou se réjouit et s'amuse, sa joie est pourtant différente de celle de l'homme sain et raisonnable (1).

On peut donc dire, jusqu'à un certain point, que celui qui dort, comme celui qui est fou, ne jouit qu'en apparence, mais que ni l'un ni l'autre ne jouissent en réalité. Ne rêve-t-on pas parfois que l'on mange, alors que rien dans le corps ne correspond à cet état? c'est donc un état purement subjectif, auquel cependant nous attribuons en réalité une valeur objective; c'est même cette valeur réelle que nous attribuons à notre rêve qui soutient notre plaisir; doutons un instant de cette réalité, et la douleur ou le plaisir s'évanouiront. Il y a donc entre manger éveillé et manger en rêve, ainsi qu'entre les deux jouissances qui accompagnent ces actions, sinon une différence d'intensité, au moins une

---

première vue, ne semble-t-il pas impossible qu'il y ait des opinions fausses? L'opinion fausse, en effet, paraît ne pouvoir consister ni à prendre ce qu'on sait pour ce qu'on sait ou pour ce qu'on ne sait pas, ni à prendre ce qui n'est pas pour ce qui est réellement, car l'être, pas plus que le non-être, ne sauraient jamais être l'objet de l'opinion.
De plus, l'opinion ne peut consister dans ce qu'on pourrait appeler la *méprise* (ἀλλοδοξία), c'est-à-dire dans ce phénomène intellectuel par lequel nous pensons que le *différent* est identique à *la chose qui en diffère*, c'est-à-dire que l'*autre* est identique à l'*autre*. Et pourtant, on ne peut nier que, dans la réalité, il n'y ait des opinions fausses; comment donc expliquer ce problème? Platon répond en montrant qu'à certains égards et dans certaines circonstances, on peut croire que ce que l'on sait est la même chose que ce qu'on ne sait pas, c'est ce qui arrive, par exemple, lorsque la pensée, discourant en elle-même, affirme à tort l'identité de l'objet, qui produit une sensation, avec l'objet qui a produit l'image précédente conservée dans la mémoire. (*Timée*, 187 à 194; *Philèbe*, 39, A; *Sophiste*, 263, D; *Cratyle*, 429, C.)

(1) Cf. *Philèbe*, 36, D, sqq. Cf. Rodier, *Remarques sur le Philèbe*, p. 42, sqq.

différence de qualité. Aussi le plaisir ne peut être considéré comme résidant tout entier dans l'affection du sujet qui l'éprouve ; il y a, en outre, un élément extérieur qui dépasse la conscience et qui pourtant appartient au plaisir et fait partie de son être, de sa réalité.

Dans le *Ménon*, comme le remarque Heindorff, on trouve déjà la même doctrine. Platon y parle des hommes qui, en désirant des maux, croient désirer des biens (1). De même, dans le *Gorgias*, il est question de ces illusions qui remplissent le corps et l'âme de jouissances apparentes, alors qu'en réalité ni l'un ni l'autre n'éprouvent rien (2).

D'ailleurs pourquoi le plaisir et la douleur ne pourraient-ils pas recevoir certaines qualités comme toutes les autres choses et n'auraient-ils en eux d'autre réalité que leur propre existence (3) ? En tant qu'ils sont du genre de l'infini, ils sont susceptibles de plus et de moins ; ils reçoivent donc de la quantité ; or, pour Platon, la quantité n'est point absolument distincte de la qualité, c'est bien plutôt une qualité particulière. Si donc, au lieu de l'intensité, c'est une autre qualité qui s'ajoute au plaisir, la méchanceté, la fausseté, par exemple, on dira à juste raison que ce plaisir est faux, est mauvais, au même titre que l'on dit d'une opinion qu'elle est fausse, qu'elle est droite ou qu'elle est mauvaise.

Le plaisir et la douleur, en effet, non pas seulement

---

(1) *Ménon*, p. 77, D. Οὐκοῦν δῆλον, ὅτι οὗτοι μὲν οὐ τῶν κακῶν ἐπιθυμοῦσι οἱ ἀγνοοῦντες αὐτά, ἀλλ' ἐκείνων ἃ ᾤοντο ἀγαθὰ εἶναι.

(2) Τὸ τοιοῦτον λέγω καὶ ἐν σώματι εἶναι καὶ ἐν ψυχῇ, ὅτι ποιεῖ δοκεῖν μὲν εὖ ἔχειν τὸ σῶμα καὶ τὴν ψυχήν, ἔχει δὲ οὐδὲν μᾶλλον. *Gorgias*, 464, A.

(3) *Philèbe*, 37, C.

relativement l'un à l'autre, mais même considérés isolément, sont, comme toute connaissance, un rapport, puisque ce sont des mouvements ordonnés vers une fin. Ce sont des formes particulières de ce rapport universel du non-être à l'être, ou de l'être au non-être ; c'est pour cela que, d'après Platon, il n'y a point de différence essentielle entre l'opinion et le plaisir, entre la sensibilité affective et la connaissance, puisque le plaisir et la douleur ont la même réalité subjective que l'opinion. Or, un rapport n'est pas vrai, uniquement parce qu'il est *pensé* tel, mais il est vrai s'il *est* tel en réalité. Que si l'on demande à Platon comment il peut se faire que la pensée ne soit pas toujours conforme à son objet, puisque la pensée et la réalité, la connaissance et l'existence n'ont qu'un seul et même principe, l'Idée du Bien, il répondra qu'il y a plusieurs formes dans la connaissance, comme dans l'existence; qu'à une existence partielle, mélangée, comme celle du monde sensible, répond également une connaissance imparfaite, chancelante ; qu'au non-être du monde du devenir correspond le non-être logique, c'est-à-dire la fausseté et l'erreur.

Les jugements que l'on portera sur le monde sensible ne seront donc pas des rapports absolus ; ils seront plus ou moins vrais, suivant que l'esprit saura plus ou moins habilement séparer la réalité de l'apparence, dégager l'être de ce qui ne l'est pas, c'est-à-dire l'intelligible pur du sensible qui l'enveloppe et le dérobe. Or, le plaisir appartient au monde du devenir; si par sa nature il est du genre de l'Infini, il se produit cependant dans le monde du mélange, dans le monde sensible, il est donc sujet à l'erreur. Le terme vers lequel il tend peut n'être qu'une apparence, et, au lieu d'atteindre un bien véritable (κατὰ φύσιν), le plaisir est frustré dans son attente ; il y a toujours mouvement, joie intérieure, comme dans l'opinion même fausse il y a toujours jugement (1), mais il n'y a plus rapport véritable, car un des deux termes est supprimé.

Le plaisir se trompera sur sa fin, précisément parce que cette fin est objet d'opinion, et qu'en outre de sa nature sujette à l'erreur, l'opinion est, dans ce cas, trompée elle-même par l'imagination et l'espérance.

On a beaucoup discuté pour savoir ce que Platon entend au juste par l'*opinion,* peut-être parce qu'on a voulu trop raffiner sur la pensée du maître, peut-être aussi parce qu'on s'est trop attaché à vouloir traduire, dans une formule moderne, une façon de voir essentiellement antique. Je ne crois point que Platon soit un précurseur de Stuart Mill, ni un psychologue descriptif par profession ; il reste avant tout métaphysicien. S'il s'attarde parfois à des analyses de conscience, c'est plutôt pour montrer que ses spéculations ne s'écartent point des données du bon sens, que pour établir, par le détail, une science psychologique quelconque. D'ailleurs, comme nous l'avons déjà plusieurs fois remarqué, le côté psychologique pur n'a jamais, dans l'antiquité, fourni un objet d'études spéciales. Les philosophies d'alors, quand elles n'embrassent pas dans leur objet l'universalité des connaissances, se divisent en physique, logique et morale, non en psychologie, logique, morale et métaphysique.

Quoi qu'on ait dit, la philosophie de Platon, comme celle d'Aristote est une encyclopédie des sciences, plutôt qu'une science spéciale. Il suffit de lire le *Timée* pour s'en convaincre.

Pour cette raison, et aussi parce que une telle étude

---

(1) *Philèbe,* 36, D, E.

nous écarterait de notre sujet, nous ne chercherons pas à concilier ensemble toutes les définitions, comme toutes les explications que Platon a données de l'*Opinion*, soit dans le *Théétète*, soit dans le *Ménon*, soit dans la *République*, soit dans le *Banquet*, soit enfin dans le *Timée* ou le *Philèbe* (1).

Quoi qu'il en soit, nous pouvons dire avec M. Brochard que l'opinion est une sorte de jugement comparatif, pour lequel l'âme, affectée d'une sensation, affirme un rapport entre son état présent et un état antérieur conservé par le souvenir, c'est-à-dire, il me semble, entre une sensation et une idée. L'opinion n'est pour ainsi dire qu'une vue indirecte de l'intelligible à travers le sensible. L'âme, par la mémoire, a conservé en elle le type des réalités absolues qu'elle a contemplées dans une vie antérieure ; dans l'opinion, elle les retrouve, non en elle-même et par elle-même comme dans la νόησις, mais dans la sensation, c'est-à-dire dans un mélange d'apparence et de réalité fourni à la fois par l'âme et par le corps. C'est pour cette raison que Platon compare l'opinion à une vue dans les miroirs, ou à la vue d'une ombre (2). C'est également ce qui ressort de ses symboles ingénieux dans lesquels il compare l'âme tour à tour à une tablette de cire recouverte de caractères que le soleil de l'expérience révèle peu à peu, ou à un colombier dans lequel voltigent

---

(1) Pour l'explication de la δόξα, Cf. *Théétète*, 187 ; *Ménon*, 97 ; *Banquet*, 200 ; *République*, vi, p. 506 ; *Timée*, 37 ; *Philèbe*, 234, texte et note, édition Stalbaum ; Cf. Chaignet, Fouillée, etc. Pour les rapports de la δόξα avec le λόγος, Cf. *Timée*, loco citato ; Chaignet, pp. 14 et 114 ; Egger : *La parole intérieure*, 9-12 et notes ; Ravaisson, *Métaphysique d'Aristote*, I, 232 235. Cf. aussi le *Sophiste*, pp. 269 et sqq.

Voir surtout les conférences de M. Brochard sur l'*Idée*, la Science et l'*Amour*. Revue des Cours et Conf., 1896-97. Rouan, *Remarques sur le Philèbe*, 27, 45, sqq.

(2) Cf. *République*, vi, 506, 507 ; et livre VII, Allégorie de la Caverne.

nos souvenirs, pêle-mêle comme des pigeons et des tourterelles. L'opinion les prend au hasard et parfois met la main sur un pigeon alors qu'elle croyait prendre une colombe (1).

Quand il y aura accord de la sensation avec la mémoire (2), c'est-à-dire quand l'âme s'attachera à l'élément intelligible qui est au fond de toute sensation, et non à l'élément sensible, tout d'apparence, l'opinion sera vraie; dans le cas contraire, elle sera fausse. Aussi lorsque ce jugement erroné portera sur l'objet du plaisir ou de la douleur, il sera nécessaire de dire que le plaisir et la douleur participent eux aussi à cette fausseté.

Ce n'est pas seulement parce que l'opinion s'agite au sein d'un tourbillon de souvenirs et d'illusions sensibles, qu'elle a peine à démêler le vrai des choses, qu'elle juge au hasard; c'est encore parce que l'âme a le triste privilège d'habiller tous ses souvenirs d'images trompeuses qui nous abusent.

Pendant que l'opinion, incessamment mise en jeu par la sensation, écrit, pour ainsi dire, au fond de nous-mêmes un langage intérieur, l'imagination, comme un peintre mystérieux, suit l'écrivain pas à pas et illustre ses discours, comme un artiste décore de dessins variés les ouvrages d'un auteur.

Platon a décrit l'imagination, qu'il appelle εἰκασία ou

---

(1) Cf. *Philèbe*, 38, C. D, où l'on trouve une autre description aussi poétique de l'opinion.

(2) Ἡ μνήμη ταῖς αἰσθήσεσι ξυμπίπτουσα εἰς ταὐτὸν, κἀκεῖνα ἃ περὶ ταῦτά ἐστι τὰ παθήματα. *Philèbe*, 39, A. Sans nous attarder aux discussions philologiques et grammaticales qu'a suggérées ce texte, nous sommes convaincus de ne point trahir la pensée de Platon en l'interprétant, comme nous le faisons, d'un accord des données de la sensation avec les images conservées à l'état latent dans la mémoire. Cf. p. 103, note 3.

φαντασία, en trois endroits : dans le *Timée* (p. 42), dans le *Sophiste* (p. 260) et dans le *Philèbe* (p. 39, B et C.). De tous ces textes il ressort que l'imagination est une représentation mentale de l'objet d'une sensation passée ; une sorte de mémoire inférieure, dans laquelle le sensible se conserve à l'état latent, comme l'intelligible se conserve dans la mémoire proprement dite. L'imagination n'est point purement passive, comme on l'a cru (1), elle a son activité propre; c'est un ouvrier (δημιουργός), un artisan, qui utilise les matériaux que lui fournissent les sens (2). Dans le *Timée*, Platon nous montre comment l'œil a le pouvoir de conserver, même quand il est absent, l'objet qu'il a perçu (3). Toutefois ce n'est point seulement aux seules images visuelles qu'est limitée l'imagination, son domaine est celui de la sensation elle-même (4). L'objet de l'imagination n'est donc que l'ombre d'une ombre, puisqu'il n'est que l'image, en quelque sorte effacée, du monde de l'apparence.

Aussi l'imagination est-elle le degré inférieur de l'opinion elle-même (5). Elle ajoute aux causes d'erreurs, naturelles à l'opinion, des causes d'erreurs parti-

---

(1) Chaignet, *Psychologie de Platon*, p. 265.
(2) Il me semble que cette activité de l'imagination correspond en quelque sorte au rappel de la mémoire dont nous avons parlé. La mémoire et l'imagination seraient comme deux phénomènes corrélatifs, l'un du monde intelligible, l'autre du monde sensible, et on pourrait établir en quelque sorte la proportion suivante : L'imagination active est à la conservation purement passive des images ce que le rappel (ἀνάμνησις) est à la mémoire des idées (μνήμη).
Il ne serait pas impossible que, dans le texte du *Philèbe* : μνήμη ἐστὶ αἰσθήσεως σωτηρία, le mot μνήμη fût pris dans un sens général, et désignât d'une façon vague cette conservation purement passive des sensations.
(3) *Philèbe*, 39, B.
(4) *Philèbe*. Ibid... ἀπ' ὄψεως ἢ τινος ἄλλης αἰσθήσεως.
(5) Cf. *République*, VI, 511.

culières. En effet, si une image ancienne vient se substituer à la sensation présente, une nouvelle chance de désaccord s'introduit. L'imagination peut se tromper elle-même et invoquer une image qui ne soit pas en rapport avec la sensation qui la suscite, et, dans ce cas, comment pourrait-elle être en rapport avec l'idée elle-même? Ainsi, pour trouver la réalité, le jugement, qui se fonde sur l'imagination, part de l'image pour s'élever à l'objet et de là enfin atteindre à l'intelligible. Entre ces intermédiaires, l'erreur se glissera d'autant plus facilement que l'image, étant le dernier degré de l'être, n'a qu'une réalité évanouissante.

L'imagination est donc une cause de fausseté pour le plaisir, plus dangereuse encore que l'opinion qui porte sur les choses sensibles.

Quand ces conjectures de l'imagination s'associent l'idée du futur, elles font naître dans l'âme l'espérance ou le désespoir, deux phénomènes qui peuvent encore nous induire en erreur sur la valeur réelle du plaisir. Il est de la nature du désir d'anticiper, pour ainsi dire, sur la joie future. L'homme qui espère, chaque fois qu'il est touché par une douleur, s'abandonne naturellement à ce calcul intéressé et si agréable d'escompter à l'avance la cessation de ses maux, et d'entasser, en quelque sorte, au fond de lui-même le plaisir qui n'est pas encore. Assurément quelques-uns de ces désirs peuvent avoir un fondement réel : les plaisirs qui y correspondent sont vrais. Platon, en effet, ne doute pas que les dieux ne réalisent l'attente des hommes bons et sages ; mais, outre que les méchants ne peuvent escompter pareil bonheur, ces plaisirs anticipés de l'espérance joignent, à la futilité des plaisirs dus à l'imagination, l'aléa de l'avenir. Ces

plaisirs sont donc vides, et, s'ils imitent les vrais (1),
ils n'en sont pas moins des joies insensées, qui reposent
sur ce qui n'est pas (2), n'a jamais été, ne sera peut-
être jamais.

En résumé, il y a donc pour Platon des plaisirs faux
pour le même motif qu'il y a des opinions fausses ;
au fond le problème du plaisir faux ne diffère pas du
problème de l'erreur : l'imagination, l'espérance, la
sensation, concourent à fausser le jugement affirmatif
du plaisir, comme ils trompent notre croyance dans
l'opinion (3).

Aristote, tout en reconnaissant la réalité intrinsèque
du plaisir, ne pouvait ignorer lui non plus l'influence
de l'imagination, de la mémoire et de l'attente ou même
de l'opinion sur nos plaisirs. Si ces divers phénomènes n'altèrent pas complètement la notion de la
jouissance, parfois ils l'amplifient ou, au contraire, la
réduisent d'une singulière façon, sans que rien d'ailleurs ne corresponde à de tels excès dans la réalité.

N'est-ce pas à ces tromperies, dont est victime le
jugement de l'homme, qu'Aristote fait allusion, lorsqu'il
nous dépeint les folies de l'intempérant ou de l'homme
emporté par la colère? « Il y a des choses qui ne sont
point agréables par nature, mais qui le deviennent, soit
par suite de privations, soit par habitude, soit même
par la dépravation des goûts naturels... Je veux parler
de ces passions sauvages qui, dit-on, poussaient jadis
une femme connue dans l'histoire à éventrer les
femmes enceintes, pour dévorer le fruit de leurs
entrailles, ou qui, si l'on en croit les rapports, feraient

---

1) Μεμιμημέναι τὰς ἀληθεῖς. *Philèbe*, 40, C.
(2) *Philèbe*, 40, E.
(3) Voir page 103, note 3.

encore trouver aux habitants des bords du Pont un plaisir affreux à manger, ceux-ci de la viande toute crue, ceux-là de la chair humaine (1). » — « ... La colère, lorsqu'elle enflamme le cœur, entend encore, il me semble, un peu la raison ; seulement elle l'entend mal, pareille à ces serviteurs qui, trop empressés dans leur zèle, se mettent à courir avant d'avoir compris ce qu'on leur dit et se trompent ensuite sur l'ordre qu'ils exécutent ; pareille encore aux chiens qui, avant d'avoir vu si c'est un ami qui vient, aboient par cela seul qu'ils ont entendu du bruit. Ainsi agit le cœur ; il cède à son ardeur et à son impétuosité naturelle, et par cela seul qu'il a entendu quelque chose de la raison, sans en avoir entendu l'ordre complet, il se précipite à la vengeance. Le raisonnement ou l'imagination lui a révélé qu'il y a une insulte ou un dédain ; et aussitôt, le cœur, concluant, par une sorte de syllogisme, qu'il faut combattre cet ennemi entre en fureur sur le champ (2). »

Dans tous ces cas et dans beaucoup d'autres, on ne saurait dire que le rapport naturel qui doit, d'après l'organisation harmonieuse de l'univers, exister toujours entre le bien réel de l'animal et le plaisir qu'il ressent à le posséder, soit un rapport exact et constant. L'animal ressent plus ou moins qu'il n'*agit* en réalité, c'est-à-dire qu'il n'est mû par son essence, par son bien véritable.

Ces méprises, dans l'homme, sont dues à la fausse science, à l'opinion erronée (3), mais surtout aux appa-

---

(1) *Éthique à Nicomaque*, II, 6 ; 1148ᵇ, 16 sqq. Aristote cite, dans cet endroit, les cas pathologiques qui attiraient le plus l'attention à son époque et dont certains, comme la manie de manger la terre, sont encore des exemples classiques des perversions du goût. Cf. Ribot, *Maladies de la personnalité*.

(2) Cf. *Éthique à Nicomaque*, II, 7 ; 1149ᵃ, 26 sqq.

(3) Comme Platon, Aristote a sa théorie de l'opinion fausse et, sur ce point, il diffère peu de son maître.

rences trompeuses de l'imagination. L'imagination, pour Aristote, est la grande ouvrière de mensonges dans tous nos jugements. Platon nous avait déjà mis en garde contre ses exagérations, Aristote le premier a vraiment fait la psychologie de ce phénomène si important de la vie de l'esprit, et ce sont ses conclusions qu'aujourd'hui encore nous tenons pour les plus claires.

Tout d'abord il tient à distinguer deux sortes d'imaginations : l'imagination *volontaire* (βουλευτική) qui semble n'être autre chose que la puissance d'évoquer, de coordonner, suivant un dessin qui dépend, au moins apparemment, de nous, les diverses représentations que nous devons à l'expérience. Cette imagination n'appartient qu'à l'homme et n'influe pas sur nos jugements comme cette seconde espèce d'imagination qu'Aristote appelle *sensible* (αἰσθητική) et qui n'est autre chose que la faculté, qu'a tout être animé, de conserver en lui les modifications sensorielles, une fois la sensation disparue. Voici comment Aristote décrit ce phénomène : « L'impression sensorielle n'est pas seulement dans les organes au moment où ils sentent, mais elle y reste encore quand ils ont cessé de sentir, et elle est au fond tout comme elle est à la surface. Ce phénomène se produit d'une façon bien frappante toutes les fois que nous prolongeons d'une façon continue une sensation quelconque. On a beau alors faire cesser la sensation, l'impression (πάθος) demeure. Ainsi, par exemple, quand on passe du soleil à l'ombre, pendant un certain temps on ne peut rien voir, parce que tout le mouvement, causé dans les yeux par la lumière, continue à y demeurer sourdement. De même, si nous fixons trop longtemps une seule couleur, soit blanche, soit jaune, nous la revoyons ensuite sur tous les objets où, pour changer, nous portons à nouveau nos regards...

Il faut donc admettre ce principe qui ressort évidemment de tous ces exemples, à savoir, que même lorsque l'objet sensible a disparu au dehors, les impressions senties n'en demeurent pas moins dans les organes et y demeurent sensibles (1).

Le phénomène de l'imagination, dans son degré le plus humble, n'est donc que la simple prolongation de la sensation à travers l'organe animé (corps et âme), alors que le contact avec l'objet sensible n'existe plus; l'imagination est comme l'ombre, comme l'écho de la sensation. C'est ce que Aristote traduit d'une façon plus scientifique en disant que l'imagination est « un mouvement produit par la sensation qui est en acte (2) ».

Or ce mouvement ne se produit pas seulement quand la sensation est à peine achevée, comme dans les cas que nous avons cités tout à l'heure; mais nous avons le privilège de le conserver comme à l'état latent, alors même que la sensation est déjà depuis longtemps disparue (3), et de le faire entrer en acte, à un moment donné, soit volontairement, soit simplement grâce à cette puissance qu'a l'âme de reproduire tous les mouvements dont elle a été affectée (4).

A côté de la série des sensations, il y a donc aussi comme une série d'images, véritable reproduction, quoique reproduction affaiblie, des phénomènes sensibles. L'animal, qui ne discerne pas, confond ces phénomènes et n'agit que d'après l'intensité avec lesquels ils se manifestent à lui et non d'après la réalité seule

---

(1) Cf. *Des Rêves*, B, 159 et 460.
(2) Ἡ φαντασία ἂν εἴη κίνησις ὑπὸ τῆς αἰσθήσεως γιγνομένη. *De l'Ame*, Γ, 3; 429ᵃ, 1. Pour l'explication de cette définition voir tout le chapitre III du même traité, principalement depuis 428ᵇ, 10 jusqu'à la fin.
(3) Ὅταν πόρρω τὸ αἰσθητὸν ᾖ. — *De l'Ame*, Γ, 3; 428ᵇ, 29.
(4) Cf. *De l'Ame*, A, 4; 408ᵇ, 17 sqq.

qu'ils renferment, en sorte que l'on peut dire que, chez la brute, l'élan du désir qui la pousse, est en raison directe du caractère sensible contenu soit dans l'image soit dans la sensation et qui sert de moteur au désir. D'ailleurs la nature des animaux sans raison est ainsi constituée, et, en agissant ainsi, ils obéissent aux lois mêmes de leur être et restent en conformité parfaite avec leur définition.

Mais, chez l'homme, il en va tout autrement. Le moteur de l'activité humaine n'est plus simplement l'agréable, le sensible seul; c'est le bien humain, c'est-à-dire l'agréable jugé et discipliné par la raison (1). Quand donc nous agissons sous l'influence du sensible, en tant que sensible pur, et non en tant que sensible raisonné; c'est-à-dire, quand nous ne considérons dans le sensible que la quantité au détriment de la qualité, nous n'agissons plus conformément à notre essence d'homme : alors les images vives l'emportent sur les sensations moins fortes et nous traitons l'apparence comme la réalité. C'est ainsi que les images des plaisirs, les simples souvenirs ou l'attente même des jouissances, prennent pour notre jugement une valeur exagérée qui n'appartient qu'à la sensation intégrale, et non aux images, c'est-à-dire à ce que Aristote appelle « des sensations sans matière ».

L'homme qui agit de la sorte est déréglé, diminué, moins homme; il se conduit comme on se conduit dans la passion, dans la maladie ou dans le sommeil (2). On ne peut donc dire que ce plaisir qu'il éprouve, quoique parfois très vif, soit un plaisir naturel, un plaisir absolument vrai. Sans doute, c'est un plaisir

---

(1) Cf. *Éthique à Nicomaque*, I, 13; 1118ᵃ, 8 sqq.; li, 4; 1146ᵇ, 6 sqq.; etc.
(2) Cf. *De l'Âme*, I, 3; 429ᵃ, 5 sqq.

conforme à sa nature particulière à lui, mais ce n'est pas un acte conforme à la nature humaine en général, à la nature humaine prise dans toute sa perfection, dans sa plus grande réalité.

Or le plaisir est un acte, et la valeur de tout acte se mesure non seulement à l'intensité de la puissance qui agit, mais encore et surtout à la perfection de l'objet, à sa parfaite adaptation naturelle (σπουδαῖος) avec les tendances et la nature de la puissance (1).

Le plaisir humain peut donc réellement être faussé par un jugement défectueux, c'est-à-dire être considéré par un être humain, non d'après sa valeur réelle, mais d'après l'apparence sous laquelle il est perçu. C'est ce qui explique les jugements si divers que les individus différents, que le même individu, dans des circonstances variées, portent sur les plaisirs.

Cette théorie, qui ne recevra tout son développement qu'au moment où Aristote exposera les relations du bien (2) avec le plaisir, repose tout entière sur cette sorte d'axiome commun à la philosophie de Platon et à celle d'Aristote : *chaque être a une nature qui lui est propre, une forme* (εἶδος, ἐντελέχεια) *déterminée, à laquelle il participe plus ou moins dans la réalité, et tous les actes, toutes les manifestations de cette nature ont la valeur réelle, intelligible et morale qu'à la nature elle-même.* Le plaisir, en conséquence, sera plus ou moins réel, suivant qu'il se produira dans une nature humaine plus ou moins réalisée, plus ou moins parfaite. Pour Aristote, toute la question est là. Le plaisir n'aura d'autre valeur, d'autre réalité que celle de la nature à laquelle il appartiendra. C'est ainsi qu'en descendant

---

(1) Cf. *Éthique à Nicomaque*, K, 4; 1174ᵇ, 13 sqq ; 27 sqq.
(2) Cf. *Infra*, chapitres i et ii de la seconde partie.

du plus au moins, le plaisir le plus plein, le plus parfait sera celui du juste, du sage, c'est-à-dire de l'homme le plus réel, le plus achevé; et, dans ce juste, la jouissance par excellence sera celle de la plus haute expression de l'humanité, c'est-à-dire la jouissance de la contemplation (1). Au contraire, dans le dégradé, dans le débauché, le plaisir sera d'autant moins vrai que la nature sera plus viciée, et que cette nature avilie agira conformément à des principes plus bas et plus éloignés de l'idéal humain.

Il pourra même arriver un moment où la nature humaine sera complètement détruite dans un être humain; ce sera lorsque cet être aura substitué en lui le sensible pur à la raison, c'est-à-dire lorsqu'il sera descendu de l'espèce humaine à l'espèce animale. En pareil cas, le débauché pourra jouir encore, il jouira même très vivement; mais qui pourrait qualifier son plaisir de réel, puisqu'il n'est plus conforme à sa nature d'homme; ce plaisir aurait tout au plus de la réalité comme plaisir brutal; or, si théoriquement le débauché est semblable à la brute, pratiquement il lui est inférieur; on peut même dire que sa nature est une monstruosité dans l'univers, qu'elle ne répond à aucune espèce d'être : l'animal, en effet, dont le moteur est le sensible pur, trouve dans ce sensible même un principe de détermination, de fixité qui le maintient dans sa forme et l'empêche de déchoir, tandis que l'homme qui a perdu sa loi, c'est-à-dire la direction rationnelle, roule de chutes en chutes vers l'indéterminé, c'est-à-dire vers le néant. Il n'a plus qu'une nature artificielle et factice, le mécanisme des habitudes qu'il s'est donné, nature toute capricieuse, sans raison, sans loi, qui la

(1) Cf. Rodier, *Remarques sur le Philèbe*, 52 sqq.

consacre ou la définisse. Tout le plaisir qu'il éprouve est donc un plaisir qui ne répond à rien ; un plaisir mauvais et faux.

De même, et pour un motif analogue, tous les plaisirs qui ne sont que des restitutions de la nature viciée sur un point, tous ces plaisirs par conséquent qui naissent d'un besoin factice et qui ont leur racine dans la douleur, sont des plaisirs apparents, « puisqu'ils ont pour but non l'avancement réel de l'être, mais simplement la guérison de certains maux (1) ».

Comme on le voit, toutes ces raisons de condamner certains plaisirs ne diffèrent pas sensiblement de celles apportées par Platon pour soutenir la même cause. D'une façon générale, on peut dire que, dans la théorie platonicienne, le plaisir, comme tout le reste, n'a de réalité qu'en tant qu'il participe plus ou moins à l'idée du *Bien*, par conséquent à l'Idée de l'*Homme*, copie dérivée de l'Idée du *Bien* lui-même. Néanmoins comme Platon, par une préméditation inconsciente, se pose beaucoup plus qu'Aristote en adversaire du plaisir, il donne aux arguments que nous avons déjà signalés une insistance et une précision qui les rendent beaucoup plus spécieux sinon plus concluants.

Mais c'est surtout lorsque Platon recherche, dans le détail minutieux de chacune de nos joies, la marque de leur fausseté, qu'apparaît, en même temps que sa pénétration d'analyse, sa préoccupation exagérée et passionnée de démontrer que le plaisir, dans sa notion générale, participe au non-être plus qu'à la réalité et emprunte en dehors de lui, et souvent dans son con-

---

(1) Cf. *Éthique à Nicomaque*, II, 12 ; 1152ᵇ, 24 sqq. Platon dit, lui aussi, d'une façon générale, que le plaisir ne peut être autre chose que la satisfaction des besoins naturels : πληροῦσθαι τῶν φύσει προσηκότων. Cf. *République*, IX, 585, D.

traire, la douleur, le principe même de son existence.

« En dehors des éléments de fausseté qui viennent au plaisir de la dégradation ou de l'imperfection de la nature dans laquelle il se produit, il y a dans certains plaisirs une fausseté plus intime, une fausseté intérieure, une sorte de contradiction interne. » Telle est la thèse favorite de Platon discutée longuement dans le *Philèbe,* thèse que semble n'avoir jamais acceptée Aristote et dont d'ailleurs il n'a jamais peut-être réfuté définitivement tous les arguments. Cette théorie d'ailleurs de la fausseté intrinsèque des plaisirs est une des plus curieuses qu'ait soutenues Platon ; c'est même une de ces questions éternellement discutables et éternellement discutées, et il semble bien qu'aujourd'hui encore, malgré tous les progrès de l'analyse psychologique, le problème soit loin d'être résolu.

Y a-t-il des plaisirs réellement faux, intrinsèquement faux, et, dans quel sens exact peut-on vraiment dire que nos plaisirs sont faux, non pas y a-t-il des plaisirs qui nous soient bons, qui nous soient profitables? telle est l'énigme que la distinction de plus en plus marquée entre l'ordre psychologique et l'ordre moral nous a rendue de plus en plus obscure. C'est à se demander si la question est bien posée, ou même si une telle question est jamais fondée en raison, puisque le plaisir, comme la pensée, ne peut être senti sans affirmer son existence.

En tous cas, l'antiquité ne connut jamais ces scrupules, elle se posa le problème de tout temps : on le trouve chez les disciples immédiats de Socrate et chez les derniers stoïciens. Sans doute la confusion ou tout au moins l'étroite connexité qui, aux yeux des philosophes grecs, existait entre l'ordre de l'existence, l'ordre moral et l'ordre intelligible, les portait plus que nous à se passionner pour de pareilles recherches. De l'aveu de tout le monde, il y avait des plaisirs honteux, des plaisirs mauvais ; ne serait-ce point parce que de tels plaisirs n'étaient au fond que des apparences sans réalité ; et, quand Antisthène s'écriait : « J'aimerais mieux être fou que d'éprouver certains plaisirs », n'était-ce point simplement affirmer, sous une forme quelque peu paradoxale, qu'entre la folie et le plaisir il y avait une analogie assez étroite, et que, si l'une de ces calamités, la folie, était la destruction d'une partie essentielle à l'homme, l'autre, la jouissance, était l'acceptation volontaire d'un dommage non moins réel et non moins profond ?

Quoi qu'il en soit, Platon, tout en admettant la réalité, la parfaite existence de certains plaisirs, soutient que d'autres ne sont que de pures illusions dont sont victimes ceux qui les éprouvent ; et, si Antisthène et son école ont trop généralisé leur thèse pessimiste, Platon ne les considère pas moins comme des « devins » qui ont entrevu la vérité sans assez la discuter ni sans discerner sur quels principes elle repose.

Tout d'abord, c'est pour avoir entrevu que les plaisirs sensuels se détruisent par eux-mêmes, qu'au jugement de Platon, Antisthène mérite la reconnaissance des philosophes (1). Les Cyniques, qui semblent n'avoir jugé le plaisir qu'au point de vue de l'intensité, puisque, d'après eux, on doit toujours, pour avoir idée exacte du plaisir, étudier nos jouissances ou nos peines là où elles nous affectent le plus vivement, dans l'état de maladie, par exemple dans la faim ou dans la soif qui vient de la fièvre, ont reconnu que précisément ce qui fait la vivacité même du plaisir, c'est la douleur qui

(1) Cf. *Philèbe*, 44, D.

l'accompagne nécessairement et sans laquelle il ne saurait jamais exister (1).

Platon se complaît visiblement à exposer cette doctrine qui ne manque pas de hardiesse ni d'originalité, et une bonne partie du *Philèbe* est consacrée à détailler ce mélange de la douleur avec nos divers plaisirs, et de ses observations nous sommes amenés insensiblement à conclure que, plus le plaisir se rapproche du corps, c'est-à-dire, plus il est intense, plus la douleur y a de part.

Dans le désir, c'est-à-dire dans ces plaisirs que l'âme seule éprouve à l'occasion du corps (2), l'âme, par le fait même qu'elle recherche toujours quelque chose d'opposé à l'état présent du corps, par exemple la replétion quand le corps est vide, jouit par anticipation tandis que le corps souffre ; et, comme la chose se passe « dans le même lieu et dans le même temps (3) », on est heureux et malheureux tout à la fois. Bien plus, dans ce cas particulier, il n'existe réellement de plaisir qu'en tant que la souffrance lui donne sa raison d'être : chacun de nous cesse de désirer boire dès qu'il n'a plus soif, c'est-à-dire dès que la douleur du corps est disparue (4).

Il faut remarquer en passant que Platon a su merveilleusement dégager cette loi qui domine toute la sensibilité, et d'après laquelle le plaisir et la douleur ne sont pas généralement liés à la sensation comme

---

(1) Il y a là une analyse profonde dont toutes les écoles morales, y compris le christianisme, ont fait leur profit.
(2) Cf. *Philèbe*, 35, A sqq ; *Gorgias*, 499, C.
(3) Cf *Gorgias*, loco citato.
(4) « Ainsi, dit Platon, de même que les objets n'ont pas à nos yeux la même grandeur vus de loin ou vus de près, de même les désirs et surtout la joie qui les accompagne sont plus ou moins vifs suivant le degré de douleur qui nous les fait rechercher et non suivant leur valeur réelle. »

telle, mais à l'état de l'être tout entier ; que ce sont plutôt des qualités de la conscience totale de l'être qui les éprouve, que des qualités de la conscience particulière qu'ils accompagnent souvent par accident.

Dans ce cas, ce n'est plus l'opinion, l'espérance ou l'imagination qui communiquent au plaisir sa fausseté, c'est le plaisir qui est faux par lui-même, qui se nie en quelque sorte par cet élément de douleur qui en est l'âme et qui le soutient. Il y a donc dans ces plaisirs une part pour l'apparence (φαινόμενον), pour le non-être (ἀλλ' οὐκ ὄν), et c'est à tort qu'il apparaît tout entier à la conscience comme un élément positif, comme une réalité vraie (1).

Il y a d'autres plaisirs qui sont encore plus vains que le désir, car ils semblent n'avoir aucune réalité si bien qu'au dire de certains philosophes, ce qu'on prend pour le plaisir dans ce cas n'est qu'une pure cessation de la douleur (2). Platon n'admet pas cette exagération que l'on prête communément à Antisthène et à son école (3), car s'il en était ainsi, le plaisir n'aurait aucune réalité, ce serait une pure négation ; or, quoique le plaisir sensuel appartienne au monde du devenir, il a, au même titre que la sensation, une certaine valeur au moins relative.

D'ailleurs la cessation de la douleur n'est point un plaisir, la conscience l'affirme; c'est bien plutôt un état d'indifférence (4). Le plaisir et la douleur sont bien en effet des manifestations particulières de divers mouve-

---

(1) Cf. *Philèbe*, 42, C. Voir aussi page 14, où Platon parle de l'opposition des plaisirs; *République*, 584, A.
(2) Cf. *Philèbe*, 42, C, sqq. Platon a toujours en vue les Cyniques.
(3) Cf. Diogène Laërce, vi, 15. 18. C'est aussi l'opinion de Stalbaum, qu'il emprunte d'ailleurs à Schleiermacher. Cf. Rodier, *Remarques sur le Philèbe*, p. 34, sqq.
(4) Cf. *République*, 583, 584 ; *Philèbe*, 43, 44.

ments qui se passent dans le corps : mais tous les changements qu'éprouve notre être ne se manifestent point nécessairement de cette façon. Alors même qu'on admettrait avec Héraclite que, par suite de l'écoulement universel, tout en nous est dans un perpétuel mouvement, il n'en serait pas moins vrai que beaucoup de ces mouvements échappent à la conscience. Personne ne se sent grandir, personne n'éprouve de joie ni de peine de ces mouvements sans nombre qui se passent journellement au fond de nous-mêmes (1). Il y a donc entre la douleur et le plaisir un état neutre, qui n'est ni l'un ni l'autre, qui ne pourra jamais devenir ni l'un ni l'autre ; aussi quand la douleur cesse on ne peut dire que le plaisir naît, ou réciproquement : le plaisir n'est donc pas une simple cessation de douleur.

Il y a dans le plaisir, comme dans la douleur, quelque chose de spécifique, que précisément une simple théorie mécaniste ne saurait expliquer. Il y a, comme dit Platon, du παρὰ φύσιν ou du κατὰ φύσιν (2), c'est-à-dire que le plaisir, quoiqu'il ne soit pas l'être absolu, participe toujours à l'être ; que, d'autre part, la douleur elle-même participe à ce non-être de Platon, qui, il faut le rappeler, n'est pas le néant, mais est encore une sorte d'être malgré la négation qui l'accompagne.

Il faut, il me semble, rattacher cette théorie du plaisir et de la douleur à la doctrine générale de Platon ; Socrate d'ailleurs y invite Philèbe (3) lorsqu'il traite ce délicat problème.

---

(1) Voir *supra*, chap. II.
(2) Nous croyons, avec M. Brochard, que la Nature, φύσις, n'est point quelque chose essentiellement différent de l'Idée. Il semble que le monde des idées soit un prolongement du monde sensible. Ces deux mondes ne sont point, à notre avis, deux mondes parallèles, comme semble le croire M. Rodier : *Remarques sur le Philèbe*, p. 21 sqq.
(3) Cf. *Philèbe*, au début.

Soit dans le *Timée*, soit dans le *Phédon*, soit dans le *Théétète*, Platon répète à mainte reprise que sa conception de l'univers diffère totalement de celle des Physiciens, qui, comme dans Démocrite, Héraclite, ou même Anaxagore, expliquent le monde par le mouvement. Ceux qui ne voient que de la mécanique dans les êtres, n'en ont qu'une vue, qu'une intelligence superficielle. Sans doute Platon admet la réalité des causes mécaniques ; mais, en dehors d'elles, il y a le Bien, la fin, qui les sollicite à l'action et à une action déterminée.

D'ailleurs la théorie mécaniste peut, à la rigueur, rendre compte de la quantité, elle ne saurait expliquer les propriétés des choses. D'où vient, en effet, la dualité que je rencontre dans le nombre deux ? est-ce seulement de la réunion, de l'addition de *un* plus *un*? Non, dit Platon, car j'obtiens tout aussi bien la dualité en divisant *un* par *deux*. Il y a donc dans le nombre *deux* une propriété, un élément dont la juxtaposition de deux idées ne rend pas compte. Si donc *un* devient *deux*, c'est grâce à l'intervention de la *dyade* en soi, à laquelle participe le nombre *deux*. Toutefois il ne faut pas croire que cette participation se produise d'une façon quelconque dans les êtres (2). Il est impossible d'abord que deux contraires coexistent sous le même rapport, « le blanc ne saurait coexister avec le noir (1) ». De plus, il y a certaines choses, qui, tout en n'étant pas des contraires, participent très étroitement cependant à ces contraires mêmes : ils ne peuvent davantage coexister. Ainsi la neige n'est point le contraire du feu, mais néanmoins la neige et le feu participent

---

(1) Cf. *Sophiste*, Théorie de l'alphabet. Nous acceptons l'authenticité du *Sophiste* comme un postulat.
(2) Cf. *Philèbe*, p. 14, A sqq.

respectivement au froid et au chaud, qui eux sont des contraires; aussi, quand le feu approche, la neige disparait. De même le nombre *trois* n'est pas le contraire du *pair*, mais il participe à l'*impair*, il ne pourra donc jamais recevoir le *pair*.

Appliquons ces principes au plaisir et à la douleur, et nous verrons qu'ils ne sont point des contraires, ni des participations prochaines d'idées contraires, puisque, d'après Platon lui-même, ces deux affections coexistent dans un même être et au même moment (1). D'ailleurs, le plaisir et la douleur sont l'un et l'autre des mouvements (κίνησις) ; or le mouvement ne nie point le mouvement, mais, le repos. Le contraire de la douleur, comme celui du plaisir, serait donc plutôt le repos, c'est pour cette raison que Platon déclare « l'état d'indifférence » la plus divine de toutes les vies (2).

Toutefois, si le plaisir et la douleur ne sont pas des contraires, ils ont néanmoins entre eux une certaine opposition : ils sont même jusqu'à un certain point dans le rapport des contraires. Platon le dit expressément : ils ne sont pas entre eux comme le chaud et le froid, mais comme *le plus* et *le moins,* comme le plus chaud et le moins chaud, ou comme le plus froid et le plus chaud. Bien qu'ils coexistent, on ne peut dire cependant qu'ils soient unis selon toute leur réalité, l'un n'augmente que parce que l'autre diminue, et

---

(1) Cf. *Gorgias,* 496, E : τοῦτο γίγνεται κατὰ τὸν αὐτὸν τόπον καὶ χρόνον — εἴτε ψυχῆς, εἴτε σώματος βούλει. — Si donc Platon, dans le *Phédon* (60, B), dit que le plaisir et la douleur sont deux contraires, il faut seulement l'entendre dans le sens populaire, mais ce n'est là qu'une opinion et une opinion fausse (πρὸς τὸ δοκοῦν). Sur la même question, cf. *Timée* (64, C ssq); Jackson (*Plato and the late theory of Ideas, Journal of Philosophy,* XXV, 65 ssq).

(2) Πάντων βίων θειότατος; cf. *Philèbe,* 33, B; *Gorgias,* 492, 494.

néanmoins, si la douleur disparaît, le plaisir s'évanouit avec elle (1).

Telle est le fond de cette théorie vraiment bien ingénieuse, et très neuve pour l'époque, dont les conséquences morales auront une si haute portée.

Platon, par une analyse très minutieuse, s'efforce de nous montrer, par le détail, comment cette spéculation toute logique se réalise fidèlement dans l'être vivant, en insistant tout spécialement sur le plaisir de la sensation. C'est en effet dans le plaisir purement sensuel que cette union du plaisir et de la douleur est plus étroite et plus intime : aussi le plaisir de cette sorte est-il plus vif, plus intense, et par cela même, plus recherché que les autres. Dans le plaisir de l'âme, dans le désir, il y a, sans doute, mélange de jouissance et de peine, et ce mélange, comme toute émotion, n'est senti que par l'âme seule; néanmoins on ne peut dire que l'élément agréable et l'élément douloureux viennent d'une source unique, puisque la raison de l'un est dans le corps, la raison de l'autre, dans l'âme. Mais dans la pure sensation tout se rapporte au corps; c'est, pour ainsi dire, dans le corps même que le plaisir s'unit à la douleur, et l'affection qui en résulte ne concerne que le corps lui-même (2).

Aussi, il est absurde de dire que ces sortes d'affections mixtes sont réellement des plaisirs. Par leur nature, en effet, elles sont indifféremment agréables ou désa-

---

(1) Nous ne voyons pas comment M. Dumont (*Théorie scientifique de la sensibilité*, p. 50) a pu soutenir que, d'après le *Philèbe*, il existait entre le plaisir et la douleur, comme un point mort, un état intermédiaire; car c'est précisément ce point mort qui se trouve être l'extrémité commune, le *terminus a quo* de la douleur et le *terminus ad quem* du plaisir.

(2) Εἰσὶ μίξεις αἱ μὲν κατὰ τὸ σῶμα ἐν αὐτοῖς τοῖς σώμασι, *Philèbe*, 46, C.

gréables, suivant que l'élément de plaisir ou de douleur y domine. Bien plus, elles commencent toujours par une sensation pénible qui fait toujours comme le fondement de l'affection totale, et sert en quelque sorte d'excitant au plaisir.

Platon nous explique comment sa théorie se trouve réalisée dans l'expérience par plusieurs exemples d'un réalisme sans scrupule (1). « Ainsi, dans la gale, dit-il, et dans les autres démangeaisons, lorsque le principe de l'inflammation est à l'intérieur, et que, par la friction, ou bien en grattant on ne peut parvenir jusqu'à lui, on ne fait que répandre un peu de plaisir à la surface. Tantôt, en effet, ou bien l'on va trop loin et l'on enflamme davantage la plaie intérieure, ou, au contraire, on ne peut parvenir à l'atteindre; par suite, tantôt on se procure d'immenses voluptés; tantôt, au contraire, l'inflammation intérieure dominant, une douleur plus vive se mêle au plaisir, car ou l'on divise trop brutalement les humeurs amassées, ou l'on rassemble avec contrainte les humeurs dispersées (2). »

Dans tous les cas il y a nécessairement mélange, et ce mélange ne mérite le nom de plaisir que si l'élément agréable l'emporte sur l'élément douloureux (3). Cette lutte de la douleur et du plaisir se traduit par tous ces mouvements désordonnés qu'elle communique au corps; elle réduit « l'homme à un état de stupeur et lui arrache de grands cris comme à un furieux (4). » D'ailleurs, comme, dans ce combat, le plaisir n'est jamais complètement victorieux et que la douleur l'aiguillonne sans cesse, il arrive que l'homme, qui pour-

---

(1) *Philèbe*, 46, D.
(2) *Ibid.*, 46, D-E.
(3) *Ibid.*, 47.
(4) Cf. *Ibid.*, passim.

suit en aveugle la sensation de jouissance, s'épuise, et, qu'impuissant à se satisfaire, il se sent en quelque sorte mourir au milieu de ses voluptés.

Le plaisir sensuel est donc le plus faux de tous les plaisirs, puisqu'il renferme en lui-même une contradiction plus intime, plus profonde. Cependant il n'y a pas que les plaisirs du corps, soit qu'ils soient tout entiers dans le corps, soit que, comme le désir ils se passent dans l'âme mais intéressent le corps, qui soient, par nature, des mélanges de plaisir et de douleur, par conséquent des plaisirs faux, des plaisirs mensongers.

L'âme seule, par elle-même et pour son propre compte (1), peut éprouver des émotions où la peine et la joie s'allient, et combattent en quelque façon pour la prédominance.

Platon place parmi ces affections la colère, la crainte, la tristesse, l'amour (2), le désir violent (3), la jalousie, l'envie, et les autres passions de ce genre ; de plus il y ajoute les émotions que l'on ressent au théâtre, soit aux spectacles tragiques, soit aux spectacles comiques (4).

Il semble clair, en effet, pour tout le monde que les passions sont des mélanges de plaisir et de douleur : on souffre dans la colère, dans l'amour, comme on jouit dans la tristesse, et même dans les désirs ardents et inassouvis ; aussi Platon ne s'attarde-t-il pas à démontrer une vérité admise par tout le monde, dont Homère

---

(1) Λύπης τῆς ψυχῆς ἐν τῇ ψυχῇ. *Philèbe*, 46, C ; 47, E.

(2) Il faut remarquer que Platon place l'amour parmi les plaisirs faux ; on retrouve, sous une autre forme, la même théorie dans le *Phèdre* et dans le *Banquet*. Cf. *Cours* de M. Brochard. p. 176-305.

(3) Nous traduisons ainsi le mot πόθος, pour le distinguer du mot ἐπιθυμία, qui désigne plutôt le désir, qui n'est pas encore devenu passion.

(4) Cf. *Philèbe*, 47, E ; 48 et sqq.

lui-même avait reconnu l'existence quand il chantait la colère « plus douce que le miel qui coule du rayon (1) ».

Il s'arrête, au contraire, longuement à disserter sur les émotions dramatiques. Ce sont en effet des phénomènes beaucoup plus complexes, où le mélange de plaisir et de souffrance est difficile à saisir. D'ailleurs, si l'on montre que, dans ces affections, le plaisir ne saurait se passer de la douleur, on aura prouvé par là même que dans les affections beaucoup moins nobles, le même mélange doit exister.

Tout ce passage du *Philèbe* traitant des jouissances de la scène, est très intéressant, on y retrouve, comme dans l'*Ion*, ou la *République*, la sévérité un peu excessive de Platon pour les jouissances artistiques (2) ; on y retrouve encore quelques principes de critique qu'Aristote utilisera dans sa *Poétique*, comme il a utilisé ceux du *Gorgias* dans sa *Rhétorique*. C'est peut-être aussi de Platon que nous vient cette rigueur qu'on a toujours montrée dans le christianisme, pour les réjouissances de la scène.

Platon insiste peu sur les *plaisirs tragiques* en particulier, il se contente de faire remarquer qu'à la tragédie le spectateur pleure et se réjouit à la fois, donnant ainsi à l'avance la célèbre définition d'Aristote sur l'émotion tragique : « le plaisir qui vient à la fois de la pitié et de la terreur (3) ».

---

(1) *Philèbe*, 48. — *Iliade*, xviii, vers 107.
(2) Jamais Platon n'aurait écrit cette parole de Corneille : « La poésie dramatique a pour but le seul plaisir des spectateurs » (Ier *Discours*), alors même que ce plaisir ait eu, par sa nature, la vertu de purger l'âme de ses mauvaises passions. Pour Platon, les plaisirs du théâtre sont des plaisirs foux; par conséquent incompatibles avec la vertu et avec le bien.
Platon condamne l'art parce qu'elle est une imitation, donc comme l'ombre d'une ombre. — Cf. *République*, chap. iii en entier.
(3) *Poétique*, ch. xiv, § 4. Trad. Barthélemy Saint-Hilaire.

Quant au plaisir de la *Comédie*, il l'analyse avec beaucoup de complaisance, et, démontre mathématiquement comment ce plaisir ne saurait se passer de douleur.

On s'est demandé souvent pourquoi la comédie laissait dans l'âme comme un arrière-goût de tristesse; on s'est demandé s'il ne fallait point appliquer à toute verve comique ce que Musset disait des divertissements du Misanthrope :

 « Quelle mâle gaîté, si mâle et si profonde,
 « Que lorsqu'on vient d'en rire on devrait en pleurer. »

Platon est convaincu que la comédie a un fond naturel de tristesse, et s'il avait eu à juger l'œuvre de Molière, il est vraisemblable qu'il ne serait point allé chercher les raisons de la mélancolie qu'on y rencontre, dans le caractère du poète, dans le genre de l'ouvrage (1), ou dans des circonstances de détail plus ou moins éloignées, mais bien dans l'essence même de la jouissance que l'on goûte au spectacle comique.

Aristote a écrit (2) : « La comédie est l'imitation du vice, non pas de tout vice, mais de celui où le mal laisse encore sa part au ridicule. En effet, le ridicule suppose toujours un certain défaut et une difformité qui n'a rien de douloureux pour celui qui la subit, ni rien de menaçant pour sa vie. C'est ainsi qu'un masque provoque le rire dès qu'on le voit, parce qu'il est laid et défiguré, sans que d'ailleurs ce soit par suite d'une souffrance. »

Ces pensées sont celles de Platon lui-même : il

---

(1) Gœthe disait paradoxalement que le *Misanthrope* était une tragédie.
(2) *Poétique*, ch. v, § 1. Trad. Barthélemy Saint-Hilaire.

explique le plaisir de la comédie par le ridicule et par l'envie (1). Voici à peu près le raisonnement qu'il établit à ce sujet dans le *Philèbe* : Le ridicule n'est autre chose que la sottise d'un homme s'imaginant avoir des qualités qu'en réalité il ne possède pas, sans que toutefois cette ignorance ne puisse être préjudiciable à personne.

On peut être ridicule à des degrés divers suivant l'importance des avantages qu'on s'attribue. Quelques-uns se croient plus riches qu'ils ne sont, un plus grand nombre s'arrogent la noblesse et la beauté, enfin la plupart (πολὺ πλεῖστοι) se donnent une sagesse et une vertu dont ils sont les seuls à ne pas douter (2).

D'autre part Platon définit l'envie « ce désir secret qui nous pousse à nous réjouir du mal d'autrui. »

Or le ridicule est un mal très grand, puisqu'il consiste à se méconnaître, et que suivant l'oracle de Delphes, le seul bien est de se connaître soi-même ».

Par l'envie on jouira donc du ridicule d'autrui, mais si ce ridicule se trouve dans nos amis, la joie que nous éprouverons dans le rire sera contrebalancée par la tristesse que nous aurons à être ridiculisés dans nos affections. Platon sousentend assurément que tous les hommes, sauf nos ennemis, nous intéressent par quelque endroit, et que toute comédie est pénible,

---

(1) Nous ne voulons pas dire par là qu'Aristote ait accepté purement et simplement la théorie que Platon expose dans le *Philèbe* ; tout au contraire. Quoique nous n'ayons pas une poétique bien complète concernant la comédie telle que l'entendait Aristote, il me semble que, pour lui, le plaisir comique venait du plaisir qu'on éprouve dans toute imitation, car par l'imitation on apprend toujours, et « apprendre quoi que ce soit est un très vif plaisir ». *Poétique*, ch. xviii.

(2) On trouve là comme un vestige de la division que le commun admettait des biens désirables : « la santé, la beauté, la force, la richesse » ; Cf. *Lois*, 661, A ; *Gorgias*, 451, E. Socrate y ajoute la vertu et la science.

qu'aucun ridicule ne saurait nous procurer une joie sans repentance (1).

Ainsi, pas plus au théâtre que dans la vie (2) il n'y a de pleurs sans espérance; mais il n'y a point non plus de rire sans regret. Toutes ces choses éphémères se tiennent nécessairement par quelque endroit et ne sont, en définitive, que l'aspect changeant d'un même monde qui passe.

Platon, malgré sa majestueuse sérénité, nous désenchante, et l'âme éprouve une angoisse qui la serre, quand, le suivant pas à pas, elle le voit, armé de son impitoyable logique, détruire les unes après les autres ces voluptés enchanteresses qui malgré tout nous attirent, et nous répéter, par la voix de l'austère raison, que toutes nos passions, tous nos désirs, toutes ces mille jouissances auxquelles tant d'hommes s'attachent ne sont en réalité qu'une apparence, qu'une illusion, qu'un mensonge dont nous sommes les tristes victimes.

Il semble que la philosophie grecque si vivante et si active rejoint la philosophie lasse et déprimante de l'Orient, et, dans cette conclusion écrasante d'un vaste théorème rigoureusement démontré, « la raison nous prouve donc que dans les chants de deuil comme dans les tragédies, non seulement au théâtre, mais dans le drame tantôt gai et tantôt triste de la vie tout entière, ainsi que dans tout le reste, la douleur toujours s'allie au plaisir et en est inséparable (3), » il y aurait pour un autre tempérament que le tempérament hellénique une raison de défaillance et de pessimisme profond.

---

(1) Dans la *République*, livre X, Platon condamne les plaisirs comiques pour d'autres raisons : « A force de rire des bouffons, dit-il, on le devient soi-même. »
(2) *Philèbe*, 50, B.
(3) *Ibid.*, 50, B.

Mais bientôt Platon admettra d'autres plaisirs dans la notion desquels n'entrera aucun élément de douleur : ce seront des plaisirs purs, car, chez Platon, par *plaisir pur*, il faut toujours entendre plaisir dont toute douleur est absente. Grâce à cette réserve, Platon se séparera des Cyniques : il leur est reconnaissant de lui avoir montré le chemin et de lui avoir fourni quelques bons arguments pour réfuter l'hédonisme cyrénaïque ; mais, en même temps, il reconnaît qu'ils ont poussé leur mauvaise humeur trop loin et généralisé leur thèse sans raison suffisante. Non, le plaisir n'est pas un simple mot, comme l'enseigne Antisthène, car il y a autre chose dans nos jouissances que de l'intensité, que de la vivacité. Ce qu'il faut voir dans le plaisir, pour bien le comprendre, remarque Platon, ce n'est pas tant l'intensité comme la pureté ; nous dirions ce n'est pas tant la quantité que la qualité. De même, en effet, continue Platon, qu'un peu de blanc parfaitement pur et sans mélange nous donne de la blancheur une notion beaucoup plus exacte qu'une grande quantité de blanc mélangé de noir, ainsi, quoique moins vif, un plaisir parfaitement pur nous révélera beaucoup mieux l'essence du plaisir que ces plaisirs violents cités par les Cyniques où il y a autant de douleur que de jouissance.

Si Platon condamne certains plaisirs, ce serait néanmoins, il faut l'avouer, tout à fait méconnaître sa pensée que de le regarder comme un ascète ; il ne nie point le plaisir et ne le rejette point avec ce dédain maladif des Cyniques ; tout au plus pourrions-nous lui reprocher une trop grande défiance envers les plaisirs moins nobles, les plaisirs mélangés. Si, en effet, la douleur n'est pas le mal, pourquoi Platon ne lui ferait-il pas une place dans la vie humaine, si, par ce moyen, il en faisait une plus grande au plaisir?

Sa logique s'y oppose, mais une logique qui s'écarte trop du sens commun et des désirs les plus impérieux du cœur est une logique douteuse ou qui part de principes douteux. C'est ce qu'Aristote reprochera à tous ces spéculateurs outrés qui, pour ne pas tenir compte de la réalité qui s'affirme avec le plus d'instance, de la réalité pratique, échafaudent des théories morales qui ne reposent sur rien, et dont les auteurs eux-mêmes avouent le chimérique et la fausseté en ne se soumettant pas aux lois magnifiques que ces doctrines imposent (1).

A côté des plaisirs violents et faux que l'homme recherche d'ordinaire, il y a donc toute une série de plaisirs sans mélange qui ont de par eux-mêmes, c'est-à-dire en tant qu'agréables, une réalité indiscutable : ce sont les plaisirs vrais, les plaisirs purs, les plaisirs épurés aux rayons du soleil (2), par conséquent des plaisirs exempts de toute douleur.

D'après Platon, on peut ramener tous ces plaisirs à deux grandes classes : les uns sont inhérents à l'acquisition des sciences; les autres nous viennent à l'occasion de certaines perceptions sensibles; les premiers correspondent à ce que nous appelons les plaisirs *intellectuels;* les seconds, aux plaisirs *esthétiques,* si toutefois nous donnons au mot *esthétique* une signification un peu plus rapprochée de son sens originel.

Le caractère commun de tous ces plaisirs est, comme nous l'avons déjà dit, de n'admettre le mélange d'aucune douleur. Ils ne naissent point d'une émotion douloureuse (3), leur perte laisse l'âme sans regret, et,

---

(1) Cf. *Éthique à Nicomaque*, K, 1; 1172ᵇ, 5 sqq.
(2) Ἡδοναὶ εἰλικρινεῖς. Cf. *Philèbe*, 51, 52.
(3) Τὰς ἐνδείας ἀναισθήτους καὶ ἀλύπους.

pendant qu'on jouit de leur présence, on en jouit pleinement, sans remords d'aucune sorte. S'il arrive que l'on regrette parfois d'avoir perdu une connaissance acquise, ce n'est pas dans le fait même de la perdre que réside le chagrin que nous éprouvons (1), mais dans la réflexion que nous faisons après coup sur cette perte (2). Les plaisirs purs sont donc totalement, par leur propre nature, indépendants de la douleur.

Platon ramène tous nos plaisirs esthétiques à quatre sensations principales : les odeurs, les sons, les couleurs et les formes.

Les odeurs appartiennent à la classe des plaisirs purs, des plaisirs sans mélange, car elles ne naissent point de douleurs antécédentes, du sentiment de quelque vide ou de quelque imperfection (3). Néanmoins les odeurs procurent des émotions moins parfaites, « moins divines » que les sons, les couleurs et les formes (4). Nous sommes de l'avis de Stalbaum et nous pensons avec lui que la raison pour laquelle Platon déclare les plaisirs de l'odorat « moins divins », c'est parce que ces sortes de sensations n'offrent point « d'espèces déterminées » et que, pour ce motif, l'âme ne peut les percevoir dans ces formes exemplaires dont la contemplation seule donne naissance au plaisir parfait (5).

Au sujet des sons, Platon, qui s'est toujours beaucoup préoccupé des théories musicales (6), s'ex-

(1) Οὐ φύσει. *Philèbe*, 52, B.
(2) Ἐν τοῖς λογισμοῖς. *Ibid*.
(3) Ἧττον θεῖον γένος. Cf. *Timée*, 55, A sqq., où est exposée très longuement la théorie des odeurs: *République*, 584, B.
(4) Cf. *Philèbe*, édition Stalbaum, page 298, note.
(5) Taine, *De l'Intelligence*, où l'auteur traite de l'impossibilité de classifier les sensations d'*Odeur*.
(6) Consulter les savantes études de M. H. Martin sur la *Musique*, d'après Platon.

prime ainsi dans le *Philèbe* (1) : « Je dis que les sons qui de leur nature sont doux, clairs, justes ; que ceux qui rendent une mélodie une et pure, ne sont pas simplement beaux relativement, mais qu'ils sont beaux par eux-mêmes, et qu'ils sont suivis naturellement de plaisirs qui leur sont particuliers. »

Sans essayer d'approfondir les théories musicales de Platon (2), nous pourrons toutefois, en rapprochant les textes du *Philèbe* de ceux du *Timée* (3) et de la *République* (4), nous faire une opinion assez nette sur l'esthétique des sons, dans la théorie platonicienne. Un son peut être considéré isolément ou en accord ; dans tous les cas il sera beau lorsqu'il sera soumis aux lois du nombre. Une mélodie soumise à ces lois sera coulante et claire « λεία, καὶ λαμπρά » ; une harmonie produira un accord bien fondu (ἕν) et pur (καθαρόν).

Le son, en effet, est, d'après Platon, le résultat d'un mouvement. Tout son qui arrive vite jusqu'à l'âme est aigu ; si au contraire le son résulte d'un mouvement lent, il est grave (4) ; si le son est semblable à lui-même pendant tout le temps de sa durée, s'il conserve la même intensité, la même pureté, il aura cette qualité de douceur (λεία) que Platon regarde comme une condition de la beauté, parce qu'elle est l'expression d'une loi mathématique appliquée au mouvement. Que faut-il entendre par un son clair (λαμπρά) ? On n'a pas toujours été d'accord sur la réponse à donner à cette question. Il me semble que Platon a ici plus spécialement en vue le timbre et l'intensité que la tonalité du son, et je crois qu'il réclame par ce mot de « λαμπρά

(1) Cf. *Philèbe*, 51, D.
(2) Cf. *Timée*, H. MARTIN. Notes 23, 123, 124, 125, 170, 171.
(3) Cf. *Timée*, p. 67, B, p. 80, A et sqq.
(4) *République*, liv. VII.

φωνή, » des sons à la fois amples, larges, bien formés, par opposition aux sons voilés, aveugles, étouffés, dont parle Aristote dans son traité sur l'acoustique (1).

Un son particulier, en s'unissant à d'autres sons, de façon à former une harmonie, sera encore une source d'émotions esthétiques. Voici comment Platon explique la formation des accords musicaux : « Les mouvements « des sons les plus rapides, qui arrivent les premiers « (à l'âme), diminuent et sont déjà semblables à ceux « des sons les plus lents, lorsque ceux-ci, arrivant « plus tard, les agitent en les rattrapant, mais sans « les troubler par l'addition d'une impulsion diffé- « rente : le commencement d'un mouvement plus lent « s'adapte ainsi à la fin semblable d'un mouvement « d'abord plus rapide, et ce mélange de l'impression « d'un son aigu et de celle d'un son grave produit une « pression unique, d'où résulte du plaisir pour les « insensés et la santé de l'âme pour les hommes « sages, à cause de cette imitation de l'harmonie divine « qui a lieu dans des mouvements mortels (2). »

Par ces derniers mots, Platon nous donne la raison pour laquelle les sons peuvent être des sources de plaisirs vrais et réels ; c'est à cause de l'élément immuable de la participation aux lois éternelles des nombres qu'ils renferment en eux. Pour Platon, comme pour les Pythagoriciens, l'astronomie et la musique sont des sciences sœurs. « Il semble que les oreilles ont été faites pour les mouvements harmoniques comme les yeux pour les mouvements astronomiques (3). »

---

(1) *De Audit.*, vol. II, pp. 800, 15 et 801, édit. Bekker : Τῶν δὲ φωνῶν τυφλαὶ μὲν εἰσὶ καὶ νεφώδεις, ὅσαι τυγχάνουσι αὐτοῦ καταπεπνιγμέναι· λαμπραὶ δὲ, ὅσαι πόρρω διατείνουσι, καὶ πάντα πληροῦσι τὸν συνεχῆ τόπον.
(2) *Timée*, 80. A : Trad. H. Martin, p. 213.
(3) *République*, liv. VII.

C'est donc parce que certains sons traduiront avec plus de facilité à l'âme ces nombres harmoniques, suivant la loi desquels elle-même d'ailleurs est composée, qu'ils seront beaux pour eux-mêmes, et qu'ils produiront en nous un plaisir parfait. Le nombre lui-même est de la nature de l'Idée (1), parce que, comme elle, il appartient au genre du fini. C'est précisément parce que le nombre s'introduit dans le son, que le son devient musical et beau; la voix est, de sa nature, infinie (2); quoiqu'elle se présente sous la dyade de l'aigu et du grave, elle est dans sa tonalité essentiellement indéterminée. L'aigu et le grave sont des contraires conjugués comme le plus et le moins; au contraire, une note quelconque, le *la,* par exemple, est quelque chose de fini; c'est une quantité fixe, c'est le son déterminé et fixé dans un rapport constant.

Mais la série des tonalités est elle-même illimitée, une rencontre de notes ne pourra donc devenir harmonieuse que s'il y a entre les divers éléments de l'accord un rapport numérique particulier. C'est à cette condition que l'harmonie sera « une et pure ».

Maintenant, si l'on considère le son, non plus en lui-même, ni dans un accord isolé, mais comme constituant une mélodie suivie, qui se déroule dans une série de sonorités répétées, nous constaterons également l'union de l'infini et du fini. La répétition successive des notes est, par elle-même, comme les mouvements qui déterminent chaque son, indéterminée en vitesse et en lenteur (3). La mesure, au contraire, appartient au

(1) Platon dit que le nombre appartient au monde des intermédiaires (μεταξύ); il participe à la fois au monde du *devenir* et au monde des *Idées,* et c'est grâce à lui que les Idées peuvent s'unir aux choses.
(2) *Philèbe,* 17, B.
(3) Ταχεῖ καὶ βραδεῖ, *Ibid.,* 26.

genre du fini ; le rythme ne sera donc que la synthèse de l'infini du mouvement de succession avec la mesure qui le règle.

Ainsi, soit dans la tonalité pure, soit dans l'harmonie, soit dans la mélodie, soit enfin dans le rythme, ce sont toujours les rapports numériques qui unissent entre eux les contraires et permettent aux sonorités de se constituer en groupements parfaits, et de former l'art musical (μουσικὴν τελεώτατα) (1) ; et c'est parce que l'âme, grâce à l'intermédiaire des sons ainsi réglés, retrouve les lois idéales qui sont la raison de tous les mélanges dont est formé le monde du devenir, qu'elle jouit pleinement d'un plaisir vrai, et pur ; c'est pour cette raison aussi que la musique est la santé de l'âme pour le sage, car la musique étant fondée sur les mêmes rapports harmoniques que l'âme elle-même, elle entre avec la plus grande facilité dans le mouvement de notre être, le règle et le soutient. Aussi, la musique entrera-t-elle pour une large part dans le système d'éducation préconisé par Platon, parce que,

---

(1) Cette théorie de la musique, que Platon a empruntée aux Pythagoriciens, est celle que Cicéron semble avoir lui-même adoptée : elle repose sur « l'union des contraires par l'intermédiaire du nombre » ; c'est donc bien une doctrine platonicienne : Cf. Theod.-Smyrn : I, p. 15 : « Καὶ οἱ Πυθαγορικοὶ δὲ, οἷς πολλαχῇ ἕπεται Πλάτων, τὴν μουσικήν φασιν ἐναντίων συναρμογήν, καὶ τῶν πολλῶν ἕνωσιν καὶ τῶν δίχα φρονούντων συμφώνησιν ». On trouve également dans Nicomaque de Gérasa, le mathématicien, cette définition de l'harmonie : ἁρμονία δὲ πάντως ἐξ ἐναντίων γίγνεται · ἔστι γὰρ ἁρμονία πολυμιγέων ἕνωσις καὶ διχοφρονεόντων συμφρόνησις ». Cic. Som. Scip. c. 5. Dulcis est hic sonus, qui intervallis conjunctus imparibus, sed tamen pro rata parte ratione distinctis, impulsu ac motu, conficitur ; qui acuta cum gravibus temperans varios æquabiliter concentus efficit.
Cf. Platon lui-même, Banquet, 187, A ; Lois, I, 631, B ; II, 661 A ; République, VI, 491, C ; Ménex., 246, E ; Euthydème, 279, A ; Gorgias, 451, E ; Ménon, 87, E. Dans ces divers passages, Platon explique la beauté, la force, la santé de la même façon que la musique. — Philèbe, 64, E ; Timée, 87, C. Politique, 284, B. Phédon, 69, D.

grâce à la musique, « le nombre et l'harmonie s'insinuant de bonne heure dans l'âme, s'en empareront et y feront entrer à leur suite la grâce et la beauté (1) ».

Les sons ne produisent donc de plaisirs profitables qu'en tant qu'ils s'harmonisent avec l'âme. Il ne faut point chercher dans la musique un amusement qui chatouille les oreilles, ou des accords qui agissent plus sur la sensibilité que sur la raison. Platon rejette les harmonies plaintives « comme la Lydienne mixte et aiguë », les harmonies molles et lâches comme l'Ionienne (2), pour ne conserver que les sonorités pleines et fortes, tranquilles et religieuses qui expriment le courage et la sagesse, la paix et la prière. La musique idéale est celle qu'enseignait Apollon ; Marsyas n'a point dépassé le maître, et il faudra bannir des concerts idéaux tous ces instruments à cordes nombreuses et à sonorités troublantes ; plus de triangles, plus de pectis, plus de flûtes ; « la lyre et le luth pour la ville, le pipeau pour les champs ». De même, il faudra réformer le rythme comme l'harmonie, « en bannir la variété, la multiplicité, pour n'admettre que les rythmes parfaits, ceux qui expriment le caractère de l'homme sage et courageux ».

Cette théorie est toute grecque. La musique, aujourd'hui, aime à s'adresser surtout à la sensibilité, non pas seulement à cette sensibilité de surface, vulgaire et commune, mais à un sentiment plus profond, à une sorte de nature inconnue de nous qui sommeille inconsciente au fond de notre être, ensevelie sous les amas d'habitudes monotones créées par la routine de l'existence. L'artiste, un Wagner ou un César Frank, agiront,

(1) *République*, III, p. 122, traduction Grou. Théorie très vraie dont on devrait encore aujourd'hui tirer profit.
(2) *République*, III, p. 118.

par des appels de génie, sur cet autre nous-même, l'évoqueront, le troubleront non pas jusqu'à l'amener à la lumière claire de la conscience, mais jusqu'à le faire passer de l'inconscience absolue dans l'affectivité émotionnelle ; et, précisément, dans ce réveil ébauché, l'âme trouvera une douceur et une caresse imprécises d'un attrait tout particulier.

Certes, jamais les Grecs n'ont soupçonné l'existence de cet art, mais l'eussent-ils inventé, que Platon, assurément, l'eût condamné.

Ce serait donc se méprendre complètement sur la pensée de Platon que de croire qu'il range parmi les plaisirs vrais, sans mélange, tous les agréments que fait naître en nous la culture de la Musique. La Musique, comme les autres arts, comme la peinture, la sculpture, l'architecture, la broderie, n'est qu'un auxiliaire de la dialectique, de la science suprême, et c'est précisément parce que tous ces arts, chacun dans leur sphère, rapprochent l'âme du vrai, de l'idéal, de l'intelligible (1), c'est pour cela qu'ils nous procurent une jouissance pure entièrement détachée des sens.

Dans la Musique il faut donc chercher l'élément immuable, le nombre, « il faut donc s'efforcer de découvrir de quels nombres résultent les sons et les accords, et même, si c'est possible, tâcher de ne voir, dans ces accords, qu'un moyen pour découvrir quels sont les nombres harmoniques et ceux qui ne le sont pas, et d'où vient cette différence (2) ». La Musique qui se bornerait « à la mesure des tons et des accords sensibles » ne serait qu'une science chimérique, bonne à satisfaire la curiosité, « mais ne conduisant pas l'âme

(1) *République*, p. 121, trad. Grou.
(2) *Ibid.*, vii, 328, trad. Grou.

à la découverte du beau et du bon (1) ». Platon, dans ce même passage de la *République,* raille assez plaisamment ces dilettantes qui passent leur temps à appliquer leur empirisme à la science musicale : « Ils parlent sans cesse, nous dit-il, de nuances diatoniques, ils tendent l'oreille comme pour surprendre au passage les sons qui leur arrivent : les uns prétendent distinguer un ton mitoyen entre deux tons et affirment que ce son est le plus petit intervalle qui les sépare : les autres, au contraire, soutiennent que ces deux tons sont absolument semblables : tous préfèrent le jugement de l'oreille à celui de l'esprit ;... ils ne laissent aucun repos aux cordes ; ils les mettent à la question, les tourmentent au moyen de chevilles. » Un tel art ne remplit pas son rôle, car le but de la Musique, comme celui de toutes les autres sciences qui traitent des nombres, est « de faciliter à l'âme la route qui doit la conduire de la sphère des choses périssables à la contemplation de la vérité et de l'être (2) ». Si en effet les sonorités et les harmonies parfaites ne nous révèlent pas l'Idée en elle-même, l'unité absolue, elles nous font découvrir néanmoins les rapports d'après lesquels l'infini se rattache au fini, puisque le nombre est l'intermédiaire qui permet au multiple de coexister avec l'unité, au monde intelligible de se répandre dans le monde sensible.

La *géométrie* nous rapproche davantage encore du type immuable de toutes choses, car ce ne sont plus seulement des rapports abstraits qu'elle nous révèle, mais l'Idée elle-même, à peine voilée sous les formes régulières et parfaites qu'elle propose à notre étude.

(1) *République,* vii, 329, trad. Grou.
(2) *Ibid.,* liv. vii.

Ces figures sont belles et réjouissantes, car elles sont pleines de réalité et de mesure. Platon a soin de faire remarquer que, par figures belles, il n'entend point les formes multiples et variées des êtres vivants, mais uniquement les formes géométriques pures, la ligne droite ou circulaire, les ouvrages travaillés au tour ou à l'équerre. Seules ces figures régulières ont la propriété de détacher l'âme de la sensation qu'elles provoquent et d'éveiller l'entendement. Le beau en effet appartient au monde intelligible, et participe à la nature de ce qui est, non de ce qui devient, à la nature du fini, non de l'infini. Le beau ne saurait donc être, comme le veut Hippias, « une belle fille (1) » ou une belle cavale, ou quelque autre chose sensible, car le beau en soi est un et convient à tout ce qui renferme la beauté, sans qu'aucun de ces êtres particuliers ne parvienne à l'épuiser ; le beau n'est pas davantage constitué par un rapport, comme les qualités sensibles, le chaud, le froid par exemple, car alors une même chose serait à la fois belle et laide, belle par rapport à une plus laide, laide par rapport à une plus belle. Le beau est de la même nature que le vrai, il est en soi, il est immuable ; c'est pour cette raison que les figures géométriques nous le révèlent, car « la géométrie, dit Platon, n'a tout entière d'autre objet que la connaissance de ce qui est toujours, et non de ce qui naît et périt (2) ». Par conséquent la géométrie attire l'âme vers la vérité ; elle forme en nous l'esprit philosophique en nous obligeant à tenir en haut nos regards, au lieu de les abaisser, comme les hommes du commun le font, sur les choses d'ici-bas.

(1) Cf. *Hippias*, 1.
(2) *République*, liv. vii.

Pour la même raison la contemplation de certaines *couleurs* est agréable à l'âme, car ces couleurs sont « belles, non relativement, mais en elles-mêmes ». Platon ne nous dit pas expressivement quelles sont ces couleurs dont la vue nous réjouit pleinement ; mais il ne saurait y avoir de doute : il entend parler de ces couleurs pures καθαρὰ, épurées au soleil εἰλικρινῆ, qui, comme le blanc parfait (1), n'admettent aucune participation des couleurs contraires, et sont par conséquent comme un symbole de la vérité absolue et sans mélange, de l'être parfait, de l'idée ; quand l'œil les regarde, l'âme, se détachant de la sensation sans effort, perçoit au travers des éléments sensibles l'intelligible absolu et s'unit intimement à la réalité parfaite.

Les plaisirs auxquels nous avons donné le nom de plaisirs esthétiques ne diffèrent donc pas essentiellement des plaisirs que nous procurent les sciences, des plaisirs intellectuels. Si les sons, les formes, les couleurs et les figures font naître dans l'âme des jouissances sans mélange, c'est parce que les sons, les couleurs, les formes et les figures sont en réalité des objets de science, parce qu'ils traduisent le nombre ou l'idée avec plus de précision que le reste des phénomènes du monde de l'apparence. En eux l'élément sensible a aussi peu d'importance que possible, l'élément intelligible est tout. C'est pourquoi toutes les sciences, qui atteindront d'une façon plus ou moins directe ces réalités idéales des êtres, procureront à l'âme des plaisirs de même nature. Moins l'objet de ces sciences sera engagé dans le monde visible, plus les plaisirs que nous éprouverons à le contempler seront purs et dignes d'être recherchés. Encore faudra-

(1) *Philèbe*, 52.

t-il, qu'en tous les cas, nous sachions nous dégager le plus possible des éléments matériels, grâce auxquels les objets de ces sciences tombent sous nos sens, pour n'atteindre que l'élément intelligible par lequel ils subsistent. Ces plaisirs « sont réservés aux philosophes, aux seuls contemplateurs de la vérité (1) », non aux amateurs qui ne vivent que des sens, « dont toute la curiosité est dans les yeux et dans les oreilles, qui se plaisent à entendre de belles voix, à voir de belles couleurs, de belles figures »...; mais dont l'âme est incapable de s'élever jusqu'à l'essence du beau, de la connaître, de s'y attacher (2).

A mesure que la connaissance sera plus pleine, à mesure que la science sera plus parfaite, le plaisir sera plus vrai, plus recommandable. Or, dans la science, il y a deux degrés bien distincts : la connaissance raisonnée (διάνοια) et la connaissance intuitive (νόησις). L'une n'atteint l'être qu'indirectement, car elle « emploie encore les images terrestres et sensibles qu'elle ne connaît que par l'opinion, elle suppose qu'elles sont claires et évidentes et elle s'en aide pour la connaissance des vraies figures (3) ». Telle est la géométrie, l'arithmétique, l'astronomie, etc., toutes sciences reposant sur des hypothèses, qu'elles supposent évidentes, mais qu'elles ne démontrent pas.

Au-dessus de tous ces modes de connaissances plus ou moins parfaits, il y a la pure intelligence, l'intuition directe du vrai, de l'*Idée en soi*, du *Bien*, en tant qu'intelligible. Cette science est la science des sciences, le sommet de la dialectique; elle est plus sublime que la Justice elle-même, car « l'Idée du Bien est

---

(1) *République*, v. 242, trad. Grou.
(2) *Ibid.*, v, loco citato.
(3) *Ibid.*, vi, 297, trad. Grou.

l'objet de la plus sublime des connaissances, et la justice, comme toutes les autres vertus, emprunte à cette idée son utilité et tous ses avantages (1) ». Quand l'âme a atteint cette réalité suprême, « elle se repose, car elle est au terme de son voyage (2) ».

Ainsi, partout le Platonisme est conséquent avec lui-même ; le plaisir, comme la connaissance, aboutit à l'être : il n'a de valeur, de réalité qu'en tant qu'il se rapproche de l'Idée. La ligne du plaisir, comme la ligne de la connaissance, peut se partager en deux : le plaisir du monde sensible, le plaisir du monde intelligible ; le premier apparent, incertain ou faux porte sur des chimères, comme la sensation et l'opinion à laquelle il correspond ; l'autre réel, pur, sans mélange, repose sur la réalité absolue, atteint l'être en soi comme la science dont il est le frère. Le plaisir sensible participe au non-être de l'opinion et de l'image, puisqu'il n'*est* jamais absolument, mais *devient* toujours ; puisqu'il n'est que par rapport à la douleur qui le nie. C'est ce que Platon répète dans le *Philèbe* quand il résume ses idées sur la nature du plaisir des sens : « Certains de ces plaisirs, dit-il, n'ont aucune réalité ; d'autres doivent leur intensité et leur véracité à la douleur même qui les accompagne ; d'autres enfin ne sont autre chose que des cessations de douleurs (3) » ; c'est pourquoi encore ces sortes de plaisirs sont « violents et démesurés ». Les plaisirs intelligibles, au contraire, ne participent qu'à l'être, qu'à l'essence, ils sont mesurés, n'admettent aucun mélange du contraire (4).

(1) *République*, vi, 287, trad. Grou.
(2) *Ibid.*, vii, 331, trad. Grou. Cf. la suite du passage où Platon montre la supériorité de la dialectique sur les autres sciences.
(3) *Philèbe*, 51.
(4) *Ibid.*, 53.

Aussi, puisque la nature du plaisir « consiste à remplir l'être qui le ressent, celui qui peut se remplir véritablement de choses qui ont plus de réalité doit goûter un plaisir plus réel, plus solide, plus vrai (1)... » Se repaître des plaisirs sensibles, c'est donc se repaître de fantômes et, « comme le dit Stésichore, se battre pour la fausse Hélène faute d'avoir vu la véritable (2) ».

Aristote, comme on le verra dans les chapitres suivants, arrivera lui aussi à proclamer la supériorité des plaisirs intellectuels. Pour lui le suprême bonheur consistera dans l'exercice de la contemplation : ce sera, pour lui, le plaisir le plus pur, le plus parfait, celui que l'homme doit rechercher de préférence à tous les autres. Il en exaltera les charmes, soit dans la *Rhétorique*, soit dans les *Morales*, avec le même enthousiasme communicatif que Platon, dans la *République*, le *Philèbe*, le *Gorgias* et le *Théétète*. Pourtant il y aura entre Platon et Aristote une façon très diverse, au moins en apparence, d'envisager cet acte de la connaissance pure, acte qui révèle le mieux la nature de l'homme et convient aussi le mieux à son essence. Pour Aristote, c'est un acte essentiellement agréable ; pour Platon, il ne le sera que par accident ; le plaisir que nous éprouverons dans cet exercice de l'intelligence intuitive sera comme le rayonnement inséparable de l'acte, ce sera cet acte même envisagé du point de vue de la sensibilité, c'est-à-dire du point de vue de la conscience individuelle, témoin fidèle qui rapporte à son sujet, sous une forme de joie ou de peine, les altérations, les modifications qu'il éprouve. Platon, au contraire, ne verra dans ce plaisir que la marque du devenir, de

---

(1) *République*, IV, p. 118, trad. Grou.
(2) *Ibid.*, loc. cit., *Philèbe*, 54, E., etc.

l'imperfection qui se trouve dans tout acte humain. Sans doute, dans cette intuition, l'intelligence va droit à l'idée, sans milieu, sans intermédiaire ; cependant cette intelligence, si elle se trouve remplie par l'intelligible qu'elle atteint, n'est pas assez puissante pour absorber l'intelligible tout entier. Il n'y a pas, entre l'intelligence et l'idée, rapport d'égalité, d'identité, il n'y a qu'un rapport de relation.

Aussi, le plaisir, tout en traduisant un profit réel pour notre nature la plus haute, manifeste, en même temps, l'imperfection de l'acte pris en lui-même. C'est pour ce motif que si l'acte contemplatif arrive à la perfection absolue dans l'exercice de l'intelligence divine, il sera nécessairement impossible.

C'est qu'en effet, pour Platon, le plaisir quel qu'il soit, pur ou mélangé, appartient toujours à la nature de « l'autre », à l'infini ; il est toujours un mouvement ou du moins le signe d'un mouvement, une chose en devenir, à moitié route entre le néant et l'idée. Si les plaisirs purs apparaissent à la conscience comme des phénomènes simples et sans mélanges, dans la réalité, ils ne sont pas moins des réplétions ; seulement nous n'avons point le sentiment du vide qu'ils comblent ; c'est pourquoi ils ne sont perçus que comme entièrement agréables (1). Pour Aristote au contraire, le plaisir est toujours quelque chose de positif, une réalité concrète et contingente, mais une réalité complète dans son genre, achevée, un tout parfaitement déterminé.

Aussi Aristote, dans toute son œuvre, n'a-t-il point de chapitre consacré spécialement à la fausseté intrinsèque du plaisir. Pour lui, il ne saurait y avoir de plai-

---

(1) Cf. *République*, 585, B. ἄγνοια δὲ καὶ ἀφροσύνη, ἆρ' οὐ κενότης ἐστὶ τῆς περὶ ψυχὴν αὖ ἕξεως.

sirs contradictoires dans leur essence : tous les plaisirs sont purs et vrais en eux-mêmes, ils ne sont faux que par accident, que par relation, que par comparaison. Le plaisir du débauché en lui-même est un plaisir, l'acte d'une puissance mauvaise, déchue, corrompue, mais un acte cependant ; ce n'est pas l'acte vrai de l'homme, mais c'est l'acte vrai d'un être dégradé, monstrueux et pourtant réel.

Bien plus, dans le système d'Aristote, il ne saurait y avoir de division fondée des plaisirs en tant que plaisirs. Puisque le plaisir est l'accompagnement essentiel de l'acte, il y aura nécessairement autant de plaisirs que d'espèces d'actes ou de fonctions. C'est ce qu'Aristote d'ailleurs déclare expressément (1). Le plaisir, en tant que plaisir, est un ; il ne varie que parce que l'acte d'où il prend naissance varie.

Si donc Aristote ne s'arrête pas à donner une classification scientifique des plaisirs, ce n'est pas, comme Platon, parce que le plaisir est infini, qu'il n'a pas de εἴδη, de formes, que par conséquent il est insaisissable ; c'est pour un tout autre motif. Aristote pense qu'une telle classification serait purement superflue. On sait, en effet, qu'il y a dans l'homme comme deux grandes classes d'actes : les actes qui concernent la sensation et ceux qui concernent la pensée, il y aura donc aussi deux ordres généraux de plaisirs. De plus, chacun des sens aura son plaisir spécifique propre, de même que les plaisirs de la pensée varieront suivant la nature des diverses fonctions de cette puissance. Enfin, dans chacun de ces cas particuliers, les plaisirs éprouvés

---

(1) Cf. *Éthique à Nicomaque*, K, 5; 1175ᵃ, 22 sqq. Διαφέρουσι δ' αἱ (ἐνέργειαι) τῆς διανοίας τῶν κατὰ τὰς αἰσθήσεις, καὶ αὗται ἀλλήλων κατ' εἶδος · καὶ αἱ τελειοῦσαι δὴ ἡδοναί...

varieront encore suivant la nature du sensible qui déterminera chacune des sensations, comme aussi bien suivant la nature même de l'intelligible en rapport avec l'intelligence, dans les actes variés de la pensée.

Telles sont les divisions que l'on peut donner en général du plaisir, lorsque l'on considère la sensibilité affective d'un point de vue tout théorique. Si l'on se place au point de vue de la pratique, la question sera beaucoup plus importante, et nous pourrons établir plusieurs classifications de plaisirs parfaitement délimitées et légitimes, soit que nous considérions l'avantage que nous devons à certaines jouissances dans l'acquisition de la vertu, soit que nous tenions compte de l'empire qu'elles exercent sur nos actions, soit enfin que nous les rangions d'après l'utilité que nous en retirons ou le bien pratique qu'elles nous apportent.

C'est d'après ces diverses considérations qu'Aristote classe les plaisirs, tantôt en plaisirs corporels et en plaisirs de l'âme; tantôt en plaisirs nécessaires et volontaires; tantôt en plaisirs naturels, maladifs et monstrueux.

Quand Aristote parle des plaisirs du corps, ce n'est pas, comme nous l'avons vu, qu'il suppose qu'il puisse y avoir des plaisirs dans lesquels l'âme n'ait point de part; seulement il constate que certaines affections, telles que celles de voir, de toucher, d'entendre, sont en quelque sorte plus extérieures, appartiennent plus au corps que certaines autres plus intérieures, tels que les plaisirs de l'ambition et l'amour de la science. « Celui, en effet, qui éprouve l'un de ces deux sentiments, jouit vivement de la chose qu'il aime; mais son corps n'éprouve aucune modification, et c'est plutôt son âme qui les ressent. »

Dans les plaisirs du corps même on peut remarquer

deux catégories bien distinctes : d'une part, les plaisirs spéciaux de la vue, de l'ouïe, de l'odorat, que l'homme seul possède directement et pour eux-mêmes ; c'est-à-dire, indépendamment des services que ces sens peuvent rendre aux fonctions de conservation ou de reproduction de l'animal, puis les plaisirs communs à tout animal : « les plaisirs du boire et du manger et les plaisirs de Vénus ». Ces plaisirs, les plus corporels de tous, se rapportent aux deux sens du goût et du toucher, ils sont les plus vifs, les plus intenses et exercent sur l'homme un attrait plus violent que tous les autres. Aussi est-ce seulement par rapport à ces jouissances brutales que l'on est généralement intempérant.

Si maintenant l'on ne considère plus les plaisirs par rapport à la partie du composé vivant et sensible où ils semblent se produire et qu'ils paraissent surtout intéresser ; mais si nous les envisageons d'après les besoins qui leur donnent naissance, on pourra encore ranger nos jouissances en deux grandes classes nettement délimitées : les plaisirs *nécessaires,* et les plaisirs seulement permis, les plaisirs *volontaires.*

« Les plaisirs *nécessaires,* dit Aristote, sont ceux du corps ; et j'appelle de ce nom toutes les jouissances qui se rapportent à l'alimentation, à l'usage de l'amour et à tous les besoins analogues du corps, à l'égard desquels il peut y avoir, comme nous l'avons dit, ou l'excès de la débauche, ou la réserve de la sobriété. » Le caractère commun de tous ces plaisirs, c'est qu'ils prennent racine dans des désirs aveugles (ἄνευ λόγου), que nous n'avons sur eux qu'un simple contrôle et non un empire absolu. Aussi il peut arriver que notre volonté mal disciplinée devienne totalement impuissante à leur égard ; alors ces besoins sont en nous, sans nous, et contre nous ; en sorte que les jouissances qui résultent de leur satisfaction nous tyrannisent et nous asservissent à leur esclavage. Alors l'homme devient dans toute la force du mot un *intempérant* (ἀκράτης), c'est-à-dire un impuissant.

Tout différents sont les plaisirs que nous retirons de l'honneur, de la flatterie, de l'ambition, de la richesse. Sans doute, ces diverses passions peuvent nous captiver; nous pouvons avoir des faiblesses regrettables devant leurs séductions; nous serons, en ce cas, des intempérants en un certain sens; pourtant, il est facile de comprendre que tous les besoins qui nous font rechercher ces avantages ne s'imposent point à nous avec cette souffrance poignante et irrésistible, avec cette impérieuse nécessité qui fait le fond des désirs violents de la chair. Tous ces plaisirs restent donc toujours un peu les nôtres; ils peuvent nous solliciter avec une puissance sans cesse grandissante, jamais cependant ils ne s'émanciperont tout à fait de notre tutelle; ils resteront toujours dans le domaine du *volontaire*.

Enfin, comme tout plaisir est une modification qui favorise la nature dans laquelle cette modification se produit, on pourra encore, de ce chef, trouver pour les plaisirs une classification nouvelle. Les natures sensibles se partagent en deux groupes; d'une part, les natures brutales, purement animales; puis la nature humaine. L'homme possède ces deux natures, ou plutôt, chez nous, la nature humaine suppose et complète la nature animale.

Tous les actes qui s'accompliront conformément à cette nature intégrale seront pour nous des plaisirs *naturels,* des plaisirs humains; au contraire, tous ceux qui n'intéresseront que la partie animale seront des plaisirs animaux, des plaisirs *de brute*. Il pourra même arriver, comme nous l'avons vu, qu'à force d'agir continuellement d'une façon exclusivement conforme à sa nature purement animale, l'homme se crée, grâce au mécanisme de l'habitude, comme une seconde nature artificielle et pervertie; tous les actes alors qui se produiront sous l'influence de ces habitudes dégénérées, se traduiront par des plaisirs pervers ; ce ne seront ni des plaisirs humains, ni des plaisirs de brutes ; ce seront des plaisirs de *malades*, des plaisirs monstrueux.

DEUXIÈME PARTIE

MORALITÉ DU PLAISIR

CHAPITRE PREMIER

LE PLAISIR ET LE BIEN

Après avoir ainsi étudié le plaisir, tant au point de vue de sa nature psychologique qu'au point de vue de sa valeur réelle, il semble qu'il sera facile, pour tout le monde, de découvrir quels sont ses rapports avec le Bien et de déterminer ainsi le rôle que nos jouissances devront jouer dans une vie humaine parfaite, puisqu'il suffira simplement de comparer le Bien et le plaisir pour saisir aussitôt les rapports qu'ils ont entre eux.

D'ailleurs, pour Platon, le Bien, étant le terme, la mesure de tout, sera nécessairement la mesure du plaisir lui-même; en mesurant le plaisir par le Bien, on obtiendra donc sa valeur réelle et morale avec une rigueur presque mathématique. Mais auparavant n'est-il point nécessaire d'avoir une idée claire et précise du Bien? Qu'est-ce donc que le *Bien en soi,* quelle est la nature de ce principe suprême de toute vérité, de toute existence, de toute justice et de toute beauté (1)?

Platon reconnaît d'abord l'impérieux besoin qui pousse tout homme à se poser cette question et à y répondre d'une façon claire et précise : « A l'égard du beau, dit-il, comme à l'égard de l'honnête, bien des gens s'en tiennent aux simples apparences…, mais,

---

(1) *République,* 509, B sqq.

lorsqu'il s'agit du Bien, les apparences ne satisfont personne (1). »

Néanmoins, d'après Platon, nous sommes forcés de reconnaître que ce grave problème n'est point susceptible de solution pleinement satisfaisante : « Nous sommes dans l'impuissance de définir au juste ce qu'est le Bien en soi (2). » C'est qu'en effet tout ce qui peut être défini, c'est-à-dire toute vérité connue et comprise, par cela seul qu'elle est un fait d'intelligence, est un rapport, suppose donc deux termes. Or, le Bien en soi n'est point un rapport, il est au contraire le terme ultime de tous les rapports, il est donc inconcevable, indéfinissable, absolument un, par là même ineffable (3).

C'est cette grande vérité que Socrate veut faire entendre à Glaucon, au VIe livre de la *République*, lorsqu'il lui répète sans cesse qu'il est impossible de fournir une explication satisfaisante sur la nature du Bien. Socrate se contente, en passant, de réfuter les fausses définitions qu'on en a données, et de faire remarquer avant tout à son interlocuteur que le Bien ne saurait être l'Intelligence, puisque l'Intelligence ne peut être conçue sans un terme, sans un objet qui la limite, duquel elle reçoit sa raison d'être et qu'elle est par elle-même impuissante à expliquer. C'est pourquoi, remarque Platon, ceux qui font consister le Bien en soi dans l'Intelligence « se trouvent fort embarrassés pour expliquer ce que c'est que cette intelligence et, à la fin, se

---

(1 *République*, vi, 505, D.

(2) Ἅπασα ψυχή... ἀποροῦσα καὶ οὐκ ἔχουσα λαβεῖν ἱκανῶς τί ποτε ἐστίν. *République*, vi, loco citato, et 517, C.

(3) C'est pour mettre en lumière cette vérité que Platon, dans ce même passage de la *République*, déclare que l'Idée du Souverain Bien surpasse même l'Être, en ancienneté et en puissance (πρεσβείᾳ καὶ δυνάμει).

voient réduits à faire un cercle vicieux en déclarant que c'est l'Intelligence du Bien (1) ».

Le Bien ne peut donc rigoureusement se définir que par lui-même : on ne peut dire de lui qu'une chose, c'est qu'il *est*, qu'il est le Bien ; ce qui n'est qu'une pure tautologie : autant avouer son ignorance (2). Aristote dirait qu'il est le dernier des genres, qu'il n'y a point, au-dessus de lui, de catégorie qui l'explique ; Platon dit la même chose, dans un autre langage.

Au début du *Philèbe,* Platon nous fait remarquer qu'on a seulement la pleine intelligence d'un concept, quand on peut donner à la fois raison de l'unité de ce concept et de sa multiplicité, c'est-à-dire, quand on peut définir les divers éléments de ce concept, leurs rapports réciproques, la raison de leur diversité et de leur coexistence. Or, le Bien ne saurait être rattaché à aucun principe supérieur à lui, pas même à l'essence, « car le Bien n'est pas une essence, mais il est quelque chose bien au-dessus de l'essence par sa dignité et par sa puissance (3) ».

Le Platonisme d'ailleurs, expliquant l'Univers par les lois logiques, devait fatalement aboutir à cette doctrine relativement à l'Idée du Bien. Tout concept n'ayant son intelligibilité que grâce à un autre concept qui le domine et l'éclaire, il était nécessaire qu'il y eût, au terme de la régression dialectique, un principe absolu, possédant en lui-même toute sa lumière, toute sa réalité et la communiquant aux autres êtres ; car, en logique, pas plus que dans les sciences mathé-

---

(1) *République,* vi, 505, B.
(2) *Ibid.,* vi, 505, C.
(3) *République,* vi, 509, B. *Philèbe,* 65 : « Εἰ μὴ μιᾷ δυνάμεθα ἰδέᾳ τὸ ἀγαθὸν θηρεῦσαι... »

matiques, la régression à l'infini n'est possible. Il faut de toute nécessité aboutir à un terme, à une vérité qui explique tout, tout en étant elle-même inexplicable. Or le Bien, étant la source et la fin de toute connaissance et de toute existence, ne peut être ni une vérité, ni une essence (οὐσία); mais doit être supérieur à l'une et à l'autre.

On ne peut donc définir le Bien que par approximation, soit en le considérant dans son image la plus parfaite, dans son fils (1) visible, le Soleil, soit en l'étudiant dans ses manifestations les plus apparentes, comme le *vrai*, la *proportion*, la *beauté* (2).

Il faut donc bien prendre garde de fausser la pensée de Platon sur ce point très important de sa doctrine. Si, vers la fin du *Philèbe* (3), Platon nous parle de cette Idée dérivée du Bien qu'il essaye ensuite de définir, on ne peut admettre, comme l'ont fait Stalbaum, Horn (4) et d'autres interprètes du Platonisme, qu'il s'agit de l'Idée du Souverain Bien, du Bien en soi, du Bien-Un ; autrement, il faudrait reconnaître que l'auteur du *Philèbe* est en contradiction avec l'auteur de la *République*, et que celui-là a essayé de définir une notion que celui-ci avait déclarée indéfinissable. D'autre part, Zeller lui-même (5) altère-t-il peut-être un peu la pensée de Platon, lorsqu'il voit, dans ce Bien secondaire et mélangé, non plus le souverain bien humain, mais simplement ce qu'il y a de bon dans l'homme et dans

---

(1) Ἔκγονος εἰκὼν ὁμοιοτάτη. *République,* VI, 508, 509.
(2) *Philèbe,* 65, A, sqq.
(3) *Ibid.,* 64, A.
(4) Cf. Horn, *Platonstudien,* p. 398, sqq., voir aussi l'article que le même auteur a publié dans l'*Archiv für Gesch. d. Philos.,* IX, 293.
(5) Cf. *Phil. d. Gr.,* II, 14, p. 874, n. 5, t. A. ; et *Arch. f. Gesch. d. Phil.,* II, p. 693, sqq.

l'univers. Il nous semble que Platon veut rechercher avant tout, dans ce passage du *Philèbe,* le mélange idéal, par conséquent, le bien dérivé qui soit, pour l'âme humaine et aussi pour l'âme du monde, c'est-à-dire pour le *microcosme* et le *macrocosme,* l'expression la plus parfaite du Bien Souverain réalisé dans le monde du sensible.

Quoi qu'il en soit, il est bien certain que, d'après la doctrine platonicienne, le Bien en soi est indéfinissable, et que par conséquent ce ne sera pas à lui que *pratiquement* il faudra mesurer le plaisir, si l'on veut connaître le rôle que la jouissance doit jouer dans notre existence.

Aristote semble prendre Platon au mot sur ce point et se faire un malin plaisir de prouver à son maître que si le Bien en soi est indéfinissable, c'est précisément parce qu'il n'existe pas, parce que cette notion est purement chimérique et vaine, et que la morale ne saurait en aucune façon s'appuyer sur elle.

Il est nécessaire d'insister sur cette réfutation du principe même du Platonisme, parce que Aristote, ou ses disciples, y ont insisté eux-mêmes (1), et aussi, parce que, au point de vue moral qui nous occupe, elle a une importance capitale. C'est, en effet, avant tout par le point de départ de leur *Éthique,* par l'orientation éminemment idéale de l'une et par le caractère avant tout pratique de l'autre, que Platon et Aristote diffèrent dans leurs théories relatives à la conduite de l'homme.

Dans sa *Morale à Nicomaque* (2), Aristote remarque tout d'abord, et non sans une certaine pointe d'ironie, que Platon, qui a inventé le Bien-Idée, le Bien en soi,

---

(1) Cf. *Éthique à Nicomaque,* A, 3 ; 1096ᵃ, 11, sqq. ; *Éthique à Eudème,* A, 8 ; 127ᵇ, sqq. ; *Métaphysique,* A, 5 ; 986ᵃ, sqq.; etc.

(2) Cf. *Éthique à Nicomaque,* A, 3 ; 1096ᵃ, 17 ; *Métaphysique,* B, 3 ; 999ᵃ, 6, sqq. ; *Éthique à Eudème,* A, 8 ; 1218ᵃ, sqq. ; etc.

pour expliquer et rendre raison des biens relatifs et contingents du monde phénoménal, n'a pas pris garde qu'il se contredisait lui-même et semblait donner un démenti formel à d'autres affirmations essentielles de sa doctrine.

« Ceux, dit-il, qui nous ont apporté *cette prétendue science* (1) du Bien absolu, n'avaient pourtant pas coutume de faire d'*Idées* pour les choses où ils reconnaissaient un ordre de priorité ou de postériorité. C'est même ce qui les a retenus de fabriquer des *Idées* pour les nombres (2). Or, le bien se dit tout aussi justement de l'essence que de la qualité, que de la relation, et cependant ce qui est par soi, — l'essence, la substance, — est, par sa nature même, antérieur à la relation, puisque la relation est comme une superfétation et un accident de l'être en tant qu'être. Donc il est impossible que le bien dans la substance et le bien dans la relation soient représentés par une idée commune. »

Dans la *Métaphysique*, on retrouve le même argument contre l'existence absolue des types idéaux qui seraient la raison et le principe de certaines choses contingentes unies entre elles par un rapport qui conditionne leur existence : « Quand des choses ont entre elles une relation d'antériorité et de postériorité, il est impossible que le principe qui les domine et les explique soit quelque chose de commun aux deux et existant en dehors d'eux. C'est ainsi que, si le nombre deux, la dyade, est le principe des nombres, il n'y aura

---

(1) Τὴν δόξαν. Ce terme marque évidemment que toute cette doctrine du Bien en soi repose beaucoup plus sur les affirmations spontanées du sens commun que sur la science véritable elle-même.

(2) Aristote pourrait ajouter « et pour le plaisir ». Le plaisir, d'après Platon, étant dans le rapport des contraires conjoints, comme *le plus* et *le moins*, ne saurait avoir en dehors de lui son *idée* propre ; il n'y a donc pas d'idée générale du plaisir.

pas d'autre nombre principe des diverses espèces de nombres. Il n'y aura pas davantage de figure géométrique type, en dehors des diverses espèces de figures (1). »

Le texte de l'*Éthique à Eudème* n'est pas moins probant et il éclaire les autres jusqu'à un certain point, en donnant, sous une forme assez précise, la raison de cette impossibilité : « Toutes les fois que des choses ont entre elles des relations d'*avant* et d'*après*, il ne saurait y avoir, en dehors d'elles, un terme commun qui les résume, tout en étant tout à fait distinct et de l'une et de l'autre. Autrement il y aurait quelque chose d'antérieur au terme antérieur lui-même. En effet, ce terme commun et distinct du terme principe et du terme dérivé serait nécessairement antérieur aux deux autres et par là même leur principe, puisque, si l'on venait à le supprimer, le terme antérieur disparaîtrait lui-même. Prenons, par exemple, le nombre *deux*, et supposons qu'il soit le multiple-principe d'où dérivent tous les autres nombres et multiples, je dis que le multiple commun qu'on voudrait prétendre être au-dessus de *deux* et des autres nombres ne saurait exister comme une entité à part et distincte de tous ces nombres, car alors il serait antérieur au multiple deux lui-même (2).»

Toute cette argumentation nous semble très subtile, et, quand on considère avec quelle instance Aristote ou ses disciples y reviennent, on ne peut s'empêcher de croire qu'elle n'ait été, pendant longtemps, une des objections capitales que le Péripatétisme ait eu coutume de faire à la théorie des Idées, et particulière-

---

(1) Cf. *Métaphysique*, loco citato.
(2) Cf. **Ethique à Eudème**, A, 9, 1218*.

ment à la théorie du Bien en soi, fondement et principe de la morale platonicienne. Essayons de les bien comprendre.

La philosophie de Platon est, d'un point de vue général et dans son ensemble, un système éminemment synthétique et unifiant. Non seulement l'ordre de la connaissance, l'ordre moral et l'ordre de l'existence s'y expliquent par des lois analogues sinon identiques ; mais, de plus, ces lois elles-mêmes se résument de proche en proche dans des principes de plus en plus simples, jusqu'à réduction complète à l'unité absolue. C'est ainsi que, d'une part, toutes les réalités multiples et diverses de ce monde contingent et passager se ramènent à un nombre déterminé de types idéaux, en tout semblables aux réalités sensibles qu'ils représentent, mais n'ayant point leur nature essentiellement changeante et périssable (1). D'autre part, c'est à une notion commune, unique et absolue, l'Idée suprême du Bien en soi, que se rapportent ces divers types idéaux eux-mêmes. Aussi, dans l'univers, on peut dire que tout n'est qu'une série de rapports entre l'indéterminé d'une part, c'est-à-dire le néant relatif, la matière et le Bien absolu d'autre part, c'est-à-dire l'être parfait, l'être en soi et par soi, l'Unité transcendante ; et, c'est sur cette échelle merveilleuse qui s'élève du rien au tout, que s'étagent les êtres, suivant leur degré de participation à l'Idée du Bien en soi.

Il résulte donc de cette doctrine, qu'en définitive tous les êtres, outre leur type idéal propre, outre leur idée particulière, ont un terme commun en dehors d'eux, duquel tous dérivent dans l'ordre de l'existence, le Bien.

---

(1) Cf. Aristote, *Métaphysique*, B, 2; 997ᵇ, 7 : « Ταύτας δὲ (φύσεις) τὰς αὐτὰς φάναι τοῖς αἰσθητοῖς πλὴν ὅτι τὰ μὲν ἀΐδια τὰ δὲ φθαρτά. »

C'est ce qu'Aristote ne peut admettre, et c'est pourquoi il déclare une telle doctrine vide de sens et digne des sophistes, car elle ne repose en réalité que sur des spéculations purement logiques (1).

Nous ne voulons pas suivre Aristote dans les multiples réfutations qu'il a données çà et là, dans ses œuvres, de la théorie platonicienne des idées en général. Une telle préoccupation ne rentrerait qu'indirectement dans le sujet que nous nous proposons, et l'allongerait outre mesure (2) ; notre intention est seulement de montrer comment cette hypothèse qu'Aristote déclare fausse, quand il s'agit de l'appliquer à l'ordre de la connaissance et de l'existence, ne l'est pas moins, dès qu'on tente de la faire pénétrer dans l'ordre moral. C'est précisément ce qu'Aristote veut prouver dans les passages que nous avons cités plus haut (3). Il y est dit en substance que le bien particulier, que les biens divers et multiples du monde contingent ne sauraient dériver d'une notion commune, prise en dehors d'eux, c'est-à-dire d'un bien suprême, absolu, unique, en un mot du Bien en soi.

C'est qu'en effet, dans le monde contingent, aussi bien que dans le monde des Idées, il n'y a pas seulement des êtres isolés, solitaires ; il doit y avoir encore des rapports, des relations nécessaires, non plus d'être phénoménal à son idée, ni d'une idée particulière à l'Idée suprême; mais encore d'être contingent à être contingent, d'idée à idée. Il y a, en effet, des phéno-

---

(1) Λέγεται λογικῶς καὶ κενῶς. *Éthique à Eudème*, A, 8 ; 1217ᵇ, 21. *Métaphysique*, A, 6 ; 987ᵇ, 31 : Ἡ τῶν εἰδῶν εἰσαγωγὴ διὰ τὴν ἐν τοῖς λόγοις ἐγένετο σκέψιν...

(2) Nous renvoyons, sur cette question, à la savante étude de Sir Grant, *Essay*, IV, de ses *Ethics of Aristotle*.

(3) Cf. page 161, sqq.

mènes du monde sensible qui dominent d'autres phénomènes sensibles et en sont comme les principes. Ces faits sont en relation d'*antérieur* à *postérieur*, comme dit Aristote, de cause à effet, de substance à accident, en un mot, de principe à dérivé ; or, en pareil cas, il est impossible de rendre compte par la théorie des Idées de cet ordre particulier de succession et de dépendance qui relie le second terme au premier.

Par hypothèse, en effet, ces deux termes ont entre eux, et par suite de leur rapport réciproque, quelque chose de commun. Pourra-t-on dire que ce quelque chose de commun est un troisième terme séparé d'eux et qui donnerait à la fois raison de la diversité et de la ressemblance du terme principe et du terme dérivé ? Non assurément. C'est qu'alors il n'y aura vraiment que deux hypothèses possibles. Ou bien cette idée commune sera la raison du terme principe seul, considéré isolément, indépendamment de sa notion d'antériorité, de domination. Cette première supposition est complètement oiseuse et il est absolument inutile de s'en préoccuper plus longtemps, puisqu'elle ne rend compte que du premier terme pris isolément en dehors de toute considération de rapport avec le second.

Ou bien encore, la notion commune sera la raison du premier terme et du rapport qui relie ce terme au terme subordonné ; mais alors il y aura contradiction, car le premier terme ne sera plus en réalité le principe du second ; ce sera la notion commune elle-même ; et, comme cette notion commune est, par hypothèse, une notion idéale appartenant à un monde à part, il n'y aura donc plus de relation entre les êtres du monde contingent ; il n'y en aura plus qu'entre le monde contingent et le monde idéal : conclusion évidemment fausse et réprouvée par le bon sens (1).

Aristote a très bien vu que le grave défaut de la théorie de Platon était de nier l'activité du monde contingent ou tout au moins de ne pas l'expliquer (2). A force de vouloir simplifier les lois qui expliquent les relations des êtres, Platon est arrivé à ne plus voir ces relations et à ne considérer le monde sensible que comme un ensemble d'entités juxtaposées, orientées vers une même fin, mais n'ayant aucune action les unes sur les autres.

C'est que, comme le fait encore très justement remarquer Aristote, dans sa *Métaphysique* (3), Platon a eu le tort, en définitive, de n'admettre que deux principes pour expliquer toutes choses, autrement, de prétendre rendre raison de tout ce qui existe uniquement par l'Unité et la Multiplicité seules, c'est-à-dire par la matière indéfinie et la forme essentielle ou Idée, pour les êtres du monde sensible ; par les Idées multiples en nombre et l'Idée suprême ou le Bien unique et absolu, pour le monde supra-sensible, le monde de l'existence inconditionnée, le monde des réalités pleines (4).

A l'encontre, Aristote prétend que cette théorie pourrait, peut-être à la rigueur, rendre raison des êtres

---

(1) Cf. *Métaphysique*, A, 8 ; 989-998, où Aristote établit nettement la nécessité de reconnaître du mouvement dans le monde et une cause de ce mouvement, c'est-à-dire une action réciproque et réelle des êtres les uns sur les autres.

(2) Le *Démiurge*, en effet, qui oriente, dans le *Timée*, la matière vers l'Idée, ne semble être qu'un *Deus ex machina* étranger au monde, une concession faite à la foi populaire.

(3) Cf. *Métaphysique*, A, 6 ; 988ᵃ, 7 : Πλάτων μὲν οὖν περὶ τῶν ζητουμένων οὕτω διώρισεν · φανερὸν δ' ἐκ τῶν εἰρημένων ὅτι δυοῖν αἰτίαιν μόναιν κέχρηται, τῇ τε τοῦ τί ἐστι καὶ τῇ κατὰ τὴν ὕλην (τὰ γὰρ εἴδη τοῦ τί ἐστιν αἴτια τοῖς ἄλλοις, τοῖς δ' εἴδεσι τὸ ἕν).

(4) Cf. *Métaphysique*, loco citato. Plus loin Aristote n'est pas moins explicite : Τὸ δὲ τί ἦν εἶναι, καὶ τὴν οὐσίαν σαφῶς μὲν οὐθεὶς ἀποδέδωκε, μάλιστα δ' οἱ τὰ εἴδη λέγουσιν. *Métaph.*, A, 6 ; 988ᵃ, 34.

contingents, ou des Idées elles-mêmes, considérés isolément (1), abstraitement, mais qu'elle est impuissante à expliquer ou à justifier les rapports multiples qu'ont entre eux soit les êtres du monde sensible, soit les modèles idéaux d'où ils tiennent leur réalité; en un mot, la doctrine des Idées-types et la doctrine du Bien-Unité peuvent expliquer l'essence logique des êtres, elles ne sauraient fonder leurs relations réciproques, c'est-à-dire leur existence réelle.

En tout cas, l'impuissance de la méthode platonicienne apparaît radicale à Aristote, quand il s'agit du bien considéré au point de vue moral. Il ne saurait, d'après lui, y avoir en dehors des choses bonnes elles-mêmes, des *Idées* de bonté existant séparément, dans un monde à part, comme l'homme en soi existe au dessus et à part des hommes réels, ni une Idée de bonté suprême dans laquelle, comme dans une notion commune et transcendante, viendraient se résumer les diverses *Idées* de bonté particulière. La raison qu'en donne Aristote, c'est que le bien ici-bas n'est pas tant une individualité isolée qu'une sorte de qualité intrinsèque de l'être; ensuite, le bien a ceci de particulier, qu'il peut se rencontrer dans toutes les catégories de l'être, dans la catégorie de l'essence ou de la substance, comme dans la catégorie de la relation (2). Or, ces catégories dépendent, en quelque sorte, les unes des autres; donc, les biens qu'elles renferment sont eux-mêmes en rapport et reliés essentiellement les uns aux autres. Comme tels, ils ne peuvent donc avoir une notion commune étrangère à eux-mêmes; donc,

(1) Parce que, dans les êtres considérés isolément, il n'y a ni avant ni après, ni principe ni dérivé : Ἐν δὲ τοῖς ἀτόμοις οὐκ ἔστι τὸ μὲν πρότερον τὸ δ' ὕστερον. *Métaph.*, B, 3 ; 999ª, 13.

(2) Cf. *Éthique à Nicomaque*, A, 3 ; 1096ª, 23, sqq.

le Bien en soi n'existe pas en dehors des choses qui participent à la bonté.

Aussi Aristote s'étonne, comme nous l'avons déjà remarqué, que Platon n'ait pas été frappé par cette inconséquence de son système, lui qui avait donné une théorie spéciale des nombres, précisément parce que les nombres sont essentiellement dans un ordre de succession et de dépendance et que, comme tels, ils ne sauraient avoir de notion commune en dehors d'eux. Pour Platon, en effet, les nombres ne sont point les Idées, les principes des choses, comme l'auraient prétendu les Pythagoriciens, au dire d'Aristote, et il n'y a point non plus d'*Idées* des nombres. Les nombres sont simplement les intermédiaires (1), grâce auxquels les Idées se communiquent aux choses, et le Bien en soi se communique aux Idées ; c'est-à-dire, si nous saisissons bien la pensée de Platon, ou du moins celle que lui prête son disciple, les rapports des *Idées* et de l'*Idée* suprême du *Bien* aux êtres contingents sont les mêmes que ceux que nous rencontrons entre les divers éléments qui constituent les nombres.

Qu'est-ce que le nombre, en effet? C'est le rapport de l'unité à la multiplicité. La multiplicité, par elle-même, est indéfinie, comme le monde du devenir, mais bientôt elle se résume dans l'alternative du plus grand et du plus petit, c'est-à-dire dans la notion commune de la *Dyade indéfinie* (2), comme les êtres du monde sensible se résument dans une série de types déterminés, les *Idées*. Cette *Dyade indéfinie*, matière prochaine du nombre, se précise, se spécifie à son tour par sa participation avec l'*Unité* (3), comme les Idées elles-mêmes

(1) Τὰ μεταξύ.
(2) Δυὰς ἀόριστος.
(3) Τὸ ἕν.

empruntent leur réalité essentielle à l'*Idée-Unité*, le *Bien en soi*. La *Dyade indéfinie*, grâce à cette communion avec l'*Unité*, devient la *Dyade première* (1), c'est-à-dire le premier nombre réel, définitivement constitué. De lui procéderont tous les autres nombres ; il sera comme leur principe commun, mais il n'y aura point, dans un monde à part, d'Idée de ce nombre ; en lui l'idéal et le réel se confondront, car il sera à la fois le type de tous les multiples et en même temps multiple lui-même.

Aristote poursuit par d'autres arguments qui tous, plus ou moins, empruntent leur force à celui-là, la critique du souverain Bien, Idée suprême de la bonté contingente, et fondement unique de la science, de la connaissance et de la moralité (2).

Ce n'est pas à dire que, ces réserves faites, il con-

---

(1) Ἡ πρώτη δυάς.
(2) Voici, en résumé, les principaux motifs pour lesquels Aristote rejette la théorie du Bien en soi, existant comme entité absolue et transcendantale :

1° Si le Bien était *un* absolument, il ne devrait tomber que sous une seule catégorie de l'être, tandis qu'il peut appartenir à toutes.
2° Si le Bien était *un* absolument, il n'y aurait qu'une seule science utile.
3° L'Idée n'est, après tout, qu'une simple répétition du phénomène.
4° Il est beaucoup plus naturel de considérer le Bien comme un terme général et de ne lui accorder qu'une unité logique et nominale au lieu d'une unité réelle.
5° Quoi qu'il en soit, il est évident que le *Bien-Idée* ne saurait avoir aucune relation avec la vie pratique, et par conséquent ne saurait légitimement préoccuper le philosophe qui s'occupe de l'étude de la Morale. Cf. A. Grant, *The Ethics of Aristotle*, I, p. 455, note 6.

Ces diverses raisons sont exposées au long dans l'*Éthique à Nicomaque* ainsi que, partiellement du moins, dans l'*Éthique à Eudème*. Dans l'*Éthique à Nicomaque* (A, 4 ; 1096ᵇ), Aristote répond à une objection particulière que l'on pourrait faire à sa réfutation de la doctrine de Platon et s'efforce de prouver que, alors même que les divers biens poursuivis par l'homme ne seraient pas subordonnés les uns aux autres, mais seraient en quelque sorte indépendants, ils ne sauraient néanmoins se résumer dans une notion commune, idéale et distincte d'eux. Voici son raisonnement :

Les biens ou fins particuliers ne sont pas nécessairement des biens

damnera d'un bloc toute l'*Éthique* de son maître. On peut, tout en partant de divers points, arriver au même but; et il semble bien qu'Aristote, dans le chemin qu'il parcourt, ne supprime que la première étape du voyage. Platon disait que le Bien en soi, quoique réel et existant à part, était indéfinissable, ineffable; Aristote nie son existence absolue, ou du moins est convaincu que la morale peut parfaitement se constituer et éclairer nos actes, sans avoir recours à cette hypothèse inutile, sinon fausse et dangereuse. La raison principale qu'il en donne c'est que ce Bien suprême, étant absolu et en dehors des atteintes de l'homme, ne saurait régler nos actions, être un terme pour nos désirs ou nos efforts (1).

Au plus pourrait-il être un modèle, sur lequel nous tâcherions de mesurer nos actes et de dessiner le plan de notre vie; mais, même ainsi compris, le Bien en soi aurait peu d'influence sur la direction de notre con-

subordonnés les uns aux autres. « Il y a, en effet, d'une part, les biens qui sont des biens par eux-mêmes, puis les autres biens qui ne sont *bons* que grâce aux premiers. On peut donc légitimement séparer et distinguer les biens en soi des biens relatifs qui servent seulement à procurer les premiers et alors rechercher si les biens en soi ainsi entendus sont réellement exprimés et compris sous une seule *Idée*... D'abord quels sont ces biens prétendus en soi? Sont-ce des biens qu'on rechercherait encore, alors même qu'ils seraient isolés, tels que penser, contempler, ressentir certains plaisirs, ou jouir de certains honneurs (remarquons que ce sont autant de biens qu'on peut poursuivre pour d'autres fins qu'eux-mêmes, mais qui cependant peuvent aussi très bien être regardés comme des biens en soi): ou bien n'y a-t-il que l'Idée de ces biens qui soit absolument un bien? Dans cette dernière hypothèse, l'*Idée* est absolument vaine, puisque ces biens sont déjà absolus; dans la première, c'est-à-dire si toutes les choses que nous venons d'énumérer sont des biens en soi, il faudra définir tous ces biens divers de la même manière... et dire que les honneurs, la pensée, le plaisir ont une seule et même définition en tant que biens, ce qui n'est pas. » *Éthique à Nicomaque*, loco citato.

(1) Cf. *Éthique à Nicomaque*, A, 4; 1096ᵇ, 13. Δῆλον ὡς οὐκ ἂν εἴη πρακτὸν οὐδὲ κτητὸν ἀνθρώπῳ. — Cf. *Ibid.*, B, 2; 1103ᵇ, 1104ᵃ, κ.τ.λ.

duite : « Quelqu'un pensera peut-être que ce serait un avantage de connaître le souverain Bien dans son essence, même pour l'acquisition et la pratique des biens particuliers. Le Bien suprême ainsi connu nous servirait, pour ainsi dire, de modèle ; nous verrions mieux les biens particuliers qui nous concernent, et, ainsi plus éclairés, nous atteindrions plus facilement notre but.

« Sans doute, remarque Aristote, cette opinion a quelque chose de fort plausible ; cependant il me semble qu'elle est en désaccord avec les exemples que nous fournissent les autres sciences. Toutes, en effet, poursuivent assurément un certain bien particulier, en voulant satisfaire à quelques-uns de nos besoins ; néanmoins, toutes négligent l'étude du Bien en soi. Et pourtant il ne serait pas compréhensible que tous les praticiens méconnussent et dédaignassent la poursuite de ce Bien suprême, si la science qu'on peut en avoir devait leur être d'un aussi grand secours. Je ne vois pas trop à quoi servirait au tisserand ou au maçon, pour leur métier spécial, de connaître le Bien en soi, ni pourquoi l'on sera meilleur médecin ou meilleur général d'armée, pour avoir contemplé cette Idée du Bien. »

Rien n'est plus clair. Aristote veut écarter de la morale tout côté purement spéculatif. La morale est un art, un métier, comme les autres arts, c'est-à-dire un ensemble de moyens déterminés pour arriver à une fin précise, déterminée. L'homme a en lui-même un certain nombre de désirs, d'exigences ; le but de la morale, c'est de lui apprendre le secret de satisfaire le plus grand nombre et de satisfaire les meilleurs, en tenant compte non seulement des conditions particulières de notre nature individuelle, mais encore des nécessités sociales et politiques dans lesquelles nous sommes fatalement engagés. Que l'homme ne s'abuse point et reste dans sa sphère d'action, s'il veut être sage, s'il veut être vertueux, c'est-à-dire s'il prétend jouir de la vie le plus largement et le plus dignement possible. Pascal dira, dans un élan d'enthousiaste confiance : « L'homme est né pour l'infinité. » Aristote avait déjà affirmé que de ne pas savoir limiter ses aspirations c'est se perdre dans le vide et rendre tous ses désirs parfaitement stériles et vains (1).

D'ailleurs, cette théorie du fondement de la morale est parfaitement en accord avec la doctrine générale de son auteur. Toute science particulière, toute connaissance déterminée, toute recherche précise n'est pas seulement, aux yeux d'Aristote, un assemblage ingénieux de déductions logiques, ordonnées d'après une dialectique toute intellectuelle ; c'est encore une discipline minutieuse de l'action, de l'effort qui tend vers la vérité cherchée, vers le but proposé (2). « Toute science, tout art, cherche un bien », dit-il, au début de son *Éthique à Nicomaque*, c'est-à-dire que toute recherche de la vérité est la poursuite d'une utilité, vise à la satisfaction d'un besoin. La morale elle-même, toute spéculative qu'elle paraisse, ressemble de ce côté aux autres sciences, et c'est parce qu'Aristote la comprend autant comme un exercice pratique, un métier d'apprentissage, que comme une étude et une connaissance théorique, qu'il la compare volontiers aux industries les plus mécaniques.

Ne soyons donc pas surpris si Aristote subordonne la Morale à la Politique, s'il fait de la première de ces

---

(1) Πρόεισι γὰρ οὕτω γ' εἰς ἄπειρον ὥστ' εἶναι κενὴν καὶ ματαίαν τὴν ὄρεξιν. *Éthique à Nicomaque*, A, 2 ; 1094ᵃ, 20.

(2) Τὸ τέλος ἐστὶν οὐ γνῶσις ἀλλὰ πρᾶξις. *Éthique à Nicomaque*, A, 3 ; 1095ᵃ, 5.

sciences comme uune servante de la science de bien gouverner les États (1). Pourquoi, en effet, aurait-elle son autonomie propre et commanderait-elle en souveraine orgueilleuse à une science qui poursuit une fin plus noble et plus large que la sienne, lorsque les sciences les plus estimées, la science militaire, la science administrative et la rhétorique, lui sont bien subordonnées? Le bien particulier de l'homme, le bien individuel est digne d'être aimé, sans doute, puisqu'au fond il ne diffère pas du bien politique dont il est un élément, mais ne peut-on pas dire néanmoins que le bien général est meilleur que le bien particulier, qu'il est plus parfait, qu'il est plus beau, en un mot qu'il est plus divin (2)?

Certes on a eu beau jeu de reprocher à Aristote cette conception utilitaire de la morale. De toutes parts, en effet, on l'a blâmé d'avoir ainsi concentré toutes les préoccupations de l'homme autour de sa propre félicité ; d'avoir méconnu non seulement ce devoir sacrosaint, impassible, qui se dresse devant nos consciences, dans l'appareil rigide de son impérieuse et indiscutable autorité, « qui ne renferme rien d'agréable en lui, rien qui implique insinuation (3) »; mais encore d'avoir privé notre règle de conduite de cette lumière idéale qui éclaire les obscurités des prescriptions particulières, tout en donnant à la volonté la raison de son essor et de son choix.

Ce serait une puérilité de notre part d'entreprendre une prétendue justification de ce qu'on a appelé le

---

(1) Cf. *Éthique à Nicomaque*, A, 1 ; 1094ᵇ, 1-10. Voir aussi le début de la *Grande Morale*.
(2) Cf. *Morale à Nicomaque*, A, 2 ; 1095ᵃ, 12, sqq., et le début de la *Grande Morale*.
(3) Kant, *Critique de la raison pratique*, Analytique, chap. III.

positivisme moral d'Aristote, ce qu'on ne pourrait faire qu'en faussant le système, c'est-à-dire en l'interprétant avec nos idées modernes d'obligation, de sanction, de fin idéale et surnaturelle.

Le Bien, principe de la Morale, tel que nous l'entendons aujourd'hui, a un double aspect : il est à la fois une lumière et un précepte, un principe de connaissance, d'intelligibilité morale et la source d'une autorité, d'une nécessité, consentie, il est vrai, mais cependant qui s'impose. Et c'est précisément cette dernière face du Bien absolu que nous sommes portés à contempler de préférence aujourd'hui. Avant Aristote, et même de son temps, on s'attachait plutôt et presque exclusivement à l'autre. Le Bien considéré comme devoir, comme obligation, existait, sans doute, comme notion plus ou moins confuse dans le sens commun moral ancien ; mais les philosophes ne l'avaient pas dégagée. Cette idée du Bien impératif (δεῖ ou τὸ δέον) était avant tout une idée de commandement extérieur. Le chef commande à l'esclave ; la cité à l'homme libre ; et même au-dessus des lois écrites des cités et des nations, il y a — les poètes le proclament sur la scène, — des lois non écrites supérieures aux lois écrites, mais on ne voit point clairement que ce commandement n'ait purement sa raison d'être que dans la notion du Bien absolu. Il est donc tout naturel qu'Aristote ait suivi la pensée générale qui dominait à cette époque et ait fondé sa morale sur l'utilité générale, plutôt que sur une obligation impersonnelle et absolue à laquelle personne ne songeait.

D'ailleurs, chez Platon lui-même, le *Bien en soi* n'est point, non plus que chez Aristote, un principe d'impératif moral, au sens où nous l'entendons. Si l'homme, comme tout le reste, est lié au souverain

Bien, c'est bien plutôt par des nécessités logiques que par des nécessités morales. L'obligation morale, pour Platon, si on peut appeler ainsi le devoir que nous avons d'aller au bien, est moins le sentiment du devoir impersonnel et universel que le sentiment de notre perfection individuelle, de notre bien. Il faut accomplir en soi son Idée, non pas parce que cette idée a une dignité et une valeur absolue en elle-même, mais parce qu'elle est notre bien, notre terme, notre fin.

Le bonheur, tel est donc le bien humain, le bien moral que nous devons réaliser en nous. Être heureux et être moral sont deux termes non seulement synonymes, mais deux termes qui désignent une seule et même réalité. Être heureux, en effet, c'est être tout ce qu'on peut être ; c'est être parfait suivant le degré que peut l'être notre nature. Aussi est-ce pour ce motif que le bonheur apparaît à tous plus ou moins clairement « comme le bien suprême réalisable que nous devons poursuivre dans les divers actes de notre vie », si bien que pour le vulgaire comme pour le sage, vivre bien, agir bien et posséder le bonheur sont une seule et même chose (1).

Mais qu'est-ce au juste que le bonheur? La question mérite d'être posée, continue Aristote, car, si les philosophes s'accordent pour affirmer l'excellence de la félicité humaine, leurs opinions diffèrent étrangement quand il s'agit de préciser cette notion commune. Nous avons déjà prouvé que le bonheur ne saurait être un bien idéal et chimérique, étranger à l'homme et par là même inaccessible. Mais, à côté de cette doctrine généreuse qui peut séduire les sages, il y en a d'autres moins désintéressées qui trouvent plus facilement crédit auprès de la foule. Les uns placent le bonheur

(1) *Éthique à Nicomaque*, A, 2 ; 1095ᵃ, 16.

dans le plaisir sensuel; les autres, dans les richesses ou les honneurs; parfois même il arrive que l'opinion d'un seul individu varie sur le même sujet, suivant les circonstances dans lesquelles il se trouve. C'est ainsi que le même homme prendra tantôt la santé, tantôt la richesse pour le bien suprême, suivant qu'il sera pauvre ou malade (1).

Comment arriverons-nous à la vérité dans une question aussi complexe ? Avant de définir le bonheur, d'en analyser le contenu, on pourra d'abord en prendre une idée générale d'après les modèles de vie heureuse que l'on rencontre parmi les hommes. Or, il est facile de ramener à trois catégories les goûts des hommes, relativement au genre de vie qu'ils préfèrent. Les uns sont pour la vie de plaisir; les autres, pour la vie active et publique; les troisièmes donnent leur préférence aux préoccupations de l'esprit, à la vie contemplative. Encore la seconde catégorie pourrait-elle se ramener à la première, car, en fait, les hommes publics ne vivent que pour eux, pour leur utilité personnelle, sinon pour leur débauche. En sorte que le bonheur, la vie heureuse, ne saurait exister que dans cette alternative : ou vivre de la vie de plaisir, ou vivre de la vie de l'esprit (2).

Cette délimitation plus pratique que philosophique ne satisfait pas Aristote, et il pense que, pour donner une raison définitive du bonheur, il faut rattacher cette étude à la théorie générale de l'être ou de l'action.

Tout être qui agit, agit en vue d'un but, en vue d'une fin, donc en vue d'un bien, puisque le terme d'une activité est nécessairement le bien de cette activité.

(1) *Éthique à Nicomaque*, A, 2; 1095ᵃ, 25.
(2) *Ibid.*, A, 2; 1095ᵇ, 20-30. Telle est également la double alternative à laquelle arrive Platon, dans le *Philèbe*.

Ces biens divers, raisons de toutes les actions, doivent varier avec les actes divers qu'ils terminent. La fin de l'art nautique, par exemple, n'est pas la même que la fin de la médecine ; de plus, dans un système d'actes coordonnés, il y aura une fin dernière, une fin qui se subordonnera toutes les autres et en vue de laquelle on fera constamment tout le reste. Cette fin ultime pourra être dite une fin absolue par rapport aux autres fins qui ne sont que relatives : ce sera un bien en soi, c'est-à-dire un bien qui ne relève point d'autres biens, mais auquel, au contraire, tous les autres se rattachent (1).

Or, la vie humaine semble n'être autre chose qu'une série d'actes ayant chacun sa fin particulière subordonnée à une fin générale, à un bien qui nous paraît souverain et définitif.

Ce bien suprême de l'homme, s'il existe réellement, n'est autre que le bonheur ; le plaisir, la richesse, les honneurs, la science ne sont que des fins particulières et provisoires, que nous désirons toujours, consciemment ou inconsciemment, pour la félicité qu'elles nous apportent, mais non pour elles-mêmes ; en sorte qu'elles ne sauraient, en aucune façon, constituer le bonheur ; tandis que personne ne désire le bonheur en vue d'une autre fin que lui-même (2).

Mais quelle est au juste cette fin suprême de l'homme ? Pour répondre à cette question il faudrait d'abord savoir quel est l'acte spécifique de notre nature, quel est notre acte par excellence, celui qui absorbe et résume tous les autres. Aristote, en effet (et en cela il se rattache encore à la pensée générale du platonisme), est

---

(1) Cf. *Éthique à Nicomaque*, A, 5 ; 1097ᵃ, 33, 34.
(2) *Ibid.*, A, 5 ; 1097ᵃ, 20.

convaincu que chaque être renferme en lui une spécificité naturelle, incommunicable. Platon dirait : chaque être a son *Idée* spécifique, existant en dehors de l'individu, mais se communiquant à lui par une participation mystérieuse ; pour Aristote, cette Idée, c'est l'essence même de l'être concret ; seulement elle n'existe point à l'état idéal. L'acte propre de l'homme sera donc la manifestation, le produit de cette essence spécifique, ou plus justement encore cette essence en activité, en acte (1).

Le Bonheur, le bien suprême, ne sera, en définitive, autre chose que cette essence même, que cet acte considéré d'un autre point de vue ; et, ici comme chez Platon, l'ordre de la science, l'ordre moral et l'ordre de l'existence auront un principe ou plutôt un rendez-vous commun, l'essence, l'acte propre.

Aristote, par une série d'analyses et d'éliminations conclut que l'acte propre de l'homme n'est autre chose que l'acte de l'âme conforme à la raison, ou du moins l'acte de l'âme qui ne peut s'accomplir en dehors de la raison (2). Ainsi la fonction humaine par excellence n'est autre chose que l'expression la plus parfaite de notre essence propre, prise dans son plus grand développement, dans son activité la plus large et la plus complète.

Mais cet état supérieur de l'âme, cette perfection de

---

(1) Au fond, l'*Acte* d'Aristote, considéré du point de vue purement *statique*, n'est autre que l'*Idée* platonicienne. Platon simplement n'a pas vu assez qu'il y avait une énergie immanente dans la forme. Cf. *Métaphysique*, Θ, 8; 1050ᵇ, 1 et 2 : Φανερὸν ὅτι... τὸ εἶδος ἐνέργειά ἐστιν.

(2) Εἰ δή ἐστιν ἔργον ἀνθρώπου ψυχῆς ἐνέργεια κατὰ λόγον ἢ μὴ ἄνευ λόγου, τὸ δ' αὐτὸ φαμὲν ἔργον εἶναι τῷ γένει τοῦδε καὶ τοῦδε σπουδαίου. *Éthique à Nicomaque*, Λ, 6; 1098ᵃ, 7. Cf. *Grande Morale*, A, 4; 1184ᵇ, 22 : Οὐδενὶ ἄλλῳ ἢ ψυχῇ ζῶμεν · ἐν ψυχῇ δὲ ἐστιν ἀρετή · τὸ αὐτό γε τοι φαμὲν τήν τε ψυχὴν ποιεῖν καὶ τὴν τῆς ψυχῆς ἀρετήν. Ἀλλ' ἡ μὲν ἀρετὴ ἐν ἑκάστῳ τοῦτο ποιεῖ εὖ οὗ ἐστιν ἀρετή, ἡ δὲ ψυχὴ καὶ τἆλλα μὲν, ψυχῇ δὲ ζῶμεν · διὰ τὴν τῆς ψυχῆς ἀρετὴν εὖ ζήσομεν.

l'essence, cette expression rigoureuse de l'activité humaine n'est point quelque chose d'entièrement donné (1), de primitif, en nous; c'est une acquisition, c'est une habitude, une manière d'être; c'est, comme le dit Aristote, une *vertu*. L'œuvre suprême de l'honneur, le bien souverain de l'homme, notre bonheur, en un mot, ne sera donc autre chose que l'acte de notre âme conforme à notre vertu la plus haute (2).

La *vertu* (ἀρετή), voilà encore un de ces termes que l'antiquité, et particulièrement Aristote, entendait d'une façon toute différente de nous, et dont pourtant il est nécessaire d'avoir une idée aussi juste que possible, si l'on veut bien comprendre la définition et la nature intime du bonheur. Cette obscurité relative, que présente le concept aristotélicien de la vertu, tient principalement à deux causes.

Aristote nous signale lui-même la première. Elle tient à la nature même des notions morales. La morale, en effet, ne l'oublions pas, est avant tout une science d'application, une science dans laquelle l'exercice (ἄσκησις) a autant de part, sinon plus, que la théorie pure (3) ; or, dans toutes les industries, la pratique ne se calque jamais absolument sur la théorie : le maçon et le géomètre n'entendent pas de la même façon l'usage de la ligne droite. Précisément, la *vertu*

---

(1) *Éthique à Nicomaque*, A, 6; 1098ª, 16.
(2) « Τὸ ἀνθρώπινον ἀγαθὸν ψυχῆς ἐνέργεια γίγνεται κατ' ἀρετήν... κατὰ τὴν ἀρίστην καὶ τελειοτάτην. » Cf. *Éthique à Nicomaque*, A, 10 : 1099ª, 14 : Φαίνεται δὲ κἂν εἰ μὴ θεόπεμπτός ἐστιν ἀλλὰ δι' ἀρετὴν καὶ μάθησιν ἢ ἄσκησιν παραγίνεται... κ.τ.λ.
(3) Il y a pour Aristote dans la philosophie trois points de vue très distincts à connaître : le côté *physique*, le côté *logique* et le côté *moral*; c'est déjà la division stoïcienne en *Physique*, *Logique* et *Morale*. Cf. DIOGÈNE LAËRCE (VII, 39) : Τριμερῆ φασιν εἶναι τὸν κατὰ φιλοσοφίαν λόγον · εἶναι γὰρ αὐτοῦ τὸ μέν τι φυσικόν, τὸ δὲ ἠθικόν, τὸ δὲ λογικόν.

est, à la fois, une idée théorique et un produit moral ; et, c'est surtout comme produit moral, qu'il nous importe de la connaître pour la direction de notre vie. Aussi n'est-il pas nécessaire pratiquement de déterminer rigoureusement les éléments de ce concept (1).

L'autre raison plus générale provient de ce que les faits de l'ordre moral ne se correspondent jamais complètement d'une langue à l'autre, et surtout d'une civilisation à l'autre. Nous aurions dû faire cette remarque dès le début de notre étude, et surtout lorsque nous avons abordé la question morale proprement dite du plaisir. Il est un fait certain, c'est que, par rapport à la conception de la vie morale, si nous avons gardé la plupart des termes par lesquels les Anciens désignaient leurs théories à ce sujet, ces termes sont presque toujours conventionnels. Il s'est passé, dans la langue, ce qui s'est passé dans la religion : nous avons conservé les temples païens, mais nous en avons chassé le Dieu qui y résidait, pour y placer le nôtre.

Ce mot grec (ἀρετή), que nous traduisons par *vertu*, désignait principalement, chez Aristote, une sorte de *perfection*, d'*achèvement* de l'être. C'est ainsi que, dans la *Physique*, une chose est dite achevée quand elle a reçu sa vertu propre (2). De plus, cet achèvement n'immobilise pas l'essence à laquelle il s'ajoute, il ne la fixe pas dans une détermination donnée et désormais incapable de modification : au contraire, la *vertu* est à la fois une fin et un principe d'activité, relativement à quelque chose de déterminé (3).

(1) *Éthique à Nicomaque.* A, 7 ; 1098ᵃ, 25 sqq.
(2) Ἡ μὲν ἀρετὴ τελείωσίς τις · ὅταν γὰρ λάβῃ τὴν ἑαυτοῦ ἀρετήν, τότε λέγεται τέλειον ἕκαστον. *Physique*, VII, 3 ; 246ᵃ, 13.
(3) Φαμὲν ἁπάσας εἶναι τὰς ἀρετὰς ἐν τῷ πρός τί πως ἔχειν. *Physique*, VII, 3, 246ᵇ, 3.

Ce terme, ce but, cette fin de la vertu n'est autre chose que la vertu elle-même, qu'elle-même se perfectionnant, pour ainsi dire, de plus en plus, dans un perpétuel effort vers sa complète réalité. Toute vertu rend bon l'être auquel elle appartient et met cet être en état de produire des actes parfaits. C'est ainsi que la vertu de l'œil rend l'œil bon et le rend apte à bien exécuter l'office propre qui lui appartient (1). Pour les mêmes motifs, et de la même façon, la *vertu* du cheval sera ce qui le rendra bon, ce qui lui permettra de bien courir, de bien porter un cavalier ou de ne pas reculer devant l'ennemi (2). La *vertu* du corps sera un état de santé qui permettra à l'être corporel de faire de ses membres le meilleur usage qu'il peut en attendre (3).

Dans un autre ordre d'idées, la *vertu* de la force physique est ce qui rend un homme supérieur aux autres en hauteur, en largeur, en épaisseur, sans nuire à la facilité et à la souplesse de ses mouvements (4).

Si nous passons à l'homme, comment définirons-nous sa *vertu* essentielle? « La *vertu* de l'homme, répond Aristote, ne sera autre chose qu'une disposition acquise qui le rendra bon, en tant qu'homme, et grâce à laquelle, il accomplira avec perfection son œuvre propre, l'œuvre de sa nature (5). » De plus, comme l'œuvre propre de l'homme est l'activité de la partie

---

(1) Πᾶσα ἀρετή, οὗ ἂν ᾖ ἀρετή, αὐτό τε εὖ ἔχον ἀποτελεῖ καὶ τὸ ἔργον αὐτοῦ εὖ ἀποδίδωσι, οἷον ἡ τοῦ ὀφθαλμοῦ ἀρετή τόν τε ὀφθαλμὸν σπουδαῖον ποιεῖ καὶ τὸ ἔργον αὐτοῦ · τῇ γὰρ τοῦ ὀφθαλμοῦ ἀρετῇ εὖ ὁρῶμεν. *Éthique à Nicomaque*, B, 5 ; 1106ᵃ, 15.
(2) Cf. *Éthique à Nicomaque*, B, 5 ; 1106ᵃ, 19.
(3) Cf. *Rhétorique*, A, 5 ; 1361ᵇ, 3.
(4) Cf. *Ibid*, A, 5 ; 1361ᵇ, 18.
(5) Ἡ τοῦ ἀνθρώπου ἀρετή, εἴη ἂν ἕξις ἀφ' ἧς ἀγαθὸς ἄνθρωπος γίνεται καὶ ἀφ' ἧς εὖ τὸ ἑαυτοῦ ἔργον ἀποδώσει. *Éthique à Nicomaque*, II, 5 ; 1106ᵃ, 22.

raisonnable de son âme, la vertu humaine ne sera donc autre chose qu'une disposition aussi parfaite que possible (1) de nos facultés morales à agir conformément à la raison.

Pour déterminer d'une façon précise cette *disposition*, cette *habitude* de notre être (διάθεσις, ἕξις), il faudrait connaître la nature intime de notre âme et le jeu secret de ses diverses puissances. Sans vouloir entrer dans le détail, Aristote rappelle que l'âme lui apparaît comme divisée en trois parties (2) : la partie végétative, la partie rationnelle, et enfin une partie intermédiaire qui, malgré sa nature en apparence déréglée, participe néanmoins à la raison (3).

La *vertu* de l'homme ne sera donc intéressée que par rapport aux phénomènes des deux dernières catégories, puisque seules elles sont du domaine de la raison. Encore, faudra-t-il faire une distinction, tant dans la partie purement rationnelle que dans la partie intermédiaire. Dans celle-ci, en effet, il y a toute une partie purement impulsive, aveugle, qui se meut de mouvements irréguliers « comme les membres mal remis d'un malade que l'on voit tourner à gauche, alors qu'il faudrait tourner à droite », et qui semble en opposition avec la raison ; puis une autre partie, docile, disciplinée, qui se plie, qui s'adapte aux conseils de la raison, « comme on obéit à la voix d'un père ou à la voix de nos amis (4) ».

---

(1) Cf. *Éthique à Nicomaque*, A, 13 ; 1102ᵃ, 15.
(2) Aristote ne se prononce pas nettement sur la réalité plus ou moins déguisée de ces distinctions. Cf. *Éthique à Nicomaque*, A, 13, 1102ᵃ, 30.
(3) Ἄλλη τις φύσις τῆς ψυχῆς ἄλογος... μετέχουσα μέντοι πη λόγου. *Éthique à Nicomaque*, A, 13 ; 1102ᵃ, 13.
(4) *Éthique à Nicomaque*, A, 13 ; 1102ᵃ, 19 sqq. Aristote a soin de faire remarquer ici que cette harmonie entre la raison et les tendances

De même, dans la partie de la raison pure, il y aura encore deux points de vue assez différents, et l'on pourra y distinguer la partie qui possède en soi la raison en propre et qui impose ses lois, puis la partie qui obéit à cette voix supérieure comme on obéit à la voix d'un père (1).

Toutes ces distinctions sont d'une très grande importance pour bien spécifier l'essence de la *vertu* et surtout pour découvrir une définition aussi exacte que possible de la *vertu morale*, la seule qui nous occupe, lorsque l'on cherche l'art d'être heureux, l'art de bien vivre.

Aristote, en effet, rejette de sa théorie de la vertu morale et les actes instinctifs, déréglés, de l'âme intermédiaire, et aussi les actes essentiellement logiques, de la partie rationnelle supérieure ; en sorte qu'il ne reste plus comme objet, comme matière de la vertu morale, que les phénomènes mixtes, ceux qui peuvent se ranger sous la loi de la raison, sans être toutefois nécessités par elle. Il ne faudrait pas se faire illusion sur ce point. Pour Aristote, la morale n'est point la science des *vertus* intellectuelles (2), pas

---

naturelles de l'homme est une harmonie voulue mais non nécessaire, et par là même une harmonie beaucoup moins parfaite, beaucoup moins rigoureuse que celle qui existe entre les lois de la raison et les démonstrations mathématiques, par exemple. Distinction très importante que semble n'avoir pas faite Platon, qui confondait la science et la vertu.

(1) « Διττὸν ἔσται καὶ τὸ λόγον ἔχον, τὸ μὲν κυρίως, καὶ ἐν αὑτῷ, τὸ δ' ὥσπερ τοῦ πατρὸς ἀκουστικόν τι »

(2) Plusieurs commentateurs d'Aristote ont cru que les *vertus* intellectuelles *dianoétiques*, (διανοητικαὶ ἀρεταί), faisaient partie de la Morale au même degré que les *vertus éthiques* (ἠθικαὶ ἀρεταί), et se sont appuyés, pour soutenir leur assertion, sur ce fait que, dans les traités moraux d'Aristote, et notamment dans l'*Éthique à Nicomaque*, il était question des unes aussi bien que des autres. Nous croyons qu'il y a là une erreur. La morale aristotélicienne, l'*éthique*, comme son nom l'indique, se rapporte aux mœurs et à la pratique : c'est l'art de subordonner l'indéterminé humain à la loi rationnelle de la pensée. L'exercice de

plus que des manifestations fatales de l'instinct; son
domaine est ce monde flottant des phénomènes irréguliers, des phénomènes inconstants et indéterminés par
nature, mais susceptibles d'être dominés, et comme
informés, par la raison. Voilà bien, il nous semble, dans
tout son jour, la pensée d'Aristote. La morale n'est ni
la science des formes pures de la raison, même de
la raison appliquée à la direction de la vie, ni l'étude
de ces mille phénomènes de la partie affective de notre
être, c'est la science (entendez science au sens d'*art*,
de *méthode*) de soumettre le mieux et le plus universellement possible, l'irraisonnable, ou plutôt l'indifférent, au raisonnable.

Platon, dans sa généreuse illusion, pensait lui que,
dès le premier instant où cette partie indisciplinée de
nous-mêmes était mise en rapport avec les formes rationnelles, avec les Idées, par le ministère de la connaissance aussi parfaite que possible, toutes les affections de notre être s'orientaient d'elles-mêmes vers leur
loi idéale; de même que l'indéterminé devenait aussitôt
une réalité précise, dès son premier rapport avec le
fini, avec l'unité.

Aristote, au contraire, pense qu'entre le logique pur,
impassible, et les tendances intimes de notre être, il y a,
sinon une lutte réelle, au moins une indépendance relative et qu'il faudra là, comme partout ailleurs, un
agent actif, une cause pour plier la matière aux exigences de sa forme, c'est-à-dire pour concilier l'instinct

la pensée pure, la contemplation, la sagesse sont des conditions du
bonheur absolu; mais on ne peut dire que l'acte de ces vertus appartienne à la pratique morale. La morale veillera tout au plus à ce que
l'exercice de la pensée ne soit point entravé par les troubles que provoquent les tendances inférieures; elle n'aura point à régler cet
exercice même, puisque l'activité rationnelle renferme en elle-même
sa propre loi.

avec la raison. C'est précisément dans l'art de cette adaptation que consiste toute la Morale ; et la *vertu* humaine n'est que l'habitude prise par nos penchants, par nos désirs et nos affections de se soumettre sans effort et d'une façon constante aux prescriptions de la raison.

L'agent, la cause efficiente, qui établit l'accord entre l'instinctif, l'affectif et le raisonnable est ce que Aristote appelle προαίρεσις, choix déterminé ou volonté ; c'est le désir, éclairé, transformé et dirigé par le logique (1) La vertu morale n'est donc qu'une habitude, qu'une actualisation aussi parfaite que possible de la volonté, c'est-à-dire de l'activité spontanée et intelligente dans l'homme.

Alors, nous comprendrons facilement pourquoi et comment l'homme vertueux est l'homme parfait, l'homme qui répond le mieux à son essence, à sa définition, à son Idée, puisque, non seulement tout s'accomplit en lui suivant les prescriptions du logique, mais que tout s'y accomplit d'une façon constante et durable ; le spontané indifférent de l'âme est devenu, grâce à la *vertu*, une sorte de mécanisme logique ; il n'y a plus lutte dans l'homme, il y a presque unité ; l'œuvre de raison, le propre de notre activité, se réalise aussi largement, aussi facilement que possible ; l'homme a trouvé son bien, il agit conformément à sa loi et cette activité transformée, idéalisée, rejaillit dans la vie en source de bonheur. « Le bonheur est donc bien l'exercice de l'âme agissant d'après sa plus haute vertu (2). »

---

(1) Ἡ προαίρεσις ἂν εἴη βουλευτικὴ ὄρεξις τῶν ἐφ' ἡμῖν · ἐκ τοῦ βουλεύεσθαι γὰρ κρίναντες ὀρεγόμεθα κατὰ τὴν βούλευσιν. *Éthique à Nicomaque*, Γ, 7 ; 1113ᵃ, 10.

(2) Ἡ εὐδαιμονία ψυχῆς ἐνέργειά τις κατ' ἀρετὴν τελείαν. *Éthique à Nicomaque*, A, 12 ; 1102ᵇ, 6. Cf. *Ibid.*, 1102ᵃ, 17.

Voilà donc, dégagé aussi nettement qu'il est possible, le terme final de toutes nos actions ; ce *bien humain*, dont la possession assurera notre bonheur parce qu'elle assurera notre perfection (1).

Aristote ajoute ici quelques remarques pour préciser sa pensée. D'abord, le bonheur consistera éminemment dans l'acte de la vertu la plus parfaite, et non dans la vertu considérée en tant que puissance. C'est qu'en effet, la vertu, par là même qu'elle est une *disposition* orientée en vue d'une action, peut être entendue de deux façons distinctes : ou bien on l'envisagera au repos, à l'état statique, à l'état de puissance, ou, au contraire, on la considérera dans son exercice, comme principe agissant, comme produisant son action. Il est aisé de comprendre que ce second état, dans l'ordre des finalités, est supérieur à la simple potentialité, puisqu'il lui est postérieur et qu'il l'achève, la détermine (2).

En conséquence, le bonheur, qui est la dernière perfection, consistera dans l'action de la vertu, dans son usage ; autrement, il ne serait pas le premier en *qualité*, mais il aurait lui-même une fin dont il dépendrait (3).

Toujours, par suite de la souveraineté, le bonheur sera supérieur à tout autre bien en *quantité*. Non seulement il sera l'acte *passager* le plus achevé de la vertu la plus générale et la plus parfaite ; mais il sera l'acte *continu* de toute la vie ; il sera comme une vaste

---

(1) Τὸ ἄρα εὐδαιμονεῖν καὶ ἡ εὐδαιμονία ἐν τῷ εὖ ζῆν ἐστιν, τὸ δ' εὖ ζῆν, ἐν τῷ κατὰ τὰς ἀρετὰς ζῆν. Τοῦτο ἄρ' ἐστὶν τέλος καὶ ἡ εὐδαιμονία καὶ τὸ ἄριστον. *Grande Morale*, A, 4; 1184ᵇ, 27 sqq.

( ) Cf. *Métaphysique*, Θ, le chap. vɪɪɪ, tout.

(3) *Grande Morale*, loco citato, 35 sqq. — *Éthique à Nicomaque*, A, 9; 1098ᵇ, 32 sqq.; 1099ᵃ, 1 ; *Métaphysique*, Θ, 8 ; 1050ᵃ, 22 sqq

synthèse de tous les actes successifs et progressifs qui se dérouleront dans le temps, pendant le laps d'une vie humaine. Si bien que le *bonheur* n'aura toute sa réalité qu'à la mort d'un individu, ou même, qu'il s'achèvera dans une autre vie, s'il est vrai qu'au-delà de ce monde, l'homme puisse encore monter dans la perfection et goûter la jouissance (1).

Assurément, si nous nous en rapportons aux apparences, et surtout si nous jugeons d'après nos premières impressions, la morale d'Aristote nous semblera toute différente de celle de Platon, et il sera difficile de poursuivre notre comparaison entre le maître et le disciple, surtout lorsque nous voudrons délimiter d'une façon aussi précise que possible la part de moralité que chacun d'eux accorde au plaisir.

En effet, puisque tous deux, pour juger de la valeur morale du plaisir, le rapportent au bien et que, d'autre part, le bien de l'un diffère si profondément du bien de l'autre, quelle sera la commune mesure entre les deux systèmes ? Il semble qu'il ne saurait y en avoir.

Et pourtant nous continuons à soutenir que sur ce point, comme sur la plupart des autres, Aristote ne contredit point Platon d'une façon absolue.

C'est qu'en effet, quand il s'agit d'étudier le Bien, non plus en lui-même et pour lui-même ; mais quand il s'agit de l'étudier dans ses rapports avec la vie humaine, c'est-à-dire quand il importe de découvrir « quelle

---

(1) Cf. *Éthique à Nicomaque*, A, 10; 1100ᵃ, 4 et 5. — *Grande Morale*, A, 4; 1185ᵃ, 4, sqq. Aristote a soin de remarquer que, si *le bonheur en soi* a besoin du temps pour se constituer en réalité parfaite, l'homme peut être dit *heureux* à chaque instant de sa vie, puisque chaque acte vertueux que nous accomplissons est comme un élément de bonheur. Bien plus, puisque le bonheur est identique à lui-même, qui participe au moins participe au tout; et, de même qu'une parcelle de blanc contient toute la blancheur, un acte de vertu renferme tout le bonheur.

orientation » nous devrons donner à tout notre être, pour qu'il réalise le plus possible son *idée,* son bien idéal et naturel et se rapproche par là même le plus possible de ce bien suprême, le terme général de toutes nos facultés, Platon avoue lui-même qu'il n'a plus besoin de chercher la nature intime de la Bonté en soi, ni même de la bonté dérivée que nous poursuivons. Il suffit tout simplement de découvrir les caractères généraux par lesquels notre fin se révèle à nous. Sans doute, il n'est pas inutile de connaître que le bien humain se compose de beauté, de mesure, de vérité, puisqu'on pourra ainsi apprécier avec plus de justesse les différents biens de la vie humaine; néanmoins, dans le domaine moral, c'est-à-dire dans le domaine de l'action, ce qu'il importe avant tout de connaître, c'est le terme précis à atteindre, la fin poursuivie à chaque moment de l'existence.

Or, ce bien pratique, proposé à l'homme par Platon, diffère bien peu du *bien humain* d'Aristote, de ce bien générateur du bonheur et qui, en réalité, se confond avec le bonheur lui-même. Aristote a simplement analysé cette notion en elle-même et pour elle-même ; il a essayé de la déterminer rigoureusement, de la montrer se réalisant dans l'homme, ce que Platon a plutôt négligé, ou n'a fait qu'ébaucher. Comme pour toutes choses, Platon a essayé de la rattacher au souverain Bien idéal, et de la définir, non en l'analysant, mais en établissant le rapport de dérivation qui la subordonnent à la Bonté absolue.

Au reste, Platon pose comme une vérité indiscutable que le Bien se révèle à nous par trois qualités qui lui appartiennent en propre. Il nous apparaît d'abord comme renfermant en lui une perfection absolue ; « il est une finalité et la dernière des finalités, » (1) De plus, il se suffit pleinement à lui-même (ἱκανόν) ; enfin, il est souverainement désirable : il détermine nécessairement à le poursuivre toute activité mise en rapport avec lui (2).

Or, Aristote, lui aussi, reconnaît que ces trois caractères sont les marques distinctives auxquelles tous les hommes reconnaissent pratiquement la fin de leurs actes, leur bien, en un mot le bonheur. Pour que la vie soit heureuse, il faut d'abord qu'elle se repose dans une perfection absolue, dans un achèvement complet où toutes nos aspirations soient pleinement satisfaites. Il faut donc que le bonheur renferme en lui tout le désirable, qu'il suffise entièrement à tout, qu'il se suffise complètement à lui-même, qu'il renferme en lui tout ce qui est bon, qu'il soit la fin suprême qu'on se propose, la fin des fins de nos puissances et de nos actions (3).

C'est qu'en effet toute âme poursuit par instinct le bonheur et que le bonheur lui apparaît comme un bien qu'elle désire pour lui-même, et jamais pour un autre (4), comme un bien en vue duquel elle accomplit tous ses act s (5). Quest-ce donc, que le bien dans chaque série d'actions? se demande Aristote. N'est-ce pas la fin en vue de laquelle se fait tout le reste ? Dans la médecine, c'est la santé ; dans l'art militaire, c'est la victoire, etc. Donc, dans toute action que nous accom-

---

(1) Τέλεον, πάντων τελεώτατον. *Philèbe*, 20, D.
(2) Πᾶν τὸ γιγνῶσκον αὐτὸ θηρεύει, καὶ ἐφίεται βουλόμενον ἑλεῖν καὶ περὶ αὐτὸ κτήσασθαι. *Philèbe*, loco citato.
(3) Τὸ πάντων ἀκρότατον τῶν πρακτῶν ἀγαθῶν. *Éthique à Nicomaque*, A, 2 ; 1095ᵃ, 16. Cf. *Ibid.*, A. 4 ; 1091ᵃ, 22.
(4) « Καθ' αὑτὸ αἱρετὸν ἀεὶ καὶ μηδέποτε δι' ἄλλο. » *Éthique à Nicomaque*, A, 4 ; 1897ᵃ, 33.
(5) Ἅπασα ψυχῇ τούτου ἕνεκα πάντα πράττει. *Éthique à Nicomaque*, loco citato.

plissons, comme dans toutes nos déterminations, le bien est la fin que l'on poursuit, car c'est en vue de cette fin que nous accomplissons tout le reste. Par conséquent, s'il y a une fin commune où tendent toutes nos actions, cette fin unique est le bien accessible à l'homme ; et s'il y a plusieurs fins semblables, c'est l'ensemble de ces fins qui constitue pour nous le bien.

Or, il semble qu'il y ait plusieurs fins à nos actes, et certaines de ces fins jouent le rôle de moyens par rapport à d'autres fins, telles que la richesse, la musique et, un un mot, toutes les fins qui sont des instruments par rapport aux autres. Il est évident que ces fins secondaires ne sont ni définitives ni parfaites en elles-mêmes. Or le bien souverain doit être quelque chose de parfait et d'achevé. Si donc il existe une seule fin qui soit parfaite, cette fin est le bien que nous cherchons ; s'il en existe plusieurs, le bien sera la plus parfaite d'entre elles. Or, il nous semble qu'une fin est plus parfaite quand elle est recherchée, pour elle-même et non pour une autre ; et la fin qui n'est jamais recherchée en vue d'une autre fin est plus achevée et plus parfaite que ces fins secondaires recherchées pour elles-mêmes, mais aussi pour la fin suprême. En un mot, le parfait, dans toute l'acception du terme, est ce qui est toujours recherché pour soi et ne l'est jamais pour autre chose que pour soi. Tel nous semble être le bonheur ; c'est pour lui et pour lui seul que nous le recherchons ; ce n'est jamais en vue d'autre chose.

De ce qu'il est parfait, le bonheur est aussi indépendant et se suffit à lui-même (αὐταρκες). Dire que le bonheur se suffit, ce n'est pas dire qu'il suffit uniquement à l'homme qui mène une vie solitaire ; mais encore à celui qui a des parents, des enfants, une femme, et en général des amis et des concitoyens, puisque l'homme, par sa nature, est fait pour la société... Mais ce que nous entendons surtout par l'indépendance absolue du bien suprême, c'est qu'à lui seul il suffit à rendre la vie désirable et fait qu'en dehors de lui elle ne manque de rien. Or, tel est le bonheur.

De plus, le bonheur, pour être la plus désirable des fins, n'a nullement besoin de faire nombre avec quoi que ce soit. Ce qu'on y ajouterait, en effet, serait du superflu, ou l'addition du bien le plus minime rendrait le bonheur plus désirable, et alors le bonheur simple ne serait plus le bonheur, mais la somme des biens ainsi formée. Le bonheur est donc bien quelque chose de parfait, qui se suffit pleinement à soi-même, puisqu'il est la fin de tous les actes possibles à l'homme (1).

(1) Τέλειον δή τι φαίνεται καὶ αὔταρκες ἡ εὐδαιμονία τῶν πρακτῶν οὖσα τέλος. *Éthique à Nicomaque*, A, 5; 1097ᵃ, 18 sqq. Cf. *Grande Morale*, A, 2; 1184ᵃ, 3 sqq, etc.

CHAPITRE II

PLAISIR ET PERFECTION

Quand il s'agit d'une question aussi pratique qu'est celle de déterminer la place que doit occuper le plaisir dans notre vie, Platon aussi bien qu'Aristote sont donc convaincus qu'une connaissance approximative de la fin ultime de nos actes suffirait, à la rigueur, à résoudre le problème et à prouver que le plaisir à lui seul ne saurait constituer le bien humain cherché, le bonheur.

D'abord le plaisir, pas plus que l'intelligence, n'est entièrement parfait. Tous deux admettent des degrés ; le plaisir est une fin, sans doute ; il peut même, en certains cas, être une fin en soi (1) ; mais aussi il est, ou du moins peut être une fin provisoire : « Quand, dit Aristote, nous poursuivons les honneurs, le plaisir, la science, la vertu, sous quelque forme que ce soit, nous désirons bien sans doute tous ces avantages pour eux-mêmes, puisque, alors même qu'ils ne seraient suivis d'aucune conséquence, nous les choisirions encore ; mais cependant nous pouvons les désirer aussi en vue du bonheur, parce que nous croyons que ces avantages divers peuvent nous le procurer. Quant

(1) Il s'agit ici, bien entendu, d'un point de vue exclusivement pratique. En réalité, nous choisissons parfois le plaisir exclusivement pour lui-même. Platon, bien qu'il semble admettre que le plaisir est toujours un *devenir* et n'existe que pour une fin étrangère à lui (*Philèbe*, 54, A), n'aurait pu contredire cette affirmation d'un fait journalier de l'existence.

au bonheur, personne ne le poursuit en vue d'aucun de ces avantages énumérés ci-dessus, ni en vue d'aucun autre bien que lui-même (1). »

Nous séparerons ici les arguments propres que Platon et Aristote ont mis en avant, dans cette thèse commune qu'ils ont soutenue contre la valeur absolue du plaisir; de la sorte, nous pourrons mieux suivre le progrès de la pensée commune qui les dirige et aussi nous saisirons mieux l'originalité des deux systèmes.

Platon, pour bien montrer que le plaisir n'est point *parfait*, a recours à une série de preuves plus ou moins philosophiques, qu'il emprunte tantôt à la simple tradition en usage dans les Écoles, tantôt aux affirmations du sens commun général; mais la réfutation définitive est toujours celle qu'il tire de son système général ou de problèmes qu'il a antérieurement résolus.

Un premier motif, pour rejeter le plaisir parce qu'il est imparfait, est celui-ci : tout le monde reconnaît qu'il y a des plaisirs mauvais; si donc le plaisir était le bien, il faudrait admettre l'identification des contraires et dire que le bon et le mauvais, que le bien et le mal, peuvent être une seule et même chose (2). D'autre part, le plaisir, par le fait même qu'il admet des degrés, qu'il renferme en lui-même du plus ou du moins, peut prendre plusieurs formes et recevoir des variétés infinies. Bien que le plaisir soit toujours le plaisir, il y a néanmoins une multitude de plaisirs très différents entre eux et parfois même pratiquement opposés; si bien que pour atteindre l'un il faut rejeter l'autre. Le plaisir, dans la vie, nie donc

(1) *Éthique à Nicomaque.* A, 5; 1077ᵇ, 1 sqq. Cf. *Philèbe*, 2ᵛ, D; *République*; vi, 505, B sqq; *Lois*, v, 732, D sqq.
(2) *République*, vi, 505, C. et D.

nécessairement le plaisir, non pas seulement parce qu'il est presque toujours, comme nous l'avons vu (1), indissolublement associé à la douleur, mais encore parce qu'il se détruit lui-même, et qu'une âme qui le poursuit pour lui-même ne peut jamais l'atteindre tout entier. Le plaisir manque donc du premier des caractères propres au souverain bien de l'homme. Il n'est point, comme dira plus tard Aristote, quelque chose d'absolument *un* dans sa perfection, de parfait dans toute sa pureté (2).

Par cela même que le plaisir est imparfait, qu'il ne nous suffit pas, il ne se suffit pas à lui-même. Il n'est pas une fin en lui-même, il n'est qu'un accident, quelque chose qui devient sans cesse, et qui, par conséquent, se nie à mesure qu'il progresse (3). Il n'y a qu'à interroger le bon sens pour être convaincu pleinement de sa valeur relative. Quoique les partisans du plaisir prétendent qu'il est le seul bien désirable, aucun d'entre eux ne voudrait d'une vie où il n'entrerait que des plaisirs, où la science, l'intelligence n'auraient aucune part. Le voudraient-ils qu'ils seraient des insensés, car, pour se procurer des jouissances, il faut un certain discernement : le plaisir de lui-même est aveugle, et sans l'intelligence, prise dans la plus large acception du mot, le plaisir n'est qu'une abstraction. La mémoire lui conserve une réalité qu'il n'a plus par lui-même ; la prévision lui en donne une qu'il n'a pas encore. Sans la mémoire et sans l'imagination, le plaisir serait donc réduit au moment présent, et même, dans ce cas, il aurait encore besoin de

---

(1) Voir la théorie du désir, chap. III, de la 1re partie.
(2) Ἕν τι μόνον τέλειον, ἁπλῶς τέλειον. *Éthique à Nicomaque*, Λ, 5 ; 1097ᵃ, 33.
(3) *Philèbe*, 54, A sqq.

la lumière de la conscience, d'un reflet d'intelligibilité, car sans la réflexion, sans la perception plus ou moins obscure, nos jouissances seraient comme si elles n'étaient pas. Vivre pour le plaisir seul, « ce n'est donc pas mener la vie d'un homme, mais vivre comme une huître ou comme ces autres animaux de la mer qui dorment enfermés dans leurs coquillages (1) ».

Platon, ainsi qu'on peut le remarquer en passant, a merveilleusement compris l'unité fondamentale de notre être, l'intime et constante pénétration de la sensibilité et de l'intelligence dans tous les phénomènes psychologiques qui se passent en nous. Pour lui, dans l'âme, tout se ramène au mouvement, le plaisir, la connaissance, l'activité quelle qu'elle soit; et tous ces mouvements ont un terme commun, l'Idée, la réalité pleine. Les divers états de notre conscience ne sont, à divers degrés, que la traduction incessante et variée de la marche ascendante que suit l'homme vers l'immuable et le réel. La nature est un devenir et gravite sans cesse vers sa réalisation complète et absolue. Le plaisir n'est qu'un signe particulier de ce mouvement général; de plus le plaisir sensible est souvent un signe faux, presque toujours équivoque. Le plaisir ne saurait donc par lui-même correspondre à toutes nos exigences ni se suffire pleinement. Il n'est pas tout le bien, il n'est pas le souverain Bien pour l'homme. En dehors de lui, il y a encore la tempérance, la science, le courage, la santé, etc. (2).

Il faut remarquer qu'il n'y a point de contradiction entre cette conclusion et la définition du plaisir donnée par Platon. Quoique, en effet, le plaisir accompagne

---

(1) *Philèbe*, 21, D. — Pour le développement de toutes ces idées, cf. *Philèbe*, 20, 21; *République*, livres VI, VII; *Gorgias*, passim.
(2) *Philèbe*, 55, B.

toujours un mouvement qui s'accomplit dans le sens de la nature, il n'est pas toujours le signe d'un progrès de l'être, d'un surcroît, d'un profit qui s'ajoute à un capital déjà acquis ; il est simplement le signe d'une restitution, d'une réintégration de l'être. Les plaisirs sensuels n'accompagnent que les mouvements qui s'accomplissent dans la région basse ou dans la région moyenne de l'âme (1) ; or, il est de la nature de ces mouvements agréables d'avoir toujours pour antécédents des mouvements douloureux. Si donc nous croyons que ces plaisirs traduisent un progrès de l'être, c'est que nous ignorons la région vraiment haute de l'âme (2).

Le signe du progrès véritable, ce sont les plaisirs purs, les plaisirs intellectuels. En vain toutes nos passions seraient-elles satisfaites, tous nos désirs assouvis, la somme de ces plaisirs immenses n'ajouterait pas un atome de réalité à notre être ; elle ne ferait, au contraire, que traduire la basse déchéance où nous étions tombés (3).

Platon ne se laisse point séduire par ce qu'on a appelé depuis « la grandeur sauvage des passions ». Le désir pour lui est toujours un vide, qui, en grandissant, ne fait que se creuser davantage. En vain Calliclès, dans le *Gorgias* (4), expose-t-il avec chaleur et habileté cette thèse spécieuse qui a toujours eu d'imprudents défenseurs ; Platon détruit un à un tous ses arguments, et, empruntant une expression familière que les Scoliastes attribuent à Empédocle, il lui montre

---

(1) *République*, ix, 584, D.
(2) *Ibid.*, loco citato.
(3) C'est ce qu'Aristote reconnaît parfaitement lui aussi : « Les plaisirs qui nous remettent dans notre état naturel ne sont des plaisirs que par accident. » *Éthique à Nicomaque*, II, 12 ; 1152ᵃ, 31 sqq.
(4) *Gorgias*, 492, C, sqq.

que, semblable à un tonneau percé, le désir est impossible à remplir : le plaisir qu'on y verse à grands efforts incessamment s'écoule ; tandis que la sagesse ressemble à un vase bien clos et retient sans altération le miel ou le lait précieux qu'on lui confie.

Sous quelque aspect qu'on l'envisage, le plaisir, l'agréable, ne peut donc se suffire, ni suffire aux exigences de notre nature. La vie de plaisirs (ὁ ἡδονῆς βίος) ne peut donner à l'homme cette assiette stable (1) dans laquelle nous jouissons d'un bonheur sans regret et sans inquiétude.

D'ailleurs, ce que le bon sens nous fait pratiquement sentir, la raison plus éclairée nous le démontre. Ici Platon ne compare plus le plaisir avec le bien moral, avec la vie heureuse ; il cherche une autre image du Bien en soi plus parfaite, mais aussi plus éloignée de nous. Sans doute, on ne peut embrasser dans une vue synthétique (εἰς μίαν ἰδέαν) l'ensemble des caractères du Bien absolu ; mais la connaissance instinctive que nous en avons nous révèle suffisamment sa nature pour nous faire comprendre combien il diffère du plaisir. Tous les êtres qui existent à un degré quelconque de réalité se partagent en quatre catégories distinctes : le *fini*, l'*infini*, le *mixte*, c'est-à-dire le mélange du fini et de l'infini, et enfin la *cause* qui produit le mélange. Le plaisir, étant toujours susceptible de plus et de moins, appartient au genre de l'infini, de l'indéterminé ; il ne saurait donc être le Bien en soi, qui, étant absolu, ne renferme que du fini ; il ne saurait davantage être le bien moral, le bonheur ; car si ce bien moral, la vie heureuse, est, de sa nature, composée, en tant qu'elle est une réalité du monde sensible, elle renferme nécessairement du fini, du

(1) *Philèbe*, 11, D.

parfait, puisqu'elle participe à l'idée de la vie en soi (1).

Le Bien ne renferme donc que de l'être, il est tout en être, tout en réalité ; aussi le mal, son contraire, est-il le néant absolu puisqu'il nie le Bien tout entier. Le plaisir, par contre, appartenant à l'infini, est, comme nous l'avons dit, un non-être relatif, à mi-chemin entre l'être et le néant. Son contraire n'est donc ni le néant absolu, ni l'être ; ni le Bien, ni le mal ; mais un autre être relatif auquel il est lié nécessairement puisqu'il le porte toujours avec lui ; aussi voyons-nous, par l'expérience journalière, que la présence du plaisir n'exclut point la présence de la douleur. On possède donc en même temps le plaisir et la peine, alors que jamais le bien et le mal ne sauraient coexister ; le plaisir n'est donc pas plus le Bien que la douleur n'est le mal (2). D'autre part, si de la nature métaphysique du plaisir nous passons à sa nature psychologique, nous verrons qu'il accompagne presque toujours ou une sensation, ou une image, ou une opinion, en un mot, tous ces phénomènes du monde du devenir qui participent tous plus ou moins au non-être. Si tel était le Bien, le Bien

---

(1) Pour des raisons qu'il serait trop long de développer ici, nous croyons, contrairement à E. Zeller et d'accord avec hettig (αἰτία im Phileb., Bern, 1866 ; De Pantheismo Platonis. Bern, 1875) ; Teichmülle (Stud. z. Gesch. d. Begr., 255 sqq.) ; Steinhart (Plat. W. W., IV, 6-1) ; Br ndis, Susemihl, Brochard, etc., que le Fini, c'est-à dire le πέρας, et l'Idée, sont une seule et même chose, ou tout au moins que le caractère essentiel de l'Idée c'est d'être avant tout un principe de détermination, de spécification, et non un principe d'activité, d'actualisation dans le sens qu'implique le concept de cause. Si l'Idée, comme le croit E. Zeller, n'est que la Cause ou l'Intelligence (deux termes identifiés sans raison absolue), l'Idée est bien un principe d'intelligibilité dans les êtres ; mais elle ne saurait être, à elle seule, un principe d'existence. L'Idée est déjà en quelque sorte un intermédiaire ; il y a comme une proportion entre le Bien et l'Idée, et l'Idée et les choses. Le Bien est à l'Idée ce que l'Idée est aux choses ; l'Idée, toutefois, est plus proche du Bien que des choses. Cf. Rodier, Remarq. s. le Philèbe, 7, sqq.

(2) Cf. Gorgias, 498, D sqq. Philèbe, passim.

serait donc lui-même imparfait, à la fois être et néant.

Comme on le voit, ce qui donne toute la force à ces démonstrations si subtiles et, en même temps, si logiques, c'est le principe de contradiction tourné de mille façons différentes. Tous ces arguments peuvent se ramener à ce seul raisonnement : une même chose et son contraire ne peuvent coexister, en même temps, dans le même sujet et sous le même rapport (1); le Bien et le mal, étant contraires, doivent donc s'exclure nécessairement et s'excluent de fait; or, le plaisir n'exclut point le mal, puisque le méchant peut être heureux et qu'il l'est souvent (2); la peine n'exclut pas davantage le bonheur, puisque celui qui souffre peut être heureux, et que souvent même il est heureux précisément parce qu'il souffre; par conséquent être joyeux, jouir du plaisir, n'est pas être bon, être heureux, de même que souffrir de la peine n'est pas être mauvais, être malheureux; l'agréable n'est pas le bon (3), le plaisir n'est pas tout le bien de l'homme.

Platon reprend cette démonstration sous une autre forme : de ce que le plaisir n'est pas le contraire de la douleur, mais seulement quelque chose de corrélatif à la douleur, il s'ensuit que l'un et l'autre peuvent cesser d'être en même temps (4). Celui qui mange pour se rassasier cesse de jouir au moment même où il cesse d'avoir faim. Le Bien et le mal, au contraire, ne peuvent cesser d'être simultanément; quand l'un meurt, l'autre naît, et réciproquement; entre le Bien et le mal, il n'y a pas de milieu, pas plus qu'entre une affirmation et sa négation. « Les biens ne sauraient donc être la

(1) Cf. *Gorgias*, 498, A, B.
(2) *Ibid.*
(3) *Ibid.*, 497, D, à 499, B.
(4) *Ibid.*, 497, C, D.

même chose que les plaisirs, ni les maux la même chose que les douleurs. »

Pour la même raison, si le plaisir était le bien, on arriverait à dire que l'insensé et le lâche (1), qui pensent jouir et qui souvent, en effet, jouissent plus que le sage et le brave, sont des hommes de bien, participent à la bonté, tandis que l'homme sage et courageux, s'il vient à souffrir, devient par cela même méchant et vicieux (2).

Telle est, en résumé, la critique serrée et pénétrante que Platon nous donne de la morale hédoniste.

Personne assurément, chez les modernes, n'a attaqué le plaisir avec plus de logique et plus de vigueur, et il serait très avantageux de rappeler, dans les manuels de Philosophie, quelques-uns des arguments de Platon, quand on réfute les morales du plaisir et même les morales de l'Intérêt.

Pourtant, malgré cette rigueur envers le plaisir, Platon n'est point un partisan des Cyniques. Antisthène reste sur cette question, comme sur toutes les autres, son adversaire et le chef d'une École aux doctrines tout opposées. Platon, en effet, pense que si le plaisir, considéré en lui-même, n'est pas le Bien, tout le bien de l'homme, il en est cependant un élément. L'homme, c'est un fait que confirme l'expérience journalière, ne peut être heureux sans plaisir. Sans doute, l'état d'indifférence absolue, une vie toute d'intelligence et de sagesse serait le genre d'existence le plus parfait en soi, le plus désirable, celui dont doit jouir la divinité elle-même ; mais l'homme, qui appartient au monde du changement, le Sage lui-même, ont besoin de certaines

(1) *Philèbe*, 53, B, C.
(2) *Gorgias*, 497, 498.

jouissances pour vivre. Tous nous avons au fond de notre être un désir impérieux de bonheur, de félicité sentie, de volupté, et personne au monde ne se contenterait pour vivre de la science, même absolue, c'est-à-dire de la raison seule et de son austère cortège : la sagesse, l'intelligence, l'opinion, et tous les phénomènes intellectuels (1).

D'ailleurs, le plaisir, comme nous l'avons dit, n'étant pas le mal, n'est pas incompatible avec le Bien; il doit même participer au Bien, puisqu'il renferme de l'être et que entre le Bien et son contraire il n'y a rien. Pour juger de la valeur morale du plaisir, il suffira donc de déterminer dans quelle mesure le plaisir est bon.

Mais auparavant ne pourrait-on pas dire que, si le plaisir nous a apparu insuffisant par lui-même, c'est parce que nous l'avons considéré sans discernement; ne pourrait-on pas, par exemple, comme le veut Calliclés (2), dans le *Gorgias,* parmi les plaisirs, rejeter les plaisirs nuisibles pour ne s'attacher qu'aux plaisirs avantageux? Le but de la vie, le bien désirable ne serait plus alors le plaisir sans discernement, mais seulement le plaisir profitable, l'utile. Nous tombons ainsi dans la morale de l'intérêt, qui, comme on le voit, n'est pas absolument différente de la morale du plaisir, puisque l'intérêt, l'utile, n'est que le plaisir discipliné; que le terme, la raison d'être de l'utile est toujours, du moins pour celui qui le recherche, l'agrément et le plaisir. La morale de l'intérêt n'est en somme qu'une morale du plaisir subtilisée par laquelle on fait produire au Plaisir tout ce qu'il peut donner. Platon admet volontiers que l'intérêt bien entendu puisse être le terme des actions

---

(1) Cf. *Philèbe,* 21, E.
(2) Cf. *Gorgias,* 499, C sqq.

humaines, mais il a soin de faire remarquer que l'utile n'est point une fin absolue, mais un intermédiaire, et, qu'en tout cas, ce n'est point le plaisir qui lui donne sa valeur morale (1). Dans l'intérêt, en effet, il y a comme deux éléments bien distincts : d'une part, l'agrément ; d'autre part, un jugement, un acte d'intelligence qui choisit de préférence un plaisir à un autre ; jamais la sensibilité seule, laissée à elle-même, ne pourra donner la raison de ce choix : tous les plaisirs, en tant que plaisirs, se valent, ils ne peuvent se différencier que par l'intensité. Si l'intérêt ne renferme que du plaisir, l'intérêt ne pourra être qu'un plaisir plus grand, plus violent, et comme les plaisirs les plus violents sont toujours les plus faux, les moins avantageux, il arrivera que l'intérêt le plus grand sera le moins avantageux, ce qui est une contradiction. Il faut donc que le choix des plaisirs soit motivé par une qualité inhérente à certains plaisirs, mais étrangère en quelque sorte à la nature même du plaisir ; cette qualité ne peut être que la bonté ; quand nous préférons un plaisir à un autre, ce n'est pas parce qu'il est plus intense, mais parce qu'il nous apparaît meilleur, qu'il renferme en lui plus de bonté. Le bien est donc l'âme de l'utile, et la morale de l'intérêt, loin d'être une justification de la morale du plaisir, en est la condamnation et un hommage à la morale du Bien. Dans l'intérêt, c'est le bien que nous recherchons à travers le plaisir, l'utile n'est que l'agréable subordonné à la bonté (2).

Donc, en aucune façon, le plaisir ne saurait être une fin, il est toujours un moyen. Dans toutes choses, en effet, dit Platon, on peut distinguer deux catégories de

(1. *Gorgias*, 499, E ; 500 sqq.
(2) *Ibid.*, 500, A sqq.

manières d'êtres (1) : ce qui est en soi, par soi et pour soi, τὸ αὐτὸ καθ' αὑτὸ, et ce qui n'est que pour un autre, que par un autre, τὸ ἀεὶ ἐφιέμενον ἄλλου ; nous dirions la substance et les accidents, la fin et les moyens, la mesure et le mesuré, l'unité et la multiplicité ; en un mot, tout ce qui est uni par un rapport suppose deux termes, l'un fixe auquel l'autre se rapporte. Si nous transportons cette relation dans le domaine de la réalité, de l'existence, la fin, le terme de comparaison ne sera autre chose que l'être dans toute sa plénitude, l'être fixé dans son essence, οὐσία (2) ; le moyen, le terme comparé sera l'être incomplet, l'être en marche vers sa réalité, un devenir (γένεσις) (3). Or, nous avons vu que le plaisir était de sa nature un infini, donc un devenir ; que le bien, au contraire, était une réalité absolue ; quand donc le plaisir accompagne le bien, il est nécessaire qu'il l'accompagne en qualité de moyen, d'accident, non en qualité de fin ; non seulement il n'est pas le bien, mais de plus il n'a d'existence, de raison d'être que par le bien et pour le bien, comme l'art des constructions maritimes n'a de valeur que par rapport aux vaisseaux ; l'outil, par rapport à un ouvrage déterminé. Antisthène et ses disciples avaient donc plus raison qu'ils ne croyaient, quand ils prétendaient que le plaisir n'avait aucune réalité (4). S'il en est ainsi, il faut admettre que ceux qui recherchent le plaisir pour le plaisir sont des insensés, car ils poursuivent de vains fantômes, de futiles apparences (5). Qu'ils n'objectent pas, en effet, que le devenir renferme toujours une cer-

(1) Cf. *Philèbe*, 53, D ; *Charmides*, 163, B, sqq.
(2) *Ibid.*, p. 54, A.
(3) *Ibid.*
(4) *Ibid.*, 54, E.
(5) *Ibid.*, 54, B.

taine réalité et que c'est précisément cette réalité qu'ils poursuivent en poursuivant les jouissances, car cette ombre d'être (γένεσις) n'existe que grâce au bien lui-même, et de plus elle est toujours et indissolublement attachée à une privation, à un néant; si bien que si l'on poursuit le plaisir même pour la réalité qu'il renferme, c'est le bien que l'on poursuit; si, au contraire, on poursuit le plaisir pour lui-même, comme on ne peut le posséder sans posséder son contraire, il nous échappe sans cesse (1).

Ainsi, bien que le plaisir renferme en lui-même une certaine réalité, on ne peut dire que cette réalité lui appartienne; elle lui vient du dehors; aussi, pour jouir véritablement, il faudra dégager cet élément de réalité et le poursuivre là où il existe dans toute sa plénitude, c'est-à-dire dans le bien. Jamais le plaisir ne pourra donc terminer un acte humain. De plus, quoique le plaisir tende à l'être, jamais il ne pourra l'atteindre, car précisément le plaisir partage le sort des choses relatives, dont l'essence est de ne pouvoir cesser d'être relatives, sans cesser d'être complètement (2).

Le monde sensible marche vers le réel, Platon reconnaît, comme H. Spencer, que la loi fondamentale de toutes choses est la tendance à l'harmonie; tout gravite vers le mieux, vers l'idéal; mais il pense, à l'encontre du philosophe anglais, que cette eurythmie universelle est irréalisable; jamais l'Idée n'absorbera complètement la matière, jamais l'intelligence ne s'identifiera avec le sensible, car, s'il y a une finalité dans le monde, il y a aussi une nécessité; l'Idée n'agit point sur la matière

---

(1) *Philèbe*, 55, A, B.
(2) *Philèbe*, 24, B. Γινομένης γὰρ τελευτῆς καὶ αὐτὸ τετελευτηκέναι.

par contrainte, mais seulement par *attrait* (τῷ πείθει) (1).

Matière et Idée ont leur spécificité propre ; aussi il y aura toujours dualité dans le monde, lutte nécessaire entre le parfait et l'imparfait, le fini et l'infini. L'être ne s'avancera point d'un progrès continu vers son terme, il y aura toujours une corrélation de reculs et d'avancements, de flux et de reflux. Pour tout être contingent il y aura toujours à jouir, parce qu'il y aura toujours à souffrir ; le plaisir sera le signe d'une perfection relative, non du bien absolu. C'est donc en vue des biens qu'il faut faire toutes choses, même celles qui sont agréables, et non en vue de l'agrément ou du plaisir qu'il faut faire les bonnes actions.

Aristote passe à la critique tous ces arguments divers énumérés et exposés par Platon pour combattre la morale du plaisir. Il en utilise quelques-uns, tout en les adaptant à son système, et en rejette la plupart, soit qu'ils lui paraissent insuffisants, soit plutôt qu'ils lui paraissent être excessifs et faire une trop mauvaise part au plaisir.

Tout d'abord il a soin de bien préciser la question, et pour cela il établit une distinction absolue entre ces deux jugements sur la valeur du plaisir :

1° Le plaisir n'est pas le bien absolu ;
2° Le plaisir peut être un bien secondaire.

Sans doute, Platon avait bien aperçu ce double aspect de la question ; mais, dans son ardeur contre le plaisir, il n'avait pas pris garde à le dégager suffisamment. Il

---

(1) Cf. *Timée*, 30 sqq., où Platon expose la façon dont le Démiurge a organisé toutes choses. Partout la matière nous apparaît comme quelque chose d'indéfini, sans doute, mais comme quelque chose renfermant néanmoins des déterminations obscures, ou tout au moins des possibilités limitées. Aristote, lui aussi, sera forcé de reconnaître, dans la matière, une sorte de principe latent, à côté de l'aspiration confuse à l'acte, à la spécification ; autrement la matière serait un pur néant.

y a, remarque Aristote au livre VII de l'*Éthique à Nicomaque,* trois opinions sur la valeur morale du plaisir : la première est radicale et nie qu'aucun plaisir soit bon, ni absolument, ni indirectement ; la seconde est plus modérée et accorde qu'il y a des plaisirs qui peuvent être bons, mais reconnaît que la plupart sont mauvais ; la troisième évite la question de droit et conclut qu'alors même que tous les plaisirs seraient bons isolément, jamais on ne pourrait admettre l'identification du plaisir et du bien suprême.

Plus loin, au livre X du même ouvrage, Aristote expose une quatrième doctrine sur ce même sujet : c'est celle qu'il prête à un certain Eudoxe ; elle est aussi absolue que la première et s'y oppose contradictoirement. Eudoxe, en effet, soutenait, paraît-il, que le plaisir était le souverain Bien : c'est toujours la thèse hédoniste (1).

Ces quatre hypothèses embrassent nécessairement toute la matière, et il faut, de toute façon, se prononcer pour l'une d'elles. Disons-le tout de suite : Aristote, comme son maître, est convaincu que le plaisir ne saurait être le Souverain Bien de l'homme, autrement, qu'à lui seul, le plaisir ne saurait constituer tout le bonheur. Entre ces deux concepts *Plaisir* et *Bonheur,* il ne saurait y avoir équation, identification absolue. Telle est la pensée générale qui se dégage nettement de la lecture des trois Morales, et nous ne croyons pas, comme nous l'expliquerons plus tard (2), que tel chapitre de la *Morale à Eudème* puisse être invoqué sérieusement contre la doctrine que nous pensons être celle d'Aristote.

(1) Cf. *Éthique à Nicomaque,* K, 2 ; 1172ᵇ, 7 sqq.
(2) Cf. *Infra,* page 213 sqq.

Cette réserve faite, il faut néanmoins reconnaître qu'Aristote accorde beaucoup plus au plaisir que son maître ; il voit, dans la jouissance, même dans la jouissance purement sensible, autre chose qu'un non-être relatif, qu'une matière plus ou moins indéterminée ; le plaisir, au contraire, a son être propre, sa réalité en quelque sorte indépendante : en un mot, si le plaisir n'est pas le bien suprême, le plaisir indiscutablement est un bien. Tous les arguments que Platon a systématisés en vue de prouver que le plaisir n'est qu'une apparence, ou sont ou faux en eux-mêmes, ou ne portent pas.

En somme, la raison la plus forte et peut-être la seule définitive, que Platon ait apportée dans sa thèse pour combattre le plaisir semble être, d'après Aristote, celle qui démontre l'infériorité du plaisir en montrant son imperfection essentielle : « Le plaisir ne se suffit pas à lui-même, donc il n'est pas, à lui seul, le bien absolu, le bien de l'homme. » C'est la meilleure réponse que l'on puisse faire à Eudoxe et à tous les hédonistes.

Platon, en effet, n'avait pas pris garde, en donnant comme trait caractéristique du Souverain Bien, l'universel désir dont il était l'objet, que le plaisir lui aussi était le but le plus universellement convoité par tous les êtres. Non seulement les animaux, non seulement l'enfant, non seulement le débauché lui-même, se portent d'instinct au plaisir, mais le sage (1), mais ceux mêmes qui combattent la jouissance, la recherchent instinctivement comme les autres. Sans doute, Platon avait raison de dire que, d'une façon générale, l'homme vertueux méprisait les plaisirs, si, par plaisirs, il entendait seulement ces jouissances vulgaires et dangereuses,

---

(1) Cf. *Grande Morale*, B, 6 : 1201ᵃ, 19 sqq.

sinon fausses, dont se repait la multitude; mais il avait tort de ne pas comprendre que, dans la vertu même, il y a une volupté cachée, une volupté inévitable, et qu'il y a des plaisirs inhérents à la sagesse que l'homme honnête savoure et que seul il peut apprécier (1).

« Il est impossible, remarque Aristote, de faire des actes de vertu sans éprouver du plaisir ou de la douleur. Là il n'y a pas de milieu (2). Pourquoi? C'est que la vertu suppose toujours un sentiment, une affection, et que tout sentiment est nécessairement ou plaisir ou douleur ; il n'y a pas d'autre alternative. L'acte de vertu est donc toujours accompagné de plaisir ou de douleur ; mais, faire le bien avec douleur, c'est ne pas être vertueux ; par conséquent, la vraie vertu n'est jamais accompagnée de douleur ; elle suppose donc toujours un sentiment de plaisir (3). »

Il en est de la science comme de la vertu : « On prétend que le plaisir n'est jamais le fruit de la science. C'est faux. Qu'on regarde les cuisiniers, les artistes fabricants de couronnes, les parfumeurs, peut-on dire que leur science ne produit pas le plaisir (4)? Sans doute, les sciences, en général, n'ont pas le plaisir pour fin, mais néanmoins toutes ont le plaisir pour compagnon ; aucune d'elles ne va sans plaisir. La science, elle aussi, est donc, à sa manière, ouvrière de plaisir(5).»

A bien réfléchir, cette affirmation si catégorique et si

---

(1) Cf. *Éthique à Nicomaque*, II, 13; 1153ᵃ, 27 sqq. Ἔστιν ἡδονὴ καὶ σώφρονος.
(2) Pour Aristote, il ne saurait y avoir d'actes indifférents, c'est-à-dire d'actes qui ne seraient ni agréables ni désagréables, puisque le plaisir est le couronnement naturel de toute activité.
(3) *Grande Morale*, B, 7: 1206ᵃ, 16 sqq. Cf. *Ibid.*, B, 6, 1204ᵃ, 29.
(4) Le ton ironique et badin de cette boutade ne fait que mieux ressortir la sagesse de la pensée qui suit.
(5) *Grande Morale*, B, 7: 1206ᵃ, 26 sqq.

importante dans toute la philosophie aristotélicienne n'est au fond qu'un corollaire qui découle naturellement de la théorie générale de l'acte et de ses rapports avec le plaisir. La vertu, la science, sont des actes, des systèmes d'actes, du moins quand on les envisage, non plus à l'état abstrait, mais à l'état de faits, d'habitudes psychologiques ; or, pour Aristote, toute activité est imprégnée et comme enveloppée par la sensibilité, et toute activité profitable à l'être, ou traduisant la perfection de l'être, ne se développe que dans un rayonnement continu de plaisir.

Pensée profonde et bien humaine, devant laquelle tomberont toujours, au cours des siècles, les prétentions orgueilleuses des morales modernes, qui, pour élever l'homme, méconnaissent sa nature, et lui font une loi du chimérique et de l'impossible. Platon assurément ne pouvait nier qu'on éprouvait une certaine jouissance à être sage et vertueux ; mais il estimait que cet état de délicieuse sérénité était plutôt produit par l'absence de toute douleur que par la présence positive de certains plaisirs (1). Aristote affirme que, dans la pratique de la vertu et de la sagesse, il y a une jouissance réelle et indiscutable (2) que l'on désire, que l'on recherche instinctivement, comme attirés par un charme divin ; que ce plaisir, bien qu'il diffère des autres jouissances, est néanmoins un plaisir ; qu'on aime ce plaisir pour lui-même, d'un amour peut-être aussi sincère et aussi intéressé que celui de l'homme sensuel pour les plaisirs du corps (3).

Eudoxe avait donc plus raison qu'il ne pensait d'affirmer que tous les êtres recherchaient le plaisir

---

(1) Cf. *Éthique à Nicomaque*, II, 13 ; 1153ª, 28 sqq.
(2) Cf. *Ibid.*, II, 14 ; 1153ᵇ, 1 sqq.
(3) Cf. *Ibid.*, II, 14 ; 1153ᵇ, 30.

comme leur souverain bien, « comme leur nourriture ». Il n'était pas moins dans la vérité lorsqu'il reconnaissait que la nature vivante et sensible, douée de raison ou non, avait une horreur instinctive de toute douleur, précisément parce que la douleur est le contraire du plaisir (1); mais, où il n'était plus dans le vrai, c'était lorsque, de cette constatation générale, il concluait que le plaisir était l'unique, le souverain bien, sous prétexte que « ce qui est bon pour tous et ce qui est pour tous un objet de désir est nécessairement le souverain bien ».

Aristote répond très justement à Eudoxe que toutes ses raisons en faveur du plaisir ne prouvent qu'une chose, c'est-à-dire que le plaisir peut et même doit être compté parmi les biens, mais ne prouvent en rien qu'il soit le bien suprême, pas même qu'il soit un bien supérieur aux autres (2).

Il y a une hiérarchie qualitative dans les désirs, comme dans les êtres, et le *Bien humain* ne saurait être une affaire de pure quantité. L'universel attrait ne saurait être la caractéristique du Bien, c'est une propriété qu'il possède, mais une propriété secondaire et subordonnée ; l'essence du Bien est son essence en lui-même ; c'est sa perfection absolue, c'est son indépendance.

Eudoxe avait fait remarquer, pour appuyer sa thèse, que le plaisir, en venant s'ajouter à un autre bien quelconque, ne faisait que le rendre encore plus désirable, et il en concluait que le plaisir était le Bien, parce que le Bien seul pouvait s'augmenter par lui-même (3).

---

(1) *Éthique à Nicomaque*, K, 2 ; 1172, 18 sqq. Du moins, c'est comme contraire du plaisir que la douleur se révèle à l'être sensible.
(2) *Ibid.*, K, 2 ; 1172, 26 sqq.
(3) *Ibid.*, K, 2, 1172', 23.

Aristote est surpris que cet argument lui-même n'ait pas éclairé Eudoxe sur la fausseté de ses assertions. Si, en effet, il y a certains biens, en dehors du plaisir, qui ont par eux-mêmes leur valeur intrinsèque et auxquels le plaisir n'apporte qu'un surcroît, il s'ensuit nécessairement que le plaisir plus ces biens est plus désirable, par conséquent meilleur, que le plaisir tout seul ; en un mot, que le plaisir isolé a quelque chose qui lui est supérieur, c'est-à-dire le plaisir accompagné des biens qui ne sont pas lui. Aristote remarque même que c'est précisément par ce raisonnement que Platon a confondu pour toujours les partisans du plaisir, dans son *Philèbe* :

« La vie de plaisir, dit Platon, cité par Aristote, est préférable avec la sagesse que sans la sagesse ; si donc ce mélange de sagesse et de plaisir est meilleur que le plaisir tout seul, le plaisir ne saurait être identique au Bien (1). En effet, il n'est pas besoin qu'on ajoute rien au Bien pour qu'il soit par lui-même préférable à tout le reste. Par conséquent, il est de toute évidence aussi, que le souverain Bien ne peut jamais être une chose qui devient plus désirable, quand on la joint à l'un des autres biens en soi (2). »

Au livre Ier de l'*Éthique à Nicomaque* (3), Aristote signale encore un argument assez ingénieux qu'il prête toujours à Eudoxe et par lequel ce philosophe soutenait sa doctrine de l'excellence absolue du plaisir. On retrouve dans ce raisonnement, assez spécieux en lui-même et plus oratoire que philosophique, comme

---

(1) Οὐκ εἶναι τὴν ἡδονὴν τἀγαθόν. *Éthique à Nicomaque*, K, 2 ; 1172^{b}, 31.
(2) *Éthique à Nicomaque*, K, 2 ; 1172, 29 sqq. — Cf *Philèbe*, 27, D. Aristote ne cite pas Platon textuellement, mais en général il traduit bien sa pensée.
(3) *Ibid.*, A, 11 ; 1101^{b}, 27.

un écho des préoccupations morales qui agitaient les écoles, et une nouvelle preuve du souci qu'avaient les philosophes grecs, et Aristote en particulier, d'accorder, autant que possible, leur doctrine avec les grandes vérités reçues par le sens commun universel (1).

Le bien, disait-on, est si parfait en lui-même qu'il est supérieur à la louange. Il est de ces choses qui imposent le respect absolu et auxquelles on ne saurait donner d'éloges. C'est qu'en effet, la louange suppose toujours que l'objet loué n'est pas d'une perfection achevée de tout point, mais seulement d'une perfection relative. Une chose louable n'est louable qu'en tant qu'elle a une certaine qualité déterminée et qu'elle est en rapport avec quelque autre chose. Nous ne louons la bonté, la vertu, la justice, le courage dans les hommes, qu'en tant que leurs actions participent à ces qualités. Pour le bien suprême, pour le bonheur absolu, qui ne comportent point de relation ni de comparaison, mais qui sont tout ce qu'ils doivent être, par le seul fait qu'ils sont, nous n'avons point d'éloges qui puisse leur convenir, nous admirons, nous vénérons leur perfection dans un respect muet et sans restriction.

Or, suivant Eudoxe, personne ne s'avise de louer le plaisir, ne serait-ce pas aussi parce que le plaisir est supérieur aux louanges elles-mêmes et quelque chose d'entièrement parfait, le bien suprême? Aristote ne s'arrête pas à réfuter cette objection, sans doute parce qu'elle n'en vaut pas la peine ; il se contente de renvoyer ceux qui en cherchent la solution aux rhéteurs, dont la spécialité est de traiter ces subtiles questions.

---

(1) Cf. A. GRANT, *The Ethics of Aristotle*, tome I, p. 470, note xii; 472, note vii.

Seulement il constate que si le plaisir n'est pas un sujet de louange chez les hommes, il n'est pas davantage un sujet de respect et de vénération, sentiments que seule peut faire naître en nous l'idée de la perfection absolue (1).

Si le plaisir ne peut, d'une part, être une fin absolue pour la vie humaine ; si, d'autre part, l'homme ne peut vivre sans jouissances, quel sera donc le rôle du plaisir dans notre existence ; dans quelle mesure entrera-t-il dans la constitution de ce bien que tous nous poursuivons en tout? Puisqu'il faudra faire une sélection parmi les plaisirs, sur quelles raisons nous fonderons-nous pour faire ce choix (2)?

Nous avons vu que, d'après Platon, le plaisir, en tant que plaisir, ne saurait nous donner aucune réponse à ce sujet ; que, d'autre part, les seuls plaisirs désirables sont les plaisirs avantageux. Mais, si l'intérêt lui-même est une règle pratique, il n'est pas une règle infaillible (3), car l'intérêt suppose un certain discernement entre les plaisirs, et tout le monde n'est pas capable de faire avec jugement et raison ce discernement qui s'impose. Le commun, là comme ailleurs, jugera de l'intérêt par la sensation et l'opinion, toutes choses qui portent en elles-mêmes le mensonge.

Il suffit, pour s'en convaincre, de voir combien, sur

---

(1) *Morale à Nicomaque*, A, 12 ; 1101ᵇ, 10 sqq. Voir aussi, sur la distinction des choses louables et des choses dignes de respect, *Grande Morale*, A, 2 ; 1183ᵇ, 19 sqq.

(2) Cet argument tient toute sa force d'une vérité plus générale démontrée par Aristote, à savoir que la douleur est le contraire du plaisir, ou plus exactement qu'entre le plaisir et la douleur il n'y a pas de milieu, pas d'états indifférents, du moins au jugement de tout être sensible, et c'est précisément en ce sens qu'on peut dire du plaisir et de la douleur qu'ils sont des contraires. (*Éthique à Nicomaque*, K, 2 ; 1173ᵇ, 13.)

(3) *Ibid.*, 499, A sqq.

ce sujet, diffèrent les sentiments de chacun. Les cuisiniers recommandent les plaisirs de la table; les joueurs de flûte, les poètes, les tragédiens préfèrent les émotions de l'art; les orateurs exaltent les vertus politiques; le rhéteur, les plaisirs de la flatterie (1).

Pourtant ces plaisirs ont ceci de commun qu'ils font la joie non seulement d'un individu en particulier, mais de tout le monde, car tout le monde est sensible à leurs attraits (2). Le souverain Bien ne pourrait-il pas être le plaisir le plus universel, le plus général? Comme on le voit, longtemps avant Hutcheson, Platon a posé le problème de l'intérêt général ; et il a montré qu'en aucune façon l'utile ne pouvait fonder la moralité. Le nombre, en effet, n'apporte rien au plaisir ; une somme de plaisirs, qu'elle soit concentrée dans une seule conscience ou répartie entre des consciences multiples, donne toujours comme total du plaisir, et rien autre chose, et un total de zéros ne pourra jamais produire une unité.

Il faut donc ajouter au plaisir une qualité, il faut non accumuler, mais régler nos plaisirs, y faire entrer la mesure, l'ordre, l'harmonie, et par là même, la réalité (3). La morale est un art, « l'art de déterminer quelles sont, parmi nos aspirations, celles dont la satisfaction peut contribuer à nous rendre meilleurs, tout en nous rendant heureux (4) ». Ce sera donc non pas à la foule qu'il appartiendra de mettre de l'ordre dans nos plaisirs : elle ignore le secret, la valeur de la vie et de toutes choses (5).

(1) Cf. *Gorgias*, 501, D sqq.
(2) *Ibid.*, 504, D sqq.
(3) *Ibid.*, 507, C, D sqq.
(4) *Ibid.*
(5) *Ibid.*, 501.

Pour Platon, le sage seul, c'est-à-dire celui qui juge de tout, non d'après les apparences, mais d'après les réalités, celui qui s'est dépouillé de toutes les opinions sensibles, de toutes les croyances vulgaires, qui s'est appliqué à la contemplation des essences en elles-mêmes, aura le droit de définir le souverain Bien et de distinguer les éléments qui le constituent. Son jugement sera l'image la plus parfaite de la vérité, et sa définition traduira, autant que possible, la participation de la vie à l'Idée de la bonté.

La morale platonicienne n'est en somme qu'un aspect particulier de la dialectique : celui qui connaîtra le mieux sera nécessairement le plus sage, le plus habile, le plus vertueux, le plus apte à enseigner à autrui le chemin du juste et du bonheur.

Platon ne s'est pas arrêté à ces indications générales, il a voulu nous communiquer ce que sa puissante raison avait découvert elle-même de la nature du souverain Bien humain, et c'est dans l'exposé des résultats de son investigation que nous découvrirons enfin le rôle que, d'après lui, le plaisir doit jouir dans une vie bien réglée.

Puisque le bien de l'homme nécessite le concours de plusieurs éléments, la première qualité qu'il devra présenter, ce sera l'ordre et la mesure dans le mélange (1). Tous les artisans, en effet, peintres, architectes, constructeurs de vaisseaux, ne prennent pas et n'ajustent pas au hasard les matériaux dont ils usent, mais, au contraire, ils font cadrer chaque pièce avec les autres, « jusqu'à ce que le tout compose un ouvrage convenablement rangé et ordonné dans son ensemble (2) ».

La vertu, le bien de l'âme, ne sera donc autre chose

---

(1) Cf. *Gorgias*, 507, D, sqq.
(2) *Ibid.*, 504, A ; 506 D.

que l'harmonie de tous nos désirs, de toutes nos aspirations ; mais, comme il est des désirs, qui, par leur nature même, s'opposent à cet ordre, il faudra imposer à l'âme, du moins à l'âme mal équilibrée, une loi, une règle (1), qu'elle devra respecter. Cette loi sera inviolable et sacrée, aussi ne faudra-t-il pas craindre de châtier l'insensé ou le voluptueux qui voudra la transgresser, « car le châtiment est plus avantageux à l'âme viciée que l'impunité (2) ».

Ceci posé, nous avons dit que toutes les facultés de l'âme, tous ses besoins, se ramenaient à deux grandes classes : le plaisir faux ou vrai, et la science à tous ses degrés : « Nous ressemblons donc, remarque Platon, à des ouvriers devant lesquels on a mis la sagesse et la volupté comme des matériaux que nous devons allier ensemble » pour former le bonheur de l'existence (3), cette image du souverain Bien.

D'abord, si ni le plaisir, ni la sagesse ne suffisent à la vie prise isolément, ne serait-il pas possible de les mélanger indistinctement, unissant toute espèce de plaisir avec toute espèce de sagesse ?

Platon croit que cette hypothèse est suffisamment réfutée par la critique qu'il a faite des plaisirs sensuels. En effet, les plaisirs sensuels sont pour la plupart violents et démesurés, donc ennemis de l'ordre et de la juste raison (4) ; d'autre part, le plaisir sans la conscience (qui, pour Platon comme pour Descartes, est encore de l'intelligence), est une pure abstraction ; enfin, la sagesse et l'intelligence se suffisent à elles-mêmes ; par conséquent dans le mélange on ne devra jamais

---

(1) *Gorgias,* 504, A ; 503 sqq.
(2) *Ibid.,* 505, C.
(3) Cf. *Philèbe.* Trad. Cousin. 59, E, sqq. ; 61, C.
(4) *Ibid.,* 62, C ; 63, B.

sacrifier la raison au profit du plaisir (1). L'intelligence devra donc occuper le premier rang dans la constitution du bonheur, non pas seulement l'intelligence pleine, la science parfaite, celle qui atteint directement la réalité ; mais encore les sciences et les arts approximatifs qui reposent sur la croyance et l'opinion. Le bonheur, tout en étant harmonieux, doit être aussi large, aussi synthétique que possible, et ces diverses connaissances vulgaires, bien qu'elles n'atteignent pas toujours la réalité, ne nuisent en rien à la science vraie ; elles en sont, au contraire, les auxiliaires humbles, il est vrai, mais souvent nécessaires. Platon, comme on le voit, malgré son amour de la spéculation, ne se perd jamais complètement dans l'abstraction ; pendant qu'il contemple le Bien au sommet des Idées, il a toujours un regard vers la terre, il n'oublie pas que le sage est toujours homme, et que, s'il contemple dans son ravissement le nombre éternel qui règle le mouvement des sphères célestes, il n'en a pas moins besoin du compas et de l'équerre pour construire sa demeure (2).

« Harmonieuse synthèse de toutes les connaissances et des plaisirs purs », voilà donc la définition du bonheur que tout le monde poursuit ; voilà l'image sensible du Bien en soi descendu dans une existence humaine. Cette image d'ailleurs, remarque Platon, n'est qu'une image pratique ; c'est une définition encore très obscure (λόγος ἀσώματος), il faudra s'efforcer d'écarter les ombres qui l'enveloppent, afin d'avoir du bien une représentation plus claire et plus précise. On se demande, en effet, tout naturellement, comment le plaisir et la science qui, pris isolément, ne sont le bien ni l'un ni l'autre,

---

(1) *Philèbe*, 63, A sqq.
(2) *Ibid.*, 62, B.

peuvent, en se combinant, produire le bonheur. La raison, dit Platon, c'est que, dans tout mélange parfait, il y doit y avoir concours de trois éléments : un infini ou une matière indéterminée (ἄπειρον); une mesure, un nombre (πέρας) qui limite et précise la matière ; enfin une cause (αἴτιον) qui opère l'union du fini et de l'infini. A cette condition seule le mélange aura une existence réelle dans le monde du devenir, il sera un vrai mélange de réalités (μῖξις εἰδῶν) (1).

Jusque-là nous n'avons encore découvert, pour ainsi dire, que la matière du bien moral, nous avons constitué le mélange, sans rechercher la cause qui préside à sa formation et d'où il tire toute son excellence (2).

Or, il n'est pas difficile, ajoute Platon, de voir d'où un mélange quelconque tire toute sa valeur, car, dans tout mélange quel qu'il soit, et de quelque manière qu'il soit formé, si la mesure et la proportion (μέτρον καὶ ξύμμετρον) ne s'y rencontrent pas, il est nécessaire que les éléments qui le composent, et que le mélange lui-même tout le premier, périssent. « En effet, au lieu d'un mélange, nous n'avons plus qu'une véritable confusion, qui devient un malheur pour ceux qui la possèdent (3). »

La première notion par laquelle le Bien nous apparaît n'est donc autre chose que la mesure, la proportion, c'est-à-dire la *beauté*. La beauté, en effet, pour Platon n'est que le reflet de l'ordre : « Elle jaillit, dit Stallbaum, de l'accord harmonieux de toutes les parties d'un composé (4) »; c'est la traduction sensible et éclatante de l'unité dans la multiplicité, de l'idée dans

(1) *Philèbe*, 64, B.
(2) *Ibid.*, 65, A.
(3) *Ibid.*, 64, D.
(4) *Ibid.*, édit. Stalbaum, p. 363, note.

la matière, de la réalité dans l'apparence, la trace lumineuse que l'intelligible laisse dans le sensible (1). Elle est comparée au rayonnement du soleil qui accompagne toujours la lumière et la chaleur, parce que le beau accompagne toujours lui aussi la vérité et la bonté.

Le Bien absolu se révèle donc dans le bonheur, dans le bien moral, par trois notions, la beauté, la proportion et la vérité, dont la synthèse nous donne la plus haute définition que nous soyons capables d'en donner. Néanmoins Platon maintient au-delà du bien moral le bien absolu, existant en soi comme principe et fin de ce bien dérivé, participé. Aristote (2) pourra le supprimer, car il placera la réalité absolue, non plus dans l'idée, mais uniquement dans l'individu ; mais Platon doit le conserver pour garder à sa philosophie son harmonie et son unité. La morale platonicienne, entendue comme système scientifique, repose donc bien en définitive sur la théorie des idées (3). L'idée du Bien est à la fois le principe de la vérité de l'existence et du bien moral. Toutes ces choses ne sont que des aspects variés d'une réalité une et absolue, des rapports différents mais qui ont tous un terme commun. Non seulement la connaissance du vrai, mais l'amour, la beauté, le bien moral et le bonheur, tout conduit à l'être, au Bien suprême, et le sage est celui qui marche vers cette perfection avec tous ses élans, avec toute son âme.

(1) Sur le Beau et sa nature, cf. *Rép.*, V, VI, p. 486, E; *Hippias; Ion; Politique*, p. 284, B ; *Timée*, p. 87, D, etc.
(2) ARISTOTE, *Éthique à Nicomaque*, A, 6 sqq.
(3) Nous n'ignorons pas que Platon (*Rép.*, VIII, 144, D) nous avertit que les systèmes de morale aussi bien que les codes ont pour base « non des rochers et des chênes, mais les mœurs d'une cité ». Néanmoins nous ne voyons dans cette remarque aucune raison sérieuse qui combatte notre assertion.

Cette définition du Bien par la beauté, la proportion et la vérité, nous permettra de juger définitivement le plaisir et toutes les choses humaines. Ainsi l'analyse du plaisir et de l'intelligence a servi à nous faire découvrir ce qu'était le Bien, et maintenant la définition du Bien nous permettra d'apprécier à leur juste valeur l'intelligence et le plaisir.

Il n'est pas difficile de constater combien le plaisir, du moment qu'on le considère, abstraction faite de toute intelligence et de toute sagesse, est, de sa nature, mensonger et ennemi de la mesure, de l'ordre et de la beauté, tandis que l'intelligence est de la nature même de la vérité, que la sagesse reflète l'ordre et la proportion en toutes choses.

Pour quelle raison le plaisir fera-t-il donc partie du souverain Bien? Les interprétateurs de Platon n'ont pas toujours été d'accord sur ce point. On s'est demandé si Platon admettait, dans sa conception idéale de la vie, le plaisir en tant que plaisir, en tant qu'affection agréable, ou simplement si c'était pour l'élément de vérité, de réalité, dont la jouissance est toujours le signe, qu'il faisait une place au plaisir, dans la constitution définitive de la vie humaine. Tous les plaisirs, en effet, même ceux qui sont sans mélange de douleur, admettent néanmoins une certaine intensité, donc une certaine indétermination : l'enthousiasme du sage contemplant les essences semble assurément devoir être plus vif que celui de la foule rencontrant la vérité dans les ombres du monde sensible. S'il en est ainsi, le plaisir pur appartient lui-même au genre de l'infini, et, comme tel, renferme en lui les mêmes imperfections que les plaisirs faux, ou du moins incertains et variables, de la sensation et de l'opinion. De plus, en s'en tenant strictement au texte d'un passage très discuté du *Phi-*

lèbe (1), il semble bien que Platon n'ait admis les plaisirs purs que pour l'élément de vérité et de réalité qu'ils contiennent : « Au cinquième rang, dit-il, se placent les plaisirs que nous avons distingués des autres, comme étant exempts de mélange, ces plaisirs que nous avons nommés les perceptions pures (2) de l'âme et qui suivent les sensations. »

Telles sont les raisons que l'on apporte généralement, pour prouver que Platon a banni de la vie heureuse toute jouissance acceptée simplement pour elle-même.

Il y a un fond de vérité dans ces observations. Sans tenir compte d'une façon trop rigoureuse d'un texte qui a trop l'allure d'une conversation familière pour prétendre à une précision absolue, et qui, d'autre part, a pu subir, par la suite des temps, des altérations inévitables, il est bien certain, qu'aux yeux de Platon, le plaisir n'est qu'un accident du souverain bien ; et ce n'est qu'en tant qu'il est lié à l'intelligence, à l'ordre et à la beauté, qu'il fait partie du bonheur (3).

Néanmoins, c'est bien le plaisir dans sa partie affective que Platon proclame nécessaire à l'homme. Si l'idéal de la vie, c'est l'indifférence absolue, l'idéal de la vie de l'homme est le bonheur, et le bonheur humain n'est point, comme le croiront plus tard les sceptiques, les stoïciens et les epicuriens rigides, séparé de toute jouissance. Vivre conformément à l'idéal moral, ce n'est pas simplement jouir, mais c'est cependant être heureux.

On pourrait dire que le grand mérite de Platon, dans

---

(1) *Philèbe*, 66, C.
(2) Ἐπιστήμας.
(3) Cf. p. 148.

cette question, est d'avoir dégagé cette vérité profonde que, si le bonheur était un plaisir, le plaisir était néanmoins irréductible au bonheur. Le bonheur d'ailleurs n'est variable qu'en apparence ; ce n'est point de son essence que résulte son intensité, ses degrés ; c'est de la réalité qu'atteint la connaissance ou l'amour qui le produit ou l'accompagne : le plaisir pur est comme la beauté, comme la justice, une manifestation de la réalité, de la vérité de la bonté dans le monde sensible. Aussi, quoique ces plaisirs ne soient que des accidents du bien, on peut les aimer, les rechercher, assuré à l'avance que, par-delà ce signe, on trouvera la réalité pleine et absolue qui le soutient.

Le bon sens, l'analyse logique, l'analyse psychologique, la métaphysique, tout s'accorde, dans un concert merveilleux, pour proclamer aux hommes que le plaisir du voluptueux est un mensonge et que, dans toutes choses, dans la vie et dans le devenir universel, l'ordre, la vérité, la beauté, l'existence, comme le bonheur, ne sont que l'image changeante de la seule réalité immuable, absolue, le souverain Bien, le Bien en soi.

On ne peut donc affirmer d'une façon absolue, dans un jugement analytique, que le plaisir est le bonheur ; mais, d'autre part, il est aussi faux de prétendre, comme le faisait Antisthène et son école, que le plaisir est le mal (1), ou est un mal, sous prétexte que le bonheur ne consiste pas à jouir, mais simplement à n'avoir pas de peine, puisque, comme le remarque très justement Aristote, ne pas avoir de peine c'est être bien près d'avoir du plaisir.

---

(1) Speusippe semble avoir soutenu la même opinion. Cf. Aulu-Gelle, ix, 5 : Speusippus vetusque omnis Academia voluptatem et dolorem duo mala esse dicunt opposita inter sese; bonum autem, esse quod utriusque medium foret. Cf. *Éthique à Nicomaque*, II, 13 ; 1153ᵇ, 1 sqq.

Aristote va plus loin et trouve que son maître est loin d'avoir fait au plaisir toute sa part. Pour Platon, en effet, le plaisir, en définitive, n'était qu'un accessoire du bien et du bonheur, c'était toujours un être incomplètement réalisé ; il n'était bon qu'en tant qu'il participait à la bonté en soi, qu'il était en rapport avec elle ; mais cette bonté lui était, par essence, étrangère. Sans doute, le plaisir faisait partie de la vie heureuse ; mais non comme élément intégral ; une vie parfaite eût été celle qui n'aurait connu que la contemplation impassible.

Aussi, dans son plaidoyer pour le plaisir, Aristote attaquera-t-il au passage non seulement les arguments de ceux qui condamnent absolument la jouissance, mais encore il aura soin de montrer combien Platon et son école ont été injustes envers le plus humain et le plus impérieux de nos sentiments.

L'objection la plus grave qu'on ait faite contre le plaisir et au fond celle d'où procèdent toutes les autres, c'est de prétendre que le plaisir soit un écoulement, un devenir, une génération, c'est-à-dire quelque chose en voie de se faire, mais qui ne peut et ne doit jamais arriver à se constituer définitivement, par conséquent quelque chose d'essentiellement imparfait, de faux et de trompeur. Toutes les morales rigoristes avaient fait de ce raisonnement comme la base même de leur système.

Platon, de son côté, sans accepter complètement cette doctrine (1), croyait cependant qu'elle renfermait

(1) Nous sommes convaincu que, pour Platon, tous les plaisirs, même les plaisirs purs, sont des générations, des essences en formation, mais dans le sens très particulier où nous l'expliquerons dans la suite. Grant (*Ethics of Aristotle*, II, 320, note 4), suppose que Platon ne s'est servi de cet argument emprunté aux Cyrénaïques, que comme une réponse *ad hominem*, et que c'est seulement Speusippe qui en a fait

une grande part de vérité, et qu'il suffisait de l'interpréter dans le sens du relativisme universel, pour lui donner toute sa force et toute sa portée (1).

Aussi Aristote porte-t-il toute son attention sur ce point capital et s'applique-t-il à répondre tout à la fois aux inventeurs de cette théorie et à ceux qui, en la déguisant, en font leur profit.

On répète généralement que Platon enseignait qu'il n'y avait point de plaisir qui ne fût précédé et accompagné de douleur ; il y a là, croyons-nous, une erreur historique, puisque précisément nous avons vu que Platon divisait les plaisirs en deux grandes classes, les plaisirs mélangés de souffrance, et les plaisirs purs, c'est-à-dire ceux qui n'étaient alliés en aucune façon à la douleur (2).

C'est que pour Platon (et c'est là précisément un progrès qu'il a fait faire au sujet), dire que les plaisirs sont des générations et dire que les plaisirs sont précédés de douleur ne sont point le moins du monde deux propositions identiques. Les plaisirs mélangés sont des *générations* particulières en ce sens qu'ils sont tous des restitutions d'un état conforme de la nature, des désirs qui se remplissent progressivement ; tels sont les plaisirs du boire et du manger. Si les plaisirs purs sont, eux aussi, des générations, c'est d'une façon toute différente ; on ne peut plus les expliquer par la satis-

---

une doctrine définitive. Dans un autre endroit, Grant attribue toujours à Speusippe, et non à Platon, cette doctrine, que tous les plaisirs, même ceux de l'intelligence, sont des *générations*, sous prétexte qu'ils sont, d'après Platon, des choses sans mesure (ἀμετρία), comme les autres. Nous croyons que cette interprétation est latente tout au moins, même dans la théorie de Platon. Voir *The Ethics of Aristotle*, tome II, p. 319, note 2. Cf. *Philèbe*, 50, E ; 53, C, *Banquet*, 210, B, sqq.

(1) Cf. *Grande Morale*, II, 7 : 1204ᵇ, 4 sqq. ; *Éthique à Nicomaque*, II, 12 : 1152ᵃ, 7 sqq. ; K, 2 : 1173ᵃ, 28 sqq.

(2) Voir page 134, sqq.

faction d'un besoin, puisqu'ils naissent sans besoin, du moins sans besoin senti, sans douleur ; ils sont des générations en ce sens qu'ils n'existent jamais par eux-mêmes ni pour eux-mêmes, mais toujours pour une fin en dehors d'eux, de même que l'art de construire des vaisseaux n'existe qu'en vue de constructions navales. Nous dirions que le plaisir, même le plaisir pur, est toujours un moyen, mais jamais une fin, qu'il tend à l'être, au bien, mais qu'il n'est jamais de la catégorie des substances réalisées (1).

Aristote s'efforcera de prouver que, dans aucune façon, on ne peut dire que le plaisir soit une génération. Il remarque d'abord qu'à tort ou à raison certains philosophes, confondant les termes, disent indifféremment que le plaisir est un *mouvement* ou une *génération* (κίνησις, γένεσις) (2).

Or, le plaisir ne saurait être un mouvement, et voici pourquoi : « Il semble, dit Aristote, que tout mouvement ait pour qualités propres la vitesse et la lenteur, et, si certain mouvement, comme le mouvement du monde, n'a pas ces propriétés par lui-même, il les a du moins relativement à un autre mouvement. Mais ni l'une ni l'autre de ces qualités ne s'applique au plaisir ni directement, ni indirectement. On peut bien avoir éprouvé un plaisir qui a duré longtemps, comme on peut avoir ressenti une longue colère ; mais, dans le fait même de jouir, il n'y a ni lenteur ni

---

(1) Τῶν γεγενημένων οὐσίων Cf. *Philèbe*, 54, C, D, E.

(2) Bien que, dans ce passage, Aristote semble confondre les deux termes de *mouvement* et de *génération*, les concepts traduits par ces deux mots ne sont pas tout à fait identiques. Le mouvement (κίνησις) désigne, comme le dit Aristote, quelque chose d'indéfini, mais néanmoins en voie d'actualisation (ἐνέργεια ἀτελής). V. page 20, sqq.

La génération (γένεσις) ferait plutôt abstraction de la partie en acte que renferme le mouvement, pour ne voir que la partie indéterminée, le devenir ; il n'y a rien d'actualisé dans la γένεσις.

vitesse, ni en soi, ni comparativement à autre chose ; on comprend qu'on parle de vitesse s'il s'agit du fait de marcher, de grandir ou d'autres actions analogues. On peut encore passer rapidement d'un plaisir à un autre ou d'un état douloureux à un plaisir : mais dans l'acte de jouir il n'y a ni vitesse ni lenteur, par conséquent pas d'écoulement (1). »

Le plaisir, en effet, est « un tout (2) », quelque chose d'achevé, de complet, par le seul fait qu'il est, puisqu'il est un acte et un acte entièrement réalisé, ou tout au moins, non un acte essentiellement incomplet, comme le mouvement.

Tout mouvement, nous l'avons vu, s'accomplit dans un laps de temps donné, et vise à une fin dont il ne renferme en lui qu'une sorte de participation provisoire, mais qu'il ne possédera complètement que lorsqu'il aura atteint son but, c'est-à-dire lorsqu'il se sera transformé en repos. Or si, dans ce *processus* du mouvement, je prends comme des fractions de mouvements, correspondants à des fractions déterminées de temps, j'obtiendrai alors des mouvements partiels qui différeront à la fois et du mouvement total et entre eux pris isolément. Ils différeront du mouvement total, en ce qu'il y aura moins d'acte dans chacune des parties que dans l'ensemble ; ils différeront les uns des autres, en ce sens que le second, plus près du terme que le premier, renfermera aussi plus d'acte que le premier ; le troisième, que le second, etc. (3)

Cette démonstration est très claire en elle-même, quand on a bien compris en quoi consiste l'essence du

---

(1) Cf. *Éthique à Nicomaque* K, 2 ; 1173ᵃ, 29 sqq.
(2) Ὅλον γάρ τι ἐστίν. *Éthique à Nicomaque*. K, 2; 1174ᵇ, 17.
(3) *Éthique à Nicomaque*. K, 2; 1174ᵇ, 11 sqq.

mouvement. Aristote, d'ailleurs, essaye de la rendre aussi intelligible que possible, en l'illustrant d'exemples familiers. Soit le mouvement de la marche : je vais de Sparte à Athènes. Le mouvement complet sera le parcours total de la ligne qui unit ces deux villes. Supposons que ce voyage demande dix jours. La route accomplie le premier jour différera assurément de la route accomplie le second, celle accomplie le second, de celle accomplie le troisième, puisque le troisième jour je serai plus près du terme que le second, et le second, plus près du terme que le premier.

L'une quelconque de ces étapes différera, à plus forte raison, de la marche totale, puisque la marche totale sera terminée par sa fin qui est Athènes, et qu'aucune des étapes intermédiaires n'aura ce privilège.

Soit donc un mobile M, en mouvement dans une

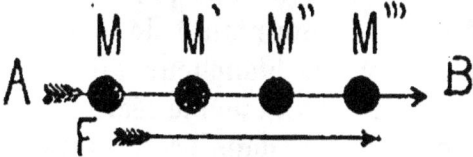

direction donnée A B, et marchant dans le sens de la flèche F. Supposons que ce mobile parcoure la distance A B en un temps déterminé d'une durée totale T ; je puis considérer la situation du mobile M au bout de durées partielles t, t', t'', t''' ; dans cette hypothèse, le mobile occupera respectivement les positions M, M', M'', M'''. Or, il est facile de saisir que le mouvement du mobile, à chacun de ces moments, sera différent. Dans la position M, en effet, le mouvement du mobile ne participera à la fin B qu'il poursuit, que dans un rapport qu'on pourra déterminer par la proportion $\frac{AB}{AM}$; dans la position M', ce rapport sera $\frac{AB}{AM'}$

dans la position M''', $\frac{A\,B}{A\,M'''}$, etc. On ne pourra donc dire que le mouvement du mobile en position M est le même essentiellement, spécifiquement, que dans les positions M', M'', M'''; et, à plus forte raison, chacun des mouvements, pris au bout d'une fraction de temps donnée, différera complètement du mouvement considéré au terme de la durée totale.

On ne saurait donc dire qu'aucun mouvement se ressemble spécifiquement, c'est-à-dire quant à sa détermination intrinsèque (1). Au contraire, tout acte, quel que soit le moment de sa durée pendant lequel on le considère, est homogène avec lui-même. L'acte est une sorte de qualité (2) distribuée dans le temps, comme la qualité extensive, la blancheur par exemple, est une qualité distribuée dans l'étendue. Il y a autant de réalité et la même réalité de blancheur dans un centimètre carré de blancheur que dans un mètre carré; de même, il y a la même réalité dans une fraction quelconque d'acte que dans l'acte tout entier.

C'est évidemment là ce qu'Aristote veut faire entendre, lorsqu'il écrit ces mots : « L'acte de la vision, quel que soit le moment auquel on le considère, est quelque chose de complet en soi, car l'acte de la vision en lui-même n'a besoin de rien qui vienne compléter sa nature. Sous ce rapport, le plaisir se rapproche de la vision..., et il est impossible, dans un temps déterminé, de trouver un plaisir qui, en subsistant un temps

---

(1) Κατὰ εἶδος. *Éthique à Nicomaque*, K, 2; 1174ᵇ, 10, 18, 22, etc.

(2) Nous ne voulons pas dire par là que l'*acte* en général et le plaisir en particulier soient des *qualités* proprement dites. On ne peut nier néanmoins qu'entre un *acte* quel qu'il soit, et la *qualité*, il n'y ait une sorte d'analogie. Aristote l'affirme expressément. Cf. *Éthique à Nicomaque*, K, 2; 1173ᵇ, 13 sqq.

plus long, devienne dans son essence plus complet qu'il ne l'était d'abord (1). »

Le plaisir n'est donc pas un mouvement (2) ; cette démonstration suffirait, à la rigueur, à prouver qu'il n'est pas une *génération;* mais Aristote veut aller combattre ses adversaires sur leur propre terrain, et réfuter un à un les arguments dont ils croient appuyer leur thèse.

Pour Aristote, ceux qui, les premiers, ont inventé cette théorie du plaisir n'ont fait que généraliser une explication particulière des plaisirs de la bouche (3). C'est un fait indéniable que l'on ne jouit, en mangeant ou en buvant, que proportionnellement à l'intensité du besoin éprouvé ; à mesure que la faim ou la soif diminuent, le plaisir lui aussi s'évanouit ; si bien qu'au moment même où le désir est satisfait, le plaisir lui-même disparaît complètement. Si donc l'on veut qu'une jouissance soit une *génération,* par le seul fait qu'elle est unie à la douleur, on pourra dire que les plaisirs du goût, et même quelques autres plaisirs du corps sont de véritables *générations* ou du moins nous apparaissent tels.

Mais ce serait faire preuve de peu de pénétration psychologique et aller contre l'évidence même, que de

(1) *Éthique à Nicomaque,* K, 2; 1174ᵇ., 13 sqq. : Δοκεῖ γὰρ ἡ μὲν ὅρασις καθ' ὁντινοῦν χρόνον τελεία εἶναι (οὐ γάρ ἐστιν ἐνδεής οὐδενός ὅ εἰς ὕστερον γενόμενον τελειώσει αὐτῆς τὸ εἶδος) τοιούτῳ δ' ἔοικεν καὶ ἡ ἡδονή. Ὅλον γάρ τι ἐστίν, καὶ κατ' οὐδένα χρόνον λάβοι τις ἂν ἡδονῆς ἧς ἐπὶ πλείω χρόνον γινομένης τελειωθήσεται τὸ εἶδος.

(2) Par conséquent, le plaisir n'est pas davantage, en lui-même, une chose indéterminée : s'il admet du *plus* et du *moins,* ce n'est que par accident, que par rapport au sujet dans lequel il se trouve. On dira qu'un homme possède plus ou moins de plaisir, comme on dit qu'il possède plus ou moins de vertu, de justice ou de toute autre qualité. *Éthique à Nicomaque,* K, 2; 1173ᵇ, 15 sqq.

(3) *Éthique à Nicomaque,* K, 2; 1173ᵇ, 13.

soutenir, ainsi que l'ont fait les ennemis irréconciliables du plaisir, qu'il en est du plaisir en général, de tous les plaisirs en un mot, comme de ces plaisirs inférieurs, et que toutes les jouissances sont des générations parce qu'elles sont accompagnées de douleur.

Parmi les plaisirs corporels, il y en a même qui ne nous apparaissent nullement comme provenant de la satisfaction d'un désir ; la douleur ne les accompagne généralement pas, ou du moins nous ne la sentons point. Tels sont les plaisirs de l'ouïe, de l'odorat et de la vue.

Mais les jouissances sensuelles ne sont pas les seules que nous puissions goûter ; il y a des joies qui appartiennent plus à l'âme, et parmi ces plaisirs il y en a quelques-uns provenant, soit de l'imagination, soit de la mémoire, qui, parfois, apparaissent soudainement en nous et desquels aussi la douleur est la plupart du temps absente. Ce ne sont donc pas des *générations*, ou du moins nous ne les percevons pas ainsi. A plus forte raison on ne saurait soutenir que les plaisirs de l'intelligence pure, ceux qui naissent de la connaissance, de la science, nous apparaissent comme nécessairement conditionnés par la douleur : ce sont tous des plaisirs purs, des plaisirs sans mélange.

Jusque-là Aristote s'accorde parfaitement avec Platon. Tous deux reconnaissent que nous éprouvons certaines émotions agréables qui n'apparaissent pas à la conscience comme essentiellement engagées dans la douleur. En ce sens, on ne peut dire que ces plaisirs soient des *générations* ; il serait même faux d'affirmer qu'ils sont accompagnés de *génération*, c'est-à-dire de la conscience d'un devenir ; nous les percevons, non comme des phénomènes qui se produisent progressivement en nous, mais comme des émotions réellement existantes dont nous jouissons pleinement (1).

Mais Aristote va plus loin, et, par une analyse très fine et très pénétrante, il croit prouver qu'aucun plaisir, pas même les plaisirs sensuels ne peuvent être considérés à proprement parler comme des *générations* (2). Pour lui, l'essence du plaisir n'est point dans un rapport, dans un devenir s'acheminant vers l'être, la traduction psychologique d'un retour à un état conforme à la nature, d'où la nature était sortie ; il n'est pas davantage l'expression de la marche ascensionnelle de l'âme en voie d'arriver au Bien qui nous attire ; le plaisir en lui-même intrinsèquement est quelque chose de fixe, de constitué, de déterminé. Il n'est point, comme dirait Platon, du domaine, de la catégorie de l'*infini* ; il appartient au genre de la substance réalisée, de l'essence complètement achevée. C'est pourquoi Aristote définit le plaisir en lui-même, un *acte* et une *fin* (ἐνέργεια καὶ τέλος) (3).

Ceux qui croient que le plaisir, même le plaisir sensuel, est une *génération,* ou qu'il se traduit comme *un devenir* à la conscience, sont tout simplement victimes d'une illusion psychologique, car ils prennent le sentiment d'un acte, la conscience d'une activité qui se développe, pour le sentiment d'une génération, d'un mouvement, c'est-à-dire d'une série qui s'écoule.

C'est dans cette remarque que se trouve le point essentiel de toute la théorie d'Aristote sur le plaisir. Aussi est-il visiblement préoccupé de nous faire bien pénétrer toute sa pensée. Voici comment il s'explique à ce sujet

---

(1) *Éthique à Nicomaque,* II, 12 ; 1153ª, 10, 11.
(2) Τὸ δ' ὅλον οὐκ ἔστιν οὐδεμία ἡδονὴ γένεσις. *Grande Morale,* B, 7 : 1204ᵇ, 20, 21.
(3) *Éthique à Nicomaque,* II, 14 ; 1153ª, 10.

dans la *Grande Morale* (1) : « Ceux qui prétendent que de tels plaisirs (plaisir du boire et du manger) sont réellement des *générations* se trompent. Ils croient qu'il y a plaisir, parce que l'ingestion des aliments se fait progressivement (τῆς προσφορᾶς γιγνομένης), et, pour ce motif, ils appellent le plaisir quelque chose qui se fait, une *génération*. C'est à tort, car au moment même où nous ingérons les aliments dont nous avons besoin, il y a une certaine partie de notre âme qui entre en mouvement et en activité, et c'est par cette partie de l'âme que nous jouissons ; en sorte que le plaisir n'est autre chose qu'un certain mouvement, qu'un acte de l'âme. Or, parce que cette partie spéciale de l'âme entre en activité en même temps que l'ingestion des aliments se fait, ou simplement parce que nous avons conscience de cette activité qui se déplace, nous concluons que le plaisir est une génération (2). Cette confusion est d'autant plus facile que l'on porte toute son attention sur le fait même de la réplétion par les aliments, fait qui tombe de lui-même sous l'observation, et non sur la partie affectée de l'âme, phénomène qui ne se montre pas. Et pourtant, agir ainsi est aussi illogique que de réduire l'homme à n'être qu'un corps, sous prétexte que le corps seul tombe sous les sens, tandis que l'âme n'y tombe pas. Et cependant l'homme a une âme aussi bien qu'un corps. »

Si nous comprenons bien Aristote, l'illusion psychologique, grâce à laquelle le plaisir nous apparaît comme un devenir, une génération, tient tout simplement à ce que nous appellerions un phénomène d'association de sensations.

(1) *Grande Morale*, B, 7 ; 1204ᵇ, 3, à 1205ᵃ, 7.
(2) Cf. *Morale à Nicomaque*, K, 2 ; 1173ᵇ, 8 sqq., où la même pensée est présentée d'une autre façon.

Prenons un exemple : J'ai soif ; je commence à boire. Que se passe-t-il dans mon être ? D'abord, pour le corps qui est vide dans toute la force du mot, il se produira à la lettre un phénomène de *réplétion* (πλήρωσις, προσ-φορά, etc.) ; j'ai alors en moi l'image d'un vase qui se remplit progressivement ; cette image évoquée dans ma mémoire ou mon imagination rend assez justement compte du phénomène purement physique qui se produit dans mon corps ; cette image se précise et se renforce encore par le fait même que, pour boire, je verse réellement dans mon corps, comme dans un vase.

En même temps que s'accomplit ce phénomène purement matériel, la partie de mon âme destinée à cet effet entre dans son activité propre, c'est-à-dire jouit.

Voilà donc que ces deux phénomènes se superposent et ne forment plus, pour ainsi dire, aux yeux de la conscience, qu'un phénomène unique, présentant deux faces distinctes. Comme le plaisir est l'élément qui domine, il se subordonne l'image de satisfaction, de génération ; et c'est ainsi que la jouissance apparaît comme un désir, comme une réplétion.

Cette critique, reposant sur une analyse psychologique très juste, nous semble décisive contre tous ceux qui faisaient du plaisir un mouvement de génération ; bien plus, dans la pensée d'Aristote, elle atteint *a fortiori* la théorie générale de Platon relative à tous les plaisirs.

Si, en effet, les plaisirs les plus grossiers sont tous des actes, la traduction sensible d'une activité psychique déterminée, et non des possibilités permanentes de réalité ; à plus forte raison, en est-il ainsi des plaisirs plus élevés, et particulièrement des plaisirs dont la douleur est absente et qui apparaissent à l'âme comme des émotions parfaitement constituées et en équilibre. Donc, de même qu'il y a dans l'âme une partie spéciale qui nous fait éprouver le plaisir, et qui entre en acte en même temps que nous satisfaisons notre besoin, il y a aussi une partie plus noble qui s'actualise et nous fait jouir, lorsque notre intelligence entre en rapport avec la vérité, la justice ou la beauté.

D'autres disent, continue Aristote, que le plaisir n'est pas un devenir quelconque, mais bien plutôt le sentiment que nous éprouvons lorsque l'harmonie brisée de notre nature se rétablit (1); et, en effet, tous les êtres, dont la nature est parfaitement en équilibre, éprouvent, par cela même, une certaine jouissance. Or, c'est revenir à son équilibre naturel que de satisfaire à un besoin de la nature; jouir, c'est donc sentir que l'on comble un désir, et le plaisir est bien le sentiment d'une harmonie naturelle qui se rétablit.

Aristote se contente de répondre que cette objection ne diffère pas de la première. Que le plaisir soit en effet le sentiment d'un besoin qui se satisfait, cela revient à dire que le plaisir est le sentiment d'une simple *génération*, puisque tout désir, tout besoin a sa racine dans une douleur, suppose la conscience d'une douleur; or, il a été prouvé abondamment qu'il y a des plaisirs sans mélange et que les plaisirs mélangés de douleur eux-mêmes n'étaient point pour cela des générations proprement dites.

On ne peut donc dire absolument que le plaisir en général soit un devenir; pas même qu'aucun plaisir soit essentiellement quelque chose d'inachevé, une entité en voie perpétuelle de formation. Le plaisir, en

---

(1) *Grande Morale*, B, 7; 1204ᵇ, 36 : « Καὶ ἀποκατάστασις δέ, φασίν, εἰς φύσιν αἰσθητή. »

effet, à bien considérer les choses et contrairement à ce qu'enseignait Platon, est bien plus une fin qu'un moyen ; il a en soi, en tant que plaisir, toute sa raison d'être : bien plus, il arrive certains cas où il n'est subordonné à aucune autre fin supérieure à lui, telle est la nature de tous les plaisirs qui n'ont pas spécialement pour but de conduire l'être à la perfection de sa nature. Dans ces plaisirs, la fin c'est la jouissance même ; ces plaisirs existent pour eux-mêmes, et non pour une fin extérieure. Kant dirait que ce sont des finalités sans fin.

Il n'y a nul doute qu'Aristote n'ait entendu, par ces plaisirs, les plaisirs de la contemplation, du ravissement intellectuel, ces jouissances suprasensibles dont parle Platon, dans le *Philèbe*, et qui naissent en nous, lorsque notre âme est mise directement en rapport avec les belles lignes, les belles formes, les beaux sons ou l'essence des choses.

De ce que le plaisir n'est ni un mouvement, ni une génération, il ne s'ensuit cependant nullement qu'il soit le bien, pas même qu'il soit un bien par rapport à nous ; tout ce que nous pouvons affirmer de lui, c'est qu'il renferme dans sa notion les conditions de l'existence, qu'il possède sa réalité propre. Sans doute, tout être a en soi une certaine bonté intrinsèque, par le seul fait qu'il existe ; mais on ne peut dire qu'il ait par cela même une bonté morale, c'est-à-dire qu'il soit bon pour nous. C'est pourquoi Aristote continue son apologie du plaisir et s'efforce de prouver sa bonté comme fin, c'est-à-dire sa valeur morale. Voici, réduit à ses grandes lignes, le plan de son raisonnement.

Puisque, d'une part, le plaisir est quelque chose de réel ; puisque, d'autre part, tous les êtres vivants recherchent universellement le plaisir comme un bien, non seulement les êtres sans raison, mais encore ceux qui la possèdent, il est nécessaire que le plaisir soit bon. Cette proposition apparaîtra dans toute sa clarté lorsqu'il aura été démontré que tous les griefs apportés contre le plaisir n'infirment en rien sa valeur morale et reposent tous sur des raisons fausses ou sur des analyses incomplètes.

Aristote réduit à quatre les principales raisons pour lesquelles on a coutume de rejeter le plaisir de la catégorie des biens.

On dit d'abord qu'il y a des plaisirs mauvais, des plaisirs honteux ; ensuite, qu'il y a des plaisirs qui s'opposent au bien, à la vertu ; troisièmement, que le plaisir se trouve aussi bien dans l'homme méchant et corrompu que dans l'homme honnête et vertueux ; quatrièmement, enfin, qu'il n'y a pas d'art possible du plaisir, tandis que tout bien est le produit d'un art régulier.

Toutes ces objections devaient être, à n'en pas douter, les thèmes ordinaires sur lesquels les ennemis du plaisir brodaient leurs diatribes contre les écoles hédonistes (1). Aristote a vite fait de montrer l'inanité de ces raisons, ou, tout au moins, de prouver combien la démonstration qu'elles semblent appuyer les dépasse.

« Ne pourrait-on pas répondre, dit-il, à ceux qui citent les plaisirs honteux, que ce ne sont pas là véritablement des plaisirs ? Ce n'est pas, en effet, parce que ces jouissances sont agréables à des gens mal organisés, qu'on peut dire que ce seront des plaisirs pour des natures autres que celles-là : de même, par exemple, qu'on ne prend pas pour sain, doux ou amer,

---

(1) Voir le *Gorgias* de Platon où la plupart de ces arguments sont exposés par les interlocuteurs.

tout ce qui est amer, doux et sain, au goût des malades ; et qu'on ne trouve pas de couleur blanche tout ce qui paraît de cette couleur à des yeux infirmes (1).

« Ou bien ne serait-il pas encore légitime de dire que les plaisirs en général sont dignes de notre préférence, mais non pas ceux qui viennent de ces sources impures ; comme la fortune est désirable, mais non pas au prix d'une trahison, comme la santé est désirable en soi, mais non pas pour ceux qui en profitent pour se nourrir de tout sans discernement ! Enfin ne peut-on pas soutenir que les plaisirs diffèrent en espèce ? Les plaisirs qui viennent d'actes bons sont tout autres que ceux qui viennent d'actes infâmes (2). »

Quant à la seconde objection qui reproche au plaisir d'être un obstacle au bien, Aristote en a facilement raison. L'erreur, dit-il, vient de ce qu'on n'a pas assez étudié les rapports du plaisir et de l'action. Sans doute certains plaisirs s'opposent entre eux, se nuisent réciproquement et nuisent à nos actions : ainsi les joies de l'ivresse pourront empêcher momentanément et dans un même individu, les jouissances de la contemplation ou de la vertu ; mais n'en est-il pas de même pour tout ce qui nous affecte, pour les sciences elles-mêmes ? Est-ce que le grammairien, par exemple, au moment même où il sera occupé de ses études gram-

---

(1) Pour bien comprendre toute la force de ce raisonnement, il faut se reporter à la théorie de la sensation d'après Aristote, et surtout à l'explication psychologique qu'il donne de l'apparition du plaisir dans l'être sensible. Voir page 55, sqq.

Tous ces plaisirs, comme aurait déjà dit Démocrite, ne sont réels que par rapport à l'estimation (νόμῳ) de celui qui les goûte. Cf. Theophr., de Sens., 61 (Dox. 516), cité dans Ritter et Preller, Historia Philosophiæ Græcæ, p. 162 (8ᵉ édition).

(2) Cf. Éthique à Nicomaque, K, 2 ; 1173ᵃ, 25 sqq. ; Grande Morale, B. 7 ; 1205ᵃ, 16 sqq. Voir supra, page 150, sqq., ce qu'il faut entendre par espèces de plaisirs.

maticales, pourra se livrer à l'étude des mathématiques ? Et pourtant il sera injuste de dire que la connaissance de la grammaire est un obstacle à la science en général.

Les plaisirs n'ont donc entre eux que des oppositions accidentelles, des oppositions qui viennent de raisons étrangères au plaisir ; mais le plaisir en lui-même ne se contredit point ; pas plus qu'aucun acte quelconque ne se contredit intrinsèquement et en tant qu'acte. De plus, si l'on considère les rapports du plaisir et de l'acte spécial qu'il achève, nous verrons que le plaisir, au lieu d'être un obstacle, est, au contraire, comme un excitant, comme un stimulant, grâce auquel nous accomplissons plus vite et mieux l'acte qu'il accompagne. Il est bien évident, en effet, que le plaisir qui suivra un acte que l'on a accompli ne pourra être appelé un obstacle à cet acte, puisque le plaisir n'apparaîtra qu'une fois cet acte achevé, consommé ; mais lorsque nous répéterons cet acte, le souvenir de la jouissance que nous aurons éprouvée en l'accomplissant jadis sera pour nous comme une force de surcroît qui nous poussera à l'action (1).

Quant à prétendre que le plaisir n'est pas un bien, parce que le plaisir est dans tous les êtres, dans les bons comme dans les mauvais, n'est-ce pas avouer, au contraire, que la jouissance est en soi génériquement bonne, puisque tous les êtres, quels qu'ils soient, la recherchent et ne sauraient s'en passer (2) ?

Enfin, on dit que le plaisir n'est pas l'objet d'un art, qu'il n'y a pas d'art du plaisir, tandis qu'il y a un art

---

(1) Cf. *Grande Morale*, B, 7 ; 1206ᵃ, 1 à 25 ; *Éthique à Nicomaque*, II, 13 ; 1153ᵃ, 20 sqq.; K, 5 ; 1175ᵃ, 28 sqq.
(2) Cf. *Éthique à Nicomaque*, II, 13 ; 1153ᵃ, 27 sqq.; *Grande Morale*, B, 7 ; 1205ᵇ, 23 sqq.

du bien, et on en conclut que le plaisir ne saurait être de même nature que le bien. Sans doute, répond Aristote, il n'y a pas d'art du plaisir, en ce sens que le plaisir est, dès le premier instant de son apparition, tout ce qu'il peut être, précisément parce qu'il est un acte ; mais, est-ce à dire qu'il ne saurait y avoir une discipline réglémentée pour diriger nos actions au plaisir, comme il y en a une pour les diriger au bien ? Le bien, non plus, n'est pas en lui-même l'objet d'un art ; c'est l'acquisition du bien, les moyens de l'atteindre qui constituent la morale, l'art de l'éthique (1).

S'il est téméraire et illogique de faire du plaisir le souverain bien de l'homme, on ne saurait davantage se refuser à accorder que le plaisir est un bien réel et véritable, un bien parfaitement déterminé et digne d'être recherché par lui-même. Aristote, comme on le voit, se sépare ici assez nettement de Platon ; le plaisir, pour Aristote, n'est plus cet être fictif, ce devenir inachevé, qui ne se soutient que grâce au bien suprême, comme l'ombre n'existe que par l'objet, comme le moins n'existe que par rapport au plus, la multiplicité, par rapport à l'unité, le mouvement, par rapport au terme qui le précise. Le plaisir est un être plein, achevé, quelque chose de simple dans son essence ; il est du genre des choses indivisibles, de l'acte, du point mathématique, de la monade ou unité (2).

Et pourtant ici, comme partout ailleurs, Aristote précise Platon, beaucoup plus qu'il ne le contredit. Dans sa théorie du plaisir acte, en définitive, il opère toujours la synthèse de l'idée platonicienne et du phénomène,

(1) Cf. *Éthique à Nicomaque*, II. 13 : 1153ᵃ, 23 sqq.
(2) *Éthique à Nicomaque*, K, 3 ; 1174ᵇ, 12 : Οὐδὲ... ὁράτως ἐστι γένεσις, οὐδὲ στερήσις, οὐδὲ μονάδος, οὐδὲ τούτων οὐδὲν κίνησις, οὐδὲ γένεσις · οὐδὲ δὴ ἡδονῆς · ὅλον γάρ τι.

du devenir et de son terme. Faites entrer réellement, véritablement, dans le plaisir platonicien, la fraction de bien qu'il ne renferme que virtuellement (l'idée ou le bien restant toujours, quant à sa réalité pleine, en dehors de l'être contingent), et vous aurez le plaisir tel que l'a conçu Aristote, le plaisir ayant une spécificité propre, intérieure et parfaitement à lui.

CHAPITRE III

PLAISIR ET BONHEUR

Si, d'une part, le plaisir n'est pas le souverain bien humain, le bonheur ; si, d'autre part, le plaisir est cependant un bien universellement recherché par l'homme raisonnable comme par la bête sans raison, quel sera donc le rapport exact du plaisir au bonheur ? Assurément il y aura entre ces deux termes de toute activité sensible une relation très étroite, puisque le plaisir ainsi que le bonheur apparaissent naturellement, et non sans motifs légitimes, comme des fins jusqu'à un certain point souhaitables pour elles-mêmes.

C'est pourquoi, ceux qui prétendent qu'on peut être heureux dans la souffrance, au milieu des tourments, ou dans l'infortune, non seulement opposent un démenti stupide aux sentiments les plus profonds et les plus intimes de la nature, mais encore donnent tête baissée et sans s'en apercevoir contre la logique elle-même (1).

(1) Cf. *Éthique à Nicomaque*, II, 14; 1153ᵃ, 18 sqq. Ce paradoxe, auquel Aristote fait allusion, appartenait sans doute à l'École des Cyniques, avant d'avoir été adopté par les Stoïciens. (Cf. ZELLER, *Philosophie des Grecs*, tome III de la traduction de M. Boutroux, tout le chapitre consacré aux Cyniques, p. 260 sqq.). Aristote a peut-être en vue le passage du *Gorgias* où, au dire de Cicéron (*Tusc.*, V. ix, 24), Théophraste, disciple, ou plus justement ami et compagnon de travaux d'Aristote, avait pris le soin de réfuter lui aussi la morale inhumaine d'Antisthène; ce dont Cicéron semble lui faire un reproche : Theophrastus, cum statuisset verbera, tormenta, cruciatus, patriæ eversiones, exsilia, orbitates, magnam vim habere ad male misereque vivendum, non est ausus elate

Si le plaisir n'est pas le bonheur, le bonheur ne peut exister sans le plaisir, le bonheur même est en quelque sorte un plaisir (1).

Bien plus, puisque le plaisir est un bien, et puisque les plaisirs sont hiérarchisés en valeur et en dignité, pourquoi n'y aurait-il pas un plaisir supérieur, un plaisir souverain qui, à lui seul, constituerait le bonheur, le bien final de l'homme? Aristote affirme nettement que cette hypothèse n'est point absurde en elle-même (2). Pourquoi d'ailleurs le serait-elle? On a bien soutenu que la science était le souverain bien, uniquement parce qu'elle était bonne, et cependant il y a des sciences mauvaises et nuisibles. S'il est vrai qu'il y a des plaisirs mauvais, il y en a aussi d'essentiellement bons et profitables. Mais de plus, est-ce que tout le monde n'est pas d'accord pour croire que la vie heureuse est une vie de plaisir? et quel est l'homme doué de sens commun qui oserait prétendre que celui qui vit dans la peine est un homme heureux (3)?

Il semble même à Aristote qu'il y ait comme une certaine nécessité d'identifier jusqu'à un certain point le plaisir et le bonheur. Qu'est-ce, en effet, que le plaisir, sinon le signe, l'accompagnement, le parachèvement d'un acte aussi complet que possible? Et le bonheur, en quoi consiste-t-il? N'est-ce pas, comme il

---

et ample loqui, cum humiliter demisseque sentiret... Vexatur autem ab omnibus primum in eo libro quem scripsit de vita beata, in quo multa disputat, quamobrem is qui torqueatur, qui crucietur, beatus esse non possit : in eo etiam putatur dicere in rotam beatam vitam non ascendere. Non usquam id quidem dicit omnino, sed, quæ dicit, idem valent.

(1) *Éthique à Nicomaque*, II, 14; 1153ᵇ, 6 sqq.
(2) Τἄριστον δ' οὐδὲν κωλύει ἡδονήν τινα εἶναι, εἰ ἔνιαι φαῦλαι ἡδοναί, ὥσπερ καὶ ἐπιστήμην τινά, ἐνίων φαύλων οὐσῶν. *Éthique à Nicomaque*. II, 14 ; 1153ᵇ, 7 sqq.
(3) *Éthique à Nicomaque*, II, 14 ; 1153ᵇ, 14, 25 sqq.

a été démontré, l'acte le plus parfait, celui qui s'accomplit sans obstacle, soit que cet acte termine la plus haute de nos facultés, soit que cet acte suprême résume en lui tous les actes particuliers de nos diverses puissances et synthétise, dans son absorbante unité, les fins multiples de nos actions (1)? Puisque le plaisir est attaché à l'acte et que le lien par lequel acte et plaisir communiquent est d'autant plus étroit que l'acte est plus parfait (2), n'est-il pas nécessaire qu'à la limite de la perfection, il y ait identification complète de l'acte et du plaisir? Alors plaisir et bonheur seront encore distincts, si l'on veut, mais d'une distinction plus logique que réelle (3); dans l'acte réalisé du bonheur, perfection de l'être, bonté de l'être, joie de l'être, seront, en quelque sorte, les trois aspects différents d'une seule et même réalité, l'être heureux.

Voici la doctrine très claire qui se dégage du livre VII de l'*Éthique à Nicomaque* ; elle n'a rien, à notre avis, qui détonne dans l'ensemble de la philosophie aristotélicienne. La plupart des commentateurs ont cru trouver, dans cette apologie prétendue excessive du plaisir, une preuve que tout ce passage auquel

---

(1) *Éthique à Nicomaque*, II, 14 ; 1153ᵇ, 10 sqq.

Καθ' ἕκαστον δὲ βελτίστη ἐστὶν ἡ ἐνέργεια τοῦ ἄριστα διακειμένου πρὸς τὸ κράτιστον τῶν ὑφ' αὐτήν · αὕτη δ' ἂν τελειοτάτη εἴη, καὶ ἡδίστη. κατὰ πᾶσαν γὰρ αἴσθησίν ἐστιν ἡδονή, ὁμοίως δὲ καὶ διάνοιαν καὶ θεωρίαν, ἡδίστη δ' ἡ τελειοτάτη, τελειοτάτη δὲ ἡ τοῦ εὖ ἔχοντος πρὸς τὸ σπουδαιότατον τῶν ὑφ' αὐτήν.

(2) *Ibid.*, K, 4 ; 1174ᵇ, 18-23.

(3) L'union du plaisir et de l'acte en général est déjà très intime, puisque Aristote déclare d'une façon positive qu'il y a, entre un acte quelconque et le plaisir qui termine cet acte, un tel rapprochement, qu'on peut se demander, non sans quelque incertitude, si l'acte et le plaisir ne sont pas tout à fait une seule et même chose (*Éthique à Nicomaque*, K, 5 ; 1175ᵇ, 33) ; à plus forte raison, l'acte par excellence de l'homme, celui qui constitue son souverain bien, son bonheur, devrait-il être très étroitement lié avec le plaisir suprême qui l'accompagne.

nous venons de faire allusion n'était point d'Aristote, mais devait être attribué à Eudème (1). Nous ne voulons point discuter ici la question de l'authenticité totale ou partielle des *Éthiques;* mais il nous semble impossible d'affirmer, comme on l'a fait, qu'il y ait entre les idées exposées ci-dessus et le système général d'Aristote, une contradiction flagrante (2).

Dans le passage de l'*Éthique à Nicomaque* auquel on renvoie et que l'on prétend renfermer un sens tout autre, c'est-à-dire la vraie pensée d'Aristote, on lit, en effet, que le plaisir n'est pas le souverain bien, qu'entre ces deux notions il n'y a point équivalence absolue (οὔτε τἀγαθὸν ἡ ἡδονή,), mais on n'y trouve point affirmé que le bonheur ne puisse être un certain plaisir; pour parler le langage de Kant, on ne pourra dire *analytiquement* que le bonheur est le plaisir, mais on pourra peut-être le dire *synthétiquement.* Eudoxe et les Hédonistes avaient tort de prétendre que, dans ce jugement, le *bonheur est le plaisir,* l'attribut *plaisir* avait la même valeur, — nous dirions la même compréhension, — que le sujet bonheur; Platon, de son côté, était aussi dans l'erreur jusqu'à un certain point, lorsqu'il pensait qu'entre le bonheur et le plaisir il n'y avait qu'une convenance accidentelle. Aristote prend le milieu et affirme qu'entre le bonheur et le plaisir il y a une dépendance de nécessité, et non de simple

---

(1) Une scholie ancienne, que l'on croit d'Aspasius, expose déjà cette opinion. Elle a été, dans la suite, soutenue par la plupart des commentateurs allemands depuis que Spengel l'a mise en honneur. Elle a été adoptée également par M. Grant. Voici ses paroles: « It is to be explained as an after development of the system of Aristotle, and an attempt to bring different parts of that system into harmony with each other. » *The Ethics of Aristotle,* tome II, p. 246. Cf. Barthélemy Saint Hilaire, *Morale d'Aristote,* tome I, *Dissertation préliminaire,* p. ccxcii sqq.

(2) This admission is directly contrary to the conclusions of Aristotle. (Grant, *loco citato.*)

contingence ; ce qui n'entraîne pas le moins du monde qu'il y ait une identité absolue.

Aristote même, dans ce livre VII si discuté de l'*Éthique à Nicomaque*, nous donne la raison pour laquelle le plaisir ne saurait être identifié complètement au bonheur, c'est que le bonheur est absolu, indépendant, alors que le plaisir, bien qu'achevé quant à son essence, n'est jamais absolu, indépendant, dans la réalité, puisqu'il dépend toujours et nécessairement de l'acte auquel il s'ajoute (1).

Prenons un triangle ; assurément les trois côtés qui le terminent font partie essentielle du triangle, en sorte que je puis dire en toute vérité que *le triangle est trois droites déterminées d'une certaine façon*; mais s'ensuit-il que je puisse donner la définition complète du triangle par cette formule : *le triangle est trois droites quelconques?* Non, assurément. La première proposition peut être juste, tandis que la seconde sera fausse.

Aristote, croyons-nous, ne dit pas autre chose : le plaisir, comme les trois droites du triangle, a sa spécificité propre, ce qui ne l'empêche pas de faire partie intégrante, essentielle, du bonheur, sans cependant se confondre avec lui. Platon, qui pour les besoins de son système, proclamait l'indépendance réciproque et l'impénétrabilité absolue des *Idées*, ne pouvait admettre qu'un être spécifiquement déterminé pût faire partie de la définition d'un autre être déterminé, pas plus qu'une *Idée* quelconque ne pouvait entrer comme élément constitutif d'une autre Idée. Aussi le plaisir ne pouvait faire partie du bien, du bonheur, que par une sorte de relation tout extérieure, par participation et

(1) *Éthique à Nicomaque*, II, 13 ; 1153ᵃ, 12, 13.

non par compénétration, par une sorte d'exigence contingente et non par une nécessité absolue.

Le plaisir, pour Platon, était nécessaire au bonheur, c'est-à-dire au Souverain Bien réalisé dans le monde du devenir, dans la même mesure où soit la couleur, soit la longueur des lignes tracées est nécessaire à un triangle déterminé et réalisé, sans être nécessaire à l'essence du triangle en soi.

Si maintenant, quittant ces considérations d'ordre trop exclusivement spéculatif, nous demandons à Aristote, non plus quelle est la liaison entre l'acte suprême de l'homme et le plaisir associé à cet acte, c'est-à-dire entre ce qu'on pourrait appeler le *bonheur-perfection* et le *bonheur-plaisir*, mais entre ce *bien humain souverain* et les divers plaisirs particuliers, variés et de valeur inégale dont la vie est remplie, nous constaterons que, là encore, la morale austère de Platon trouvera, chez le disciple, des correctifs heureux et pleins d'indulgence pour nos désirs les plus secrets.

Aristote examine la question d'un double point de vue. D'une part, il se demande quels sont les plaisirs qui pourront entrer dans la constitution même du bonheur, dans le cas où l'on considère le bonheur comme une résultante, comme la synthèse de tous nos actes, de tous nos biens secondaires ; ou bien, si l'on voit dans le bonheur un acte unique, suprême, l'acte propre de l'homme, quels seront les plaisirs compatibles avec cet acte, non seulement ceux qui lui permettront de se réaliser, mais encore ceux qui favoriseront tout son développement et faciliteront son actualisation la plus parfaite. D'autre part, Aristote veut savoir quel sera le rôle adjuvant du plaisir dans cet exercice de la vertu dont le couronnement doit être la félicité, le bonheur. En un mot, quels sont les plaisirs que le bonheur réalisé réclame dans sa compréhension pour être aussi parfait que possible ; quels sont les plaisirs qui sont susceptibles de favoriser notre travail de perfectionnement moral, telle est la double question à laquelle il nous reste à répondre pour avoir épuisé l'étude des rapports qui unissent le bonheur au plaisir.

A priori, tout plaisir quel qu'il soit, par le seul fait qu'il est plaisir et en tant qu'il est plaisir, aura sa place dans la notion du bonheur, pourra entrer comme élément de la félicité humaine. Et comment pourrait-il ne pas en être ainsi? Puisqu'il a été démontré que le plaisir est un bien, vouloir écarter le plaisir, même le plus minime, de la notion du bonheur, serait proclamer qu'il y a des biens qui s'opposent au bien, ce qui est une absurdité manifeste.

Donc, tous les plaisirs, même les plaisirs du corps, pourront coexister avec le bonheur. Aristote prend résolument sur lui cette affirmation si hardie et, en apparence, si téméraire, car il est convaincu que, pour l'admettre, il suffit de la bien comprendre. La raison fondamentale pour laquelle le plaisir peut faire partie du bonheur, ce n'est pas précisément parce qu'il est agréable, c'est avant tout parce qu'il est un bien, et ce n'est qu'en tant que bien qu'il sera digne de choix, parce que ce n'est qu'en tant que bien qu'il fait partie du *bonheur-perfection*. Le plaisir, comme le bonheur, a deux faces, inséparables dans la réalité, mais que logiquement on peut distinguer : d'une part, l'acte même du plaisir et du bonheur, ce qui constitue au fond l'essence, la valeur, la perfection, la bonté de l'un et de l'autre ; et de plus la disposition (ἕξις) qui fait qu'on les ressent tous deux comme agréables (1).

(1) Cf. *Éthique à Nicomaque,* II, 13 ; 1162ᵃ, 33.

Or, les plaisirs qui ont rapport au corps, spécialement ceux qui naissent du besoin et du désir, n'ont de valeur qu'indirectement pour ainsi dire (1) ; on ne doit donc les rechercher que dans la mesure stricte où ils participent à la bonté, c'est-à-dire dans la mesure où ils sont nécessaires à une nature bien organisée (2). Tous ces plaisirs, en effet, à y bien regarder, sont des remèdes et, par conséquent, des actes d'une nature qui n'est point dans son assiette normale ; leur perfection en tant qu'acte n'est donc jamais complète ; c'est par là que ces jouissances renferment toujours en elles une infériorité sur les plaisirs constitués par des actes plus parfaits.

C'est donc être insensé que de les rechercher pour eux-mêmes, et surtout au détriment ou à l'exclusion d'autres plaisirs d'une valeur absolue et indiscutable. On pourrait même tout à fait les fuir pour ne s'attacher qu'aux jouissances supérieures, si notre nature était, de par son essence, invariablement fixée dans sa loi ; mais puisque, par suite de notre organisation même, nous sommes enclins à la déchéance, « puisque tout être animé se fatigue sans cesse, par le seul fait qu'il agit, c'est-à-dire par le seul fait qu'il existe (3) », ce serait folie aussi de rejeter ces plaisirs accidentels qui accompagnent nécessairement la restauration progressive et incessante de nous-mêmes, et qui ne sont que la traduction sensible d'une réintégration naturelle et par là même d'un certain profit pour notre être « puisqu'ils donnent encore une certaine activité à la partie restée saine de notre organisation (4) ».

(1) Cf. *Éthique à Nicomaque*, II, 14 ; 1154ᵇ, 31 sqq.
(2) C . *Loco citato*. et tout le chapitre xiv.
(3) Cf. *Éthique à Nicomaque*, II, 15 ; 1154ᵇ, 5 sqq.
(4) Cf. *Ibid.*, II, 15 ; 1154ᵇ, 18.

Agir autrement serait mentir à la logique et à l'instinct : le nécessaire, dit Aristote, telle est la pierre de touche d'après laquelle nous jugerons de la valeur de ces plaisirs ; le nécessaire, telle est aussi la mesure, au moins théorique, dans laquelle nous pourrons en jouir (1).

Mais, se demandera-t-on, si ces plaisirs n'ont que cette bonté relative, pourquoi donc exercent-ils sur nos sens et dans tous les hommes, cet attrait irrésistible, attrait menteur par sa violence même et qui fait parfois condamner universellement ces jouissances aux âmes les mieux nées ? L'instinct de la nature, cette voix des choses qui a comme des résonnances divines (θεῖον τι), nous tromperait-elle à notre insu en nous convoquant à des jouissances spécieuses sans doute, mais viles et dégradantes ?

Non, répond Aristote, seulement les hommes se précipitent et ne savent pas interpréter les invites de la nature. Ces plaisirs, en effet, par la raison qu'ils ont leurs racines dans une douleur, dans un besoin, nous apparaissent beaucoup plus vifs que les autres ; le contraste les amplifie d'une façon exagérée à notre jugement. Nous jugeons de leur valeur et de leur bonté par leur intensité seule, alors que nous ne devrions les estimer que par rapport à leur utilité, par rapport au *nécessaire*. De là ces erreurs sans nombre que l'homme commet, surtout à cette époque de la vie où il ne sait pas réfléchir, c'est-à-dire dans la jeunesse (2).

Ainsi, sans cesse sollicitée par le plaisir des sens, l'âme humaine se complaît peu à peu dans l'état d'infériorité et de déchéance où précisément naissent ces

(1. Cf. *Éthique à Nicomaque*, chapitres xiv et xv, de 1154ᵇ, 5, à 1155ᵃ.
(2) *Ibid.*, II, 15 ; 1154ᵇ, 9 sqq.

jouissances grossières, et, ce qui n'était en elle qu'un état passager et accidentel, devient, par la répétition, une disposition stable, une habitude, c'est-à-dire une seconde nature. Le débauché devient alors un éternel besogneux dont la nature, par un jeu normal et fatal, descend progressivement l'échelle des êtres. Le nom de brute, d'animal sans raison, qu'on lui donne, n'est donc point une métaphore, mais la signification exacte de son nouvel état.

Telle est la première restriction qu'Aristote apporte à la doctrine générale par laquelle il autorise l'usage de tous les plaisirs.

Il est bon de remarquer encore, pour répondre à une objection familière à nos esprits modernes qui ne voient dans le plaisir autre chose que la jouissance, c'est-à-dire le côté subjectif de l'émotion agréable, qu'Aristote, comme Platon, entend les choses d'une façon plus synthétique; le plaisir, de même que toute sensation, est, comme nous l'avons dit, l'acte commun d'une partie de l'âme et de l'objet déterminé spécifiquement à compléter cette partie. Le plaisir, en tant que phénomène complet, est un tout à double aspect, dont les deux faces dans certains cas semblent indépendantes l'une vis-à-vis de l'autre, mais qui, en réalité, sont essentiellement unies : l'agréable objectif (τὸ ἡδύ), et l'émotion psychologique par laquelle l'agréable est senti. En sorte que le plaisir le plus réel est celui qui naît de la plus juste adaptation possible entre la faculté psychologique, prise dans son état normal, et l'objet agréable destiné à la terminer, à la faire passer en acte. Le plaisir corporel le plus vrai, sinon le plus intensif sera donc comme le produit de l'union la plus adéquate, la plus proportionnée, qui se réalisera entre nos divers sens à leur état naturel et leurs objets respectifs. C'est ce qu'Aristote ne cesse de répéter, et c'est par là qu'il explique en particulier la variation de l'intensité des mêmes plaisirs chez des individus différents : « Pour les êtres d'espèces diverses, nous voyons que les plaisirs diffèrent aussi spécifiquement, alors qu'il est naturel de croire que les plaisirs éprouvés par des êtres appartenant à la même espèce sont au fond identiques. Néanmoins, pour les hommes la différence est énorme d'un individu à un autre : les mêmes choses charment les uns, affligent les autres, et, ce qui est pénible et odieux pour ceux-ci, est doux et plein de charmes pour ceux-là. Voyons, par exemple, ce qui se passe pour les choses qui flattent le goût : une même saveur ne fera pas la même impression sur un homme dévoré par la fièvre et sur un homme bien portant ; de même, la chaleur agira diversement sur le malade et sur l'homme en pleine santé, et pareillement pour une foule d'autres choses. Dans tous ces cas, la qualité réelle des choses est ce qui apparaît à l'homme parfaitement organisé (τῷ σπουδαίῳ), et l'homme de bien, c'est-à-dire l'homme parfait, l'homme qui répond le mieux à la définition de la nature humaine (1), est le seul juge compétent en pareille matière. Les vrais plaisirs sont ceux qu'il prend pour des plaisirs, et les vraies jouissances (ἡδέα) sont les jouissances qu'il se donne. D'ailleurs, que ce qui lui est pénible soit jugé agréable par un autre, à cela rien d'étonnant, car il se produit dans les hommes des corruptions et des déchéances de toute sorte ; et, pour des êtres ainsi dégradés, ce qui est plaisir n'est pas plaisir en soi. Ces

---

(1) Aristote dit textuellement : « Ἔστιν ἑκάστου (τούτων) μέτρον ἡ ἀρετή, καὶ ὁ ἀγαθός... » La mesure de la réalité dans les plaisirs n'est autre que la *vertu*, c'est-à-dire l'essence humaine réalisée aussi parfaitement que possible. — Cf. *Éthique à Nicomaque*, K, 5 ; 1176ᵃ, 17 et 18.

plaisirs ne sont plaisirs que pour eux et pour les êtres organisés comme ils le sont eux-mêmes. Par conséquent, quant à ces plaisirs qu'on s'accorde à nommer honteux, il est évident qu'on ne peut dire que ce sont des plaisirs réels, ce ne sont des plaisirs qu'au jugement des êtres en destruction (1). »

Si l'on saisit bien la portée de ces remarques, il sera aisé de voir que les plaisirs corporels, dans la pensée d'Aristote, ne seront recherchés par l'homme de bien que pour leur réalité intrinsèque et non pour leur intensité. C'est qu'en effet, dans ces plaisirs (Aristote ne le dit pas expressément mais on peut le conclure d'après le sens général de son système), il n'y a pas seulement de la qualité, mais encore de la quantité, et même, à l'encontre de ce qui se passe pour d'autres jouissances, et en particulier pour les jouissances de l'esprit, la quantité y est indépendante de la qualité, si bien que parfois qualité et quantité s'opposent. C'est pourquoi les plaisirs, comme sont ceux du boire et du manger, sont chez l'homme, beaucoup plus susceptibles d'excès, d'exagération. Comme certains autres plaisirs, ils ne portent point en eux-mêmes leur mesure, car la partie de l'âme, la partie sensuelle, dont ils sont les actes, ne renferme point en elle-même sa loi propre ; elle n'est point équilibrée de par sa propre nature ; c'est à une autre partie de l'âme humaine, à une partie supérieure, à la partie raisonnable, qu'elle emprunte son principe d'ordre et d'harmonie.

Il en est tout autrement chez l'animal : son instinct est une loi fixée, directrice, infaillible ; chez nous, le désir, l'élan, l'appétit, toutes nos inclinations sensibles, sans doute sont déterminées quant à la spécificité de

(1) Cf. *Éthique à Nicomaque*, K, 5 : 1176ᵃ, 8 sqq.

l'objet vers lequel elles tendent, mais sont incapables de proportionner l'intensité de l'activité qu'elles renferment à la valeur réelle ou à l'importance de cet objet. Il faut que la raison intervienne dans le désir, car l'action humaine est par essence une action qui se dirige, une action de choix, de liberté (1).

L'homme donc qui agit sans réflexion, c'est-à-dire sans consulter ce juge constitué pour régler tous nos actes, l'homme qui suit l'impulsion aveugle du désir, non seulement n'agit pas en homme, mais pas même en brute (2), puisque son désir, à lui homme, est inférieur en lumière à l'instinct de l'animal et le conduira fatalement aux pires excès.

C'est pourquoi Aristote répète sans cesse que la partie sensuelle de nous-mêmes doit obéir à la raison et se laisser guider par elle, que les plaisirs corporels doivent se mesurer, non à la violence du désir qui les réclame, mais à la vertu de l'homme, c'est-à-dire à sa loi.

La raison sera donc le juge incontestable de la réalité des plaisirs sensuels et de leur participation à la constitution du bonheur; la raison déterminera encore jusqu'où l'homme pourra s'adonner à ces jouissances, même quand elles seront réelles, s'il veut être heureux.

Il y aura souvent, dans le cours de l'existence, des conflits nécessaires entre les plaisirs sensuels permis et les plaisirs plus parfaits, ceux de l'intelligence et

---

(1) *Cf. Éthique à Nicomaque*, II, 6 ; 1148ᵃ, 6 sqq. : Ὁ μὴ τῷ προαιρεῖσθαι τῶν τε ἡδέων διώκων τὰς ὑπερβολὰς καὶ τῶν λυπηρῶν φεύγων, πείνης καὶ δίψης, καὶ ἀλέας καὶ ψύχους καὶ πάντων τῶν περὶ ἁφὴν καὶ γεῦσιν, ἀλλὰ παρὰ τὴν προαίρεσιν, καὶ διάνοιαν, ἀκρατὴς λέγεται.

(2) *Cf. Éthique à Nicomaque*, I, 13 ; 1118ᵃ, 2? sqq. — *Ibid.*, I, 13 ; 1117ᵇ, 21 ; 1118ᵇ, 7.

des facultés supérieures de l'âme ; conflits inévitables, puisque tous ces plaisirs sont, en définitive, nécessaires à l'homme. L'ascète et le savant, sous peine de se mutiler, par conséquent de devenir moins hommes, seront tenus, comme le vulgaire, de s'adonner à tous les plaisirs des sens. Il y aura donc au moins un minimum de jouissance sensuelle, non seulement que nous pourrons, mais que nous devrons nous procurer, si nous voulons être heureux. En dehors de là, la raison précisera la quantité exacte de jouissances corporelles qu'il sera permis à chacun de faire entrer dans la constitution de son bonheur.

Aristote reconnaît que ce tempérament moral est difficile à définir ; le milieu moral est quelque chose d'approximatif, de variable, suivant les individus et suivant les circonstances. Alors qu'on peut délimiter d'une façon précise et rigoureuse le milieu mathématique, en établissant une proportion exacte entre le plus et le moins d'une quantité nombrée, le milieu moral échappe presque fatalement à toute délimitation absolue. Sans doute, dans les passions, comme dans les désirs, il y a de la quantité, il y a du plus et du moins ; mais cette quantité morale ne renferme point en elle-même, comme la quantité arithmétique, la loi du nombre qui l'ordonne ; le désir, quel qu'il soit, est, par essence, quelque chose d'indéterminé quant à son intensité, et le principe extérieur, la raison, qui l'équilibre à son objet et à l'harmonie générale de l'être, ne saurait jamais s'identifier avec lui sans fausser sa définition, c'est-à-dire sans le détruire.

De plus, ce qu'il importe de connaître pour la pratique de la vie, ce n'est pas tant la mesure du désir en lui-même que la juste proportion dans laquelle nous devons satisfaire nos inclinations, par conséquent le milieu moral ne saura jamais être qu'une moyenne flottante entre deux termes imprécis eux-mêmes, l'intensité aussi modérée que possible du désir et la nature variable des individus (1).

Ce qui est vrai des plaisirs corporels les plus violents, en particulier de ceux du goût et du toucher, le sera plus ou moins de tous les plaisirs autres que les plaisirs de la partie purement rationnelle de l'âme. Assurément, ces jouissances secondaires, soit qu'on les rapporte aux sens de l'ouïe, de la vue ou de l'odorat, soit qu'elles soient les manifestations de la partie plus active de l'âme, du θυμός, telles que sont les joies de la colère, du courage ou de l'ambition, n'ont point toute la violence troublée des désirs charnels ou des plaisirs du goût; néanmoins, ils sont, eux aussi, dépourvus de fixité, d'harmonie, de mesure; le nombre, la proportion, leur vient toujours d'un principe étranger; c'est pourquoi, comme les plaisirs plus vulgaires du toucher et de la bouche, ils n'entreront dans la vie de l'honnête homme que sous la tutelle de la raison (2).

Il ne faut donc jamais oublier que l'acte spécifique de l'homme, que l'œuvre propre à l'homme, l'œuvre en laquelle consiste éminemment son bonheur, est l'acte même de la raison; aussi, toutes les fois qu'un plaisir, quel qu'il soit, viendra à entraver cet acte souverain, ou même sera, par quelque endroit, en opposition avec lui, ce plaisir sera mauvais, sera faux, sera inhumain et nuisible; ce ne sera pas un bien humain, ce ne sera donc pas un plaisir.

L'homme qui voudra être heureux devra donc, par

---

(1) Voir *Éthique à Nicomaque*, tout le chapitre vi du livre II, dans lequel cette question est traitée avec beaucoup de clarté.
(2) *Ibid.*, II, 5; 1147ᵇ, 23 sqq.

l'énergie de sa volonté, asservir la partie irrationnelle de sa nature à la raison qui est sa loi, son essence ; par ce moyen, il donnera à son être toute la réalité, toute la bonté dont il est capable et, en même temps, fera germer en lui une belle moisson de plaisirs sains, honnêtes, qui seront comme la couronne de sa perfection.

Ce travail incessant d'adaptation auquel se livre l'homme de bien pour faire en soi l'unité rationnelle aussi intime que possible n'est autre chose que la *vertu* en voie de se produire, et lorsque, grâce à la persévérance et aux efforts répétés, les tendances indisciplinées de nous-mêmes seront domestiquées, ordonnées et équilibrées, lorsque la loi de l'intelligence et de la raison sera descendue dans toutes les puissances de notre être et les aura informées, notre nature ainsi modifiée, fixée pour ainsi dire dans sa perfection la plus haute, sera en quelque sorte notre œuvre, tout en étant l'expression la plus adéquate de notre essence ; ce sera une *nature vertueuse,* une nature aussi adaptée que possible à son acte et à son acte le meilleur (σπουδαία φύσις).

L'essence et le principe du bonheur sont donc dans la liberté : le bonheur sera l'acte, l'activité de cette *vertu* réalisée en nous, par nous-mêmes, et dans laquelle tous les actes secondaires se perdront comme dans une vaste synthèse. A cet acte suprême et souverain correspondra un plaisir aussi parfait et aussi souverain, un plaisir aussi pur et aussi réel que possible, puisque l'activité qui lui donnera naissance sera la plus complète, la plus synthétique et la plus indépendante (1)

Voilà comment de l'étude analytique du plaisir on a pu s'élever à une définition plus exacte du bonheur

(1) *Éthique à Nicomaque,* K, 6; 1176ᵇ, 1 sqq.

lui-même ainsi que de la vertu ; et, de ce sommet sublime de la vie morale, nous embrassons avec plus de facilité l'ensemble des diverses manifestations de l'existence. La vie humaine nous apparaît nettement, sinon comme un syllogisme qui se déroule, au moins comme une œuvre d'art à réaliser dont nous avons la formule et la matière à notre disposition. Travaillons, sous l'œil de la raison, à cette entreprise de notre édification individuelle, et le plaisir, comme un génie bienfaisant, couronnera, orientera nos efforts jusqu'au moment où, l'œuvre enfin achevée, toutes ces jouissances provisoires se résumeront et s'amplifieront dans l'épanouissement complet du bonheur.

Au-delà de ce bonheur purement humain, auquel tous nous pouvons atteindre, de ce bonheur, fruit de la vertu morale, Aristote en entrevoit un autre plus sublime encore dont la rayonnante beauté l'enchante, mais qui n'est peut-être pas le partage de notre nature, auquel du moins il est prouvé par l'expérience que tous les hommes ne peuvent atteindre.

Aristote qualifie ce bonheur de *divin* et la jouissance qui l'accompagne d'*admirable*, tant pour l'allégresse dont elle nous remplit, que pour la pureté et la fixité qui la caractérisent(1). Par là, Aristote veut nous faire entendre, non seulement que c'est uniquement d'après ce bonheur transcendant que nous devons nous faire une représentation de la félicité divine, mais encore que cette suprême béatitude a quelque chose d'inénarrable, d'inconcevable, d'infini en perfection (2).

(1) Cf. *Éthique à Nicomaque*, K, 6: 1176, 1177 sqq. Δοκεῖ γοῦν... θαυμαστὰς ἡδονὰς ἔχειν καθαριότητι καὶ τῷ βεβαίῳ. Voir les chapitres vii et ix du livre X.

(2) Il est à remarquer qu'Aristote se sert volontiers du mot θεῖος, *divin*, pour exprimer un sentiment d'admiration poussé au plus haut degré, une joie laudative, enthousiaste et par là même inexprimable.

Ce bonheur, en effet, n'est point l'acte d'une puissance limitée, incomplète, c'est l'acte de la raison universelle, de ce νοῦς inépuisable dans sa fécondité, déterminé et infini tout à la fois, qui renferme en lui sa matière et sa loi, la multiplicité et l'unité, qui est activité et repos. Ce n'est plus même cette raison déployant son activité unifiante dans les régions basses de l'âme ; c'est la raison, agissant en elle-même et pour elle-même, d'un mouvement tout intime, tout intérieur, dont le mouvement du monde est la plus parfaite image ; c'est la raison se posant comme principe et fin de son opération.

On conçoit dès lors facilement comment et pourquoi un tel acte soit le plus parfait, le plus adéquat à son objet, le plus indépendant qui puisse être, et aussi pourquoi et comment la jouissance qui le couronne soit la félicité sans ombre, l'idéal plaisir.

Aristote n'ignore pas que cette affirmation de l'intelligence, dans son acte propre, soit avant tout l'expression universelle de la nature entière ; mais il est convaincu qu'elle est aussi, en quelque sorte, l'expression plus particulière de l'essence humaine ; la raison est engagée en nous plus profondément, plus intimement que dans le reste des êtres, et il dépend de nous de la dégager de plus en plus, de la faire dominer sur ce qui n'est pas elle. A cette condition, nous créerons en nous la plus haute vertu dont nous soyons capables,

---

De là ce vague mystérieux dont semble pénétrée cette expression. Ce sont surtout les manifestations de la raison, du νοῦς éternel dans les choses de ce monde qu'Aristote se plaît à qualifier de *divines*. C'est ainsi qu'il appelle la substance des cieux Οὐσία σώματος θειότερα, les corps célestes sont aussi des σώματα θεῖα. De même, l'intelligence dans l'homme est *divine* par sa nature et par son essence : διὰ τὸ τὴν φύσιν αὐτοῦ καὶ τὴν οὐσίαν εἶναι θείαν · ἔργον δὲ θειότατον τὸ νοεῖν καὶ τὸ φρονεῖν. Cf. GRANT, *The Ethics of Aristotle*, I, 426, note.

et, tout en affirmant d'une façon plus précise notre individualité, nous nous étendrons, pour ainsi dire, au-delà de ses limites mêmes, car nous nous rapprocherons aussi près que possible de la loi universelle, éternelle ; nous poserons en nous l'éternité au sein du temps, l'universalité au sein de la contingence et, en même temps, nous réaliserons dans toute l'étendue de notre pouvoir, notre définition propre, la loi idéale de notre être.

Une telle vie est sans doute trop belle pour les forces de l'homme tel que nous le connaissons, car ce n'est pas en tant qu'il est homme qu'il pourrait vivre ainsi, mais bien plutôt grâce à ce principe divin qui est en lui. Et autant cette raison divine à laquelle nous participons est au-dessus de notre nature composée, autant son acte propre l'emporte sur les actes, quels qu'ils soient, que nous pouvons accomplir.

C'est pourquoi, si la raison est quelque chose de divin chez l'homme, la vie de l'homme conforme à cette raison est une vie divine auprès de l'existence ordinaire de l'humanité (1). Il ne faut donc pas croire ceux qui conseillent à l'homme de ne songer qu'à des choses humaines sous prétexte qu'il est homme, et à l'être mortel, des choses mortelles sous prétexte qu'il est mortel : au contraire, l'homme doit songer à s'immortaliser autant qu'il est en son pouvoir, il doit tout faire pour vivre suivant la formule de vie la plus sublime qui est en lui. Car, si ce germe divin est petit en apparence, il est infiniment supérieur à tout le reste en valeur et en fécondité. C'est même en lui que se trouve toute notre individualité, puisque c'est en nous ce qu'il y a de plus fort et de meilleur, aussi ne

---

(1) *Éthique à Nicomaque*, K, 7; 1177ᵇ, 26 à 1178ᵃ, 4.

serait-ce pas absurde à l'homme de ne pas vivre suivant sa propre vie et d'adopter en quelque sorte celle d'un autre.

La vie contemplative aussi pure, aussi exclusive que possible, telle est la source du bonheur, de la jouissance la plus suave et la plus propre à l'homme, puisqu'elle est l'acte le meilleur, le plus continu, le plus complet de la partie la plus haute de notre nature.

Qu'on ne dise pas surtout qu'une telle conception de l'existence est chimérique. Sans doute, dans la pratique, peu d'hommes s'y conforment, mais l'humanité n'en affirme pas moins, dans ses jugements les plus universels et les plus spontanés, que tel est l'idéal qu'elle se forme inconsciemment du bonheur. Peut-être sommes-nous tout à fait incapables de nous représenter une félicité absolue ; en tout cas, la félicité que nous envions le plus, celle que nous prêtons aux Dieux, c'est la félicité de la pensée. Pour nous, les Dieux sont des intelligences se pensant éternellement et trouvant dans cet exercice une infinie jouissance. On se figure mal la divinité comme n'ayant en partage que nos vertus communes de la justice, de la tempérance ou du courage ; l'esprit répugne encore davantage à croire que le bonheur de l'être suprême consiste dans un perpétuel sommeil ; la vie divine est activité et l'activité la plus haute, la plus intense et la plus mesurée, la plus large et la plus concentrée, l'activité de l'esprit se contemplant sans cesse, l'intelligence pensant l'intelligible, c'est-à-dire la vérité prenant une conscience absolue d'elle-même.

D'ailleurs, que l'homme s'en rapporte à ses propres affirmations. Pourquoi n'envions-nous jamais la joie de la brute, sinon parce que nous jugeons la brute incapable de penser? Pourquoi, au contraire, le sage, le philosophe, a-t-il tous nos respects, tandis que la félicité du guerrier, du politicien nous paraît pleine d'incertitude et de trouble?

Aristote se complaît à nous esquisser le portrait du sage tel qu'il le conçoit; et c'est avec un enthousiasme communicatif qu'il nous le montre s'élevant dans la félicité à mesure qu'il monte dans sa vertu. Sa vie se purifie, s'élargit à mesure qu'il se discipline sous les lois de la raison, qu'elle devient raison elle-même.

Ce n'est plus le Cynique entêté, aveugle, qui s'obstine dans sa voie et marche dans la nuit vers une perfection imaginaire, produit d'un tempérament qui s'ignore, plutôt que d'une intelligence lumineuse; ce n'est pas encore le Stoïcien, aux regards pleins de mépris, dont l'orgueilleux dédain et l'impassible raideur semblent s'imposer à la logique comme la conclusion d'un théorème rigoureusement démontré. Le Sage d'Aristote c'est le roi magnifique et rayonnant de la pensée; sans doute, il tient toujours à la terre; il a encore besoin des biens extérieurs, des amis, de la société, mais ce n'est là qu'un besoin accessoire : l'acte par lequel il est heureux est un acte absolument indépendant de toute condition extérieure; en définitive, le sage n'a besoin que de lui, les plaisirs secondaires ne sont pour lui que des biens passagers, des adjuvants qui l'aideront à se passer d'eux de plus en plus.

L'idéalisme quel qu'il soit est envahissant, et, quand pour compléter un système quelconque on place l'infini, l'absolu, au terme de ses recherches, de cette notion, comme d'un foyer lumineux, jaillit une clarté envahissante qui donne une perspective nouvelle au système tout entier.

Qui pourrait nier maintenant que le sage d'Aristote ne soit de la même famille que le sage de Platon? Tous deux sont avant tout des esprits aussi épurés que possible qui mettent leur bonheur dans la pensée la plus haute ; ce sont des demi-dieux terrestres, des ébauches ou des copies de la divinité, des manifestations éclatantes de cette intelligence universelle qui fait le fond de toutes choses, parce qu'elle est mesure, beauté, harmonie. Assurément l'un est plus austère, plus dédaigneux même ; il semble que ce soit à regret qu'il participe encore à la nature humaine. Il voit la divinité impassible et sereine, calme et indépendante de tout ce qui n'est pas elle ; et c'est à cet idéal qu'il tend, c'est ce Dieu indifférent et en repos qu'il a pris pour son modèle. L'autre, au contraire, plus libre, plus vivant, respire l'aisance aimable d'un grand seigneur qui dans sa félicité éclatante, conquise par son mérite, n'a pas tout à fait oublié les divertissements plus humbles de sa condition première, et retrouve dans ses allégresses nouvelles comme un souvenir enchanteur de toutes les jouissances.

Malgré des différences plutôt de détail que d'ensemble, de tempérament que de nature, Platon et Aristote appartiennent donc bien à la même pensée philosophique générale ; tous deux, au fond, dans leur conception de la vie humaine, sont des disciples de Pythagore, le premier des moralistes (1) ; tous deux pourraient prendre comme formule la maxime même que, d'après Diogène Laërce, Pythagore avait adoptée : « La vertu, la santé, tout ce qui est bon, Dieu lui-même est ordre et mesure ; c'est pourquoi tout ce qui est n'est que par la mesure et l'harmonie (2). »

(1) *Métaphysique* d'Aristote, M, 3 ; 1078ᵇ, 21.
(2) Diogène Laërce, Liv. III, sec. 33 : « Τήν τε ἀρετὴν ἁρμονίαν εἶναι, καὶ τὴν ὑγίειαν καὶ τὸ ἀγαθὸν ἅπαν, καὶ τὸν θεόν · διὸ καὶ καθ' ἁρμονίαν συνεστάναι τὰ ὅλα. »

Nous avions donc raison de dire que, dans la question présente, entre la pensée générale d'Aristote et celle de Platon, il n'y avait point de contradiction essentielle. Ces deux théories du plaisir partent d'un même principe : la notion du mouvement, qui n'est pas différente au fond de la notion de l'être, et aboutissent au même but : la théorie du bonheur ; entre les deux termes seulement il y a quelques écarts.

Dans le Platonisme, comme dans le Péripatétisme, toute chose passagère n'a de valeur que par l'universel qu'elle renferme, et le plaisir n'a de réalité et n'est bon qu'autant qu'il exprime la nature, c'est-à-dire l'essence générale de l'être dans lequel il se produit.

On a écrit de nos jours « qu'il n'y a que du *moi* dans le plaisir et la douleur (1) », voulant dire par là que, dans nos émotions, tout était phénomène, tout était subjectif et par là même individuel. Aristote et Platon n'auraient compris une telle formule que dans la bouche d'un sophiste pour qui la seule réalité réside dans l'apparence. Pour eux, en effet, tout ce qui s'affirme à la conscience, tout ce qui est intelligible d'une façon quelconque suppose le général et l'identique, c'est-à-dire le permanent et l'objectif, l'existence.

Socrate avait découvert au fond de tous nos jugements l'unité logique ; Platon, faisant un pas de plus, ne voit dans cette unité logique que le signe et le produit d'une unité réelle, absolue et indépendante en elle-même, mais qui cependant projette sur toutes choses l'empreinte de sa nature. Toute pluralité qui n'est pas en rapport avec cette unité n'est que dispersion et néant, toute connaissance qu'elle n'éclaire pas n'est que fantôme et illusion. Aristote s'aperçoit vite de tout ce qu'une pa-

---

(1) F. BOUILLIER, *Le Plaisir et la Douleur*, p. 19.

reille doctrine renferme encore d'abstrait et sépare résolument l'ordre logique de l'ordre réel, en montrant que, si, dans nos jugements caduques, la multiplicité phénoménale peut être subordonnée à telle ou telle unité logique, il n'en saurait jamais être ainsi dans l'ordre de la réalité, car l'existence est un jugement définitif et qui suppose un rapport nécessaire d'où l'erreur est à jamais bannie.

C'est à cette divergence de vues qu'il faut ramener toutes les particularités d'opinions que nous avons signalées entre Platon et Aristote, relativement soit à la nature, soit à la moralité du plaisir.

Dans l'un et l'autre système, le plaisir ne saurait être d'une façon absolue ni un pur écoulement, une multiplicité inconsistante, ni quelque chose de simple et d'entièrement un ; c'est, comme tout le reste, une synthèse réalisée : synthèse dont le principe unifiant sera, dans un cas, plus ou moins étranger à la multiplicité ; dans l'autre, au contraire, la pénétrera si intimement qu'il n'en sera séparable que par une abstraction purement logique. C'est pourquoi encore le plaisir sera, dans un certain sens, très justement dit un mouvement, c'est-à-dire, d'après Platon, une diversité qui tend sans cesse à l'unité sans jamais l'atteindre complètement, et, pour Aristote, une diversité qui s'assimile de plus en plus l'unité dont elle est, dans la réalité, inséparable.

Jamais, pour Platon, le plaisir, en tant que plaisir, ne s'identifiera complètement avec l'être, puisqu'il est de son essence de tendre sans cesse à l'essence, et que le mobile qui une fois a atteint son terme n'est plus en mouvement mais en repos. Parfois même il arrivera que le plaisir ne sera qu'une pure illusion, ce sera lorsque le mouvement hédonique ne tendra à rien de réel, c'est-à-dire lorsque l'être sensible interprétera comme agréables certains mouvements indifférents par rapport à son esssence, ou de simples relations d'intensité dans les affections contraires qu'il pourra subir.

Mais, ces réserves faites, il sera exact de tout point d'affirmer qu'il y a des plaisirs réels, comme il y a une connaissance réelle, c'est-à-dire qu'il y a des rapports logiquement constitués entre l'être sensible considéré en tant que sensible et son Idée ; ces rapports ou ces mouvements *dans le sens de la nature,* pris dans leur ensemble, seront vrais, c'est-à-dire réels en tant que rapports, puisque tout rapport opère nécessairement la synthèse des deux termes qu'il unit, et qu'ici l'un des termes est la réalité par essence.

De plus, il y aura d'autres plaisirs qui, outre cette réalité intrinsèque, participeront encore à une réalité de surcroît. De même que le moyen, bien qu'il ait en lui-même une réalité en tant qu'être isolé, possède néanmoins une autre raison d'existence dans la fin même en vue de laquelle il est ordonné, ainsi le plaisir réel, celui par exemple qui résulte de l'exercice de l'intelligence, bien qu'il ait déjà sa réalité propre en tant que mouvement conforme à la nature de l'être sensible, recevra néanmoins comme un supplément de qualité de l'acte même de la connaissance ou de la science auquel il est subordonné.

Et prenons bien garde, semble nous dire Platon, que cette réalité, en apparence secondaire, est, en définitive, toute la réalité vraie du plaisir. Puisque le plaisir n'existe jamais que comme moyen, toute sa raison d'être est nécessairement dans la fin ; aussi, plus la fin sera élevée, plus le plaisir sera plein, et, pour en revenir à notre exemple, plus l'acte de la connaissance s'assimilera l'Idée, — par conséquent plus la connaissance sera parfaite, — plus aussi le plaisir qui l'accompagne aura de réalité.

Aristote semble à cette théorie n'opposer qu'un mot et nier que le plaisir soit nécessairement un *moyen*; au contraire, il nous apparaît plutôt comme une fin; il suffit, pour s'en rendre compte, de voir ce qui se passe, à chaque instant. Dans le fait de connaître, nous jouissons parce que nous connaissons, mais nous ne connaissons pas parce que nous jouissons; le tort de Platon a été encore de confondre ici le logique avec le réel, la fin avec la cause. Dans l'ordre de la connaissance, le moins vient nécessairement avant le plus, mais, dans l'ordre de l'existence, c'est du plus que procède le moins; le *processus* de la dialectique n'est point celui de la réalité.

Le plaisir sera donc plutôt un achèvement de l'acte qu'un acheminement à l'acte; il sera postérieur à l'acte au lieu de lui être antérieur; mais alors il faudra qu'il ait par lui-même une certaine réalité propre, autrement il ne se distinguerait pas d'avec l'acte lui-même. Platon, en ramenant le plaisir au mouvement, n'a pas pris garde qu'il concevait encore trop le mouvement à la façon d'Héraclite, comme un écoulement pur; or le mouvement est acte avant tout. Dans le mouvement, c'est la partie positive, c'est le durable qui est la partie essentielle, et non la série changeante; le principe du changement est dans le moteur immobile et non dans l'écoulement même, car il ne saurait y avoir de changement que de l'être à l'être et non du non-être à l'être, comme le croyait Platon.

Si donc l'on veut toujours considérer le plaisir comme une imperfection, il ne faut pas oublier cette théorie du mouvement, et l'on comprendra pourquoi le plaisir n'est pas un devenir mais bien plutôt une réalité.

Cette réalité interne que renferme le plaisir ne l'empêche pas d'ailleurs d'être toujours subordonné à un acte qui le domine, de même que l'effet est subordonné à la cause. C'est par cette constatation qu'Aristote, après avoir, par l'analyse plus approfondie de la notion du mouvement, affirmé la réalité de tout plaisir, rétablit la dépendance du plaisir vis-à-vis de l'acte et se rapproche de la théorie platonicienne. Le plaisir ne naît jamais qu'à la suite d'un acte de l'être sensible, c'est-à-dire lorsque l'être sensible affirme son essence dans l'exercice de ses puissances naturelles ; c'est donc de l'acte que le plaisir tient toute sa raison d'être et toute sa valeur, de même que chez Platon, le plaisir ne vaut que par l'idée.

C'est qu'au fond l'acte d'Aristote, comme nous l'avons déjà remarqué, n'est peut-être pas essentiellement différent de l'Idée platonicienne. Il est évident d'ailleurs que Platon s'est fait de l'*Idée* une notion de plus en plus réaliste ; la *nature* (φύσις) de l'être, au moins de l'être vivant, c'est-à-dire son Idée réalisée dans le devenir, semble bien, à l'époque du *Philèbe*, n'être plus simplement une forme transcendante, mais bien plutôt une sorte de principe immanent, principe à la fois de détermination et principe d'activité comme l'acte entéléchie et l'acte énergie. Sans doute l'Idée est toujours par excellence une cause finale, mais Platon semble entrevoir déjà la nécessité d'une cause efficiente pour expliquer l'activité dans le monde, et la possibilité, dans certains cas, de la coexistence de la fin et de la cause, c'est-à-dire de l'idée et de l'action dans le même principe (1). Nous croyons volontiers

---

(1) Encore une fois, nous n'oserions pas affirmer, comme l'a fait M. Zeller, que l'idée et la cause (αἰτία) se confondent chez Platon ; nous croyons seulement que Platon, surtout dans ses derniers dialogues, a

que Platon a trouvé, dans la notion même de l'âme, comme un correctif à sa notion de l'idée. M. Ravaisson, s'appuyant sur certains textes (1), pense que l'âme, d'après Platon, n'est qu'une simple forme, ou peut-être un nombre, comme l'affirmera plus tard Xénocrate ; sans doute, c'est bien le fond de la doctrine platonicienne ; mais cependant peut-on nier raisonnablement que Platon n'ait soupçonné l'âme d'être aussi un principe d'activité ? Ne dit-il pas, dans plusieurs endroits, que l'âme est une cause de mouvement, et quand, au début du *Philèbe* (2), il partage en quatre genres les principes de tout être, le fini, l'infini, le mélange et la cause, n'affirme-t-il pas que la *sagesse* et l'*intelligence* appartiennent au genre de la cause, et que sagesse et intelligence sont inséparables de l'âme (3) ?

Ainsi, la nature de l'homme, c'est-à-dire l'essence humaine, diffère peu dans les deux systèmes, et l'on peut dire que, pour Aristote et son maître, le plaisir n'est réel et ne vaut que dans la proportion où vaut

---

été frappé de cette nouvelle variété sous laquelle se révélait la nature de l'être ; peut-être n'a-t-il pas bien vu la raison de cette compénétration réciproque de la fin et de la cause, pas plus qu'il n'a trouvé d'explication définitive de la coexistence de l'un et du multiple dans l'essence ; mais, outre que Platon ne cherche point la preuve de tout, surtout lorsque l'évidence s'impose (*Philèbe*, 16, C ; *Parménide*, 132, B ; *Timée*, 28, A ; 40, D, etc.), il a peut-être soupçonné qu'il y avait précisément, dans cette nouvelle façon d'envisager l'être, une concession aux ennemis déclarés de la théorie des *Idées* considérées simplement comme des formes exemplaires de la réalité.

(1) Cf. *Théétète*, 184, D. Voir Ravaisson, *Essai sur la Métaphysique d'Aristote*, édition 1837, tome II, page 291.

(2) *Philèbe*, 23, D, à 31.

(3) *Philèbe*, 39, B : Σοφία μὴν καὶ νοῦς ἄνευ ψυχῆς οὐκ ἄν ποτε γενοίσθην ; — Οὐ γὰρ οὖν. Voir dans le *Timée* (35, B, D), la théorie de l'âme : Platon y déclare que l'âme renferme tous les éléments : *le même, l'autre, et l'essence ;* or l'activité est un attribut essentiel du cercle du même. Cf. *Timée*, 30, D : Νοῦν δ' αὖ χωρὶς ψυχῆς ἀδύνατον παραγενέσθαι τῳ.

l'acte accompli, ou, si l'on veut, que par le progrès même de l'être dans lequel il se produit. Que le plaisir, en lui-même, soit plus ou moins réel, dans la pratique, il recevra toujours sa valeur morale, de l'excellence, c'est-à-dire de la perfection, inhérente l'essence où il s'affirme.

CHAPITRE IV

BONHEUR ET DEVOIR

Il serait facile assurément de relever, dans la construction de ces doctrines morales, des parties quelque peu disparates, des affirmations dont nous ne voyons pas toujours ni la portée générale, ni la loi d'harmonie qui les rattache à l'ensemble des autres pensées. Chez Platon, en particulier, il y a des contradictions apparentes, ou tout au moins des subtilités, dont notre esprit à peine à se dégager. Cela tient principalement à ce que, ni dans le *Philèbe*, ni dans le *Gorgias*, ni dans la *République*, Platon n'a songé à nous donner une doctrine morale scientifiquement constituée ; mais qu'il s'est beaucoup plus préoccupé de critiquer les concepts moraux reçus de son temps, et de rattacher ces questions particulières à son système général. Néanmoins, malgré ces imperfections de détail, ne peut-on pas dire que rien n'est moins chimérique que la loi morale inspirée par de telles philosophies? Les morales de Platon et d'Aristote sont des morales ontologiques qui ne reposent que sur le réel. La notion de l'être est ici la mesure de tout : nature et moralité se confondent, ou plutôt l'ordre moral n'est, comme l'ordre logique, qu'un aspect particulier de l'ordre de l'existence, de même que le bonheur n'est, pour l'être qui le ressent, autre chose que la traduction de sa réalité la plus accomplie.

On a reproché, comme nous l'avons déjà signalé, à cette doctrine de la perfection son positivisme exclusif : on a dit que c'était rabaisser la vertu que de la ramener ainsi au culte de soi-même. Nous sommes convaincu qu'Aristote, et peut-être que Platon lui-même, eussent été très surpris de cette indignation généreuse. En tout cas, ils n'auraient jamais vu dans cette remarque une preuve de l'imperfection de leur système.

Que peut-on bien entendre, en effet, par une morale idéale? est-ce simplement une morale élevée, une morale désintéressée ? Mais, depuis quand l'*Eudémonisme* est-il incompatible avec la morale du dévouement? Je ne crois pas que les Anciens aient poussé aussi loin que nous la notion de l'héroïsme. Élevés depuis des siècles dans une atmosphère d'abnégation et de générosité jadis inconnues, nous avons respiré la douceur du sacrifice, et nous sommes portés à croire que le devoir est plutôt un fruit de la souffrance qu'une fleur éclose sur l'arbre du plaisir. Le désintéressement, l'immolation volontaire nous apparaissent depuis longtemps, non pas seulement comme le rayonnement austère de la moralité, mais comme l'essence même de la vertu.

Les Grecs, pour des raisons bien diverses, surtout les Grecs du iv⁰ siècle, demandaient moins à l'homme. Est-ce à dire néanmoins qu'ils aient totalement méconnu les exigences foncières de la moralité? Nous avons un besoin inné du sacrifice, besoin si impérieux que nous ne pouvons l'éprouver, sans sentir en même temps qu'il nous dépasse et qu'il s'affirme comme universel. C'est précisément pour satisfaire à ce penchant irrésistible, que Platon et Aristote ont soustrait l'homme à la loi exclusive du plaisir pour lui proposer le bonheur.

Le plaisir est individuel, le bonheur seul est universel, tel est au fond la raison de l'*Eudémonisme*. Le bonheur, en conséquence, non seulement permet le désintéressement, mais il le suppose, puisqu'il suppose un choix dans les plaisirs, donc un sacrifice du présent à l'idéal; de la jouissance offerte, à l'excellence désirée. La morale du bonheur suppose la mort quotidienne, la mort répétée, comme les morales les plus mystiques; seulement la mort, ici, n'est jamais conçue comme la fin de l'action : la mort n'est qu'un moyen et conduit à la vie.

Le bonheur, c'est la vie, et la vie la plus complète (1); et, de même que l'existence journalière ne se soutient que par la mort, le bonheur ne se réalise que par le sacrifice. Non seulement Platon, mais Aristote lui-même, peuvent dire, tout comme un philosophe chrétien : « Le sacrifice, c'est la méthode morale elle-même. »

Mais, ajoutera-t-on, ce bonheur recherché, c'est toujours notre plaisir poursuivi, posé comme fin, puisque nous ne pouvons vouloir notre excellence sans jouir d'elle en la possédant. Objection subtile, mais objection puérile, il faut bien l'avouer. Les stoïciens l'avaient déjà soupçonnée, puisqu'ils voulaient séparer de la sagesse ce surcroît de joie qui semblait en avilir, à leurs yeux, l'inestimable prix. Quel dommage peut donc bien apporter à la perfection l'atmosphère de jouissances qui l'enveloppe? L'animal est-il moins l'animal pour marcher en sentant qu'il marche, pour connaître et sentir qu'il connaît ? La félicité assurément n'est pas la sagesse, et pourtant vouloir séparer la perfection de la joie qu'elle comporte, c'est détruire la perfection elle-même, comme c'est détruire la beauté que de la

---

(1) Ζωὴ κατὰ τὴν κρατίστην ἀρετήν, comme dit Aristote.

priver du rayonnement et des charmes qu'elle répand.

Bonheur, joie véritable, vertu, en réalité ne sont qu'un seul et même être ; tout au plus la volonté peut-elle placer entre ces deux notions une différence logique, une différence d'intention.

Aristote d'ailleurs ne refuse point de reconnaître que la morale exige parfois de la volonté que nous posions ces distinctions dans les fins que nous poursuivons, et il déclare très nettement qu'il y a certains biens dignes par eux-mêmes d'être recherchés sans égard au bonheur, à la joie, dont ils sont une des causes : tels sont la science, la pensée, la vue, certains plaisirs, et, en un mot, toute vertu achevée, c'est-à-dire toute vertu aussi parfaite que possible dans son ordre (1).

De plus, dans la poursuite même du bonheur, la volonté ne pourra-t-elle jamais mettre au premier plan l'excellence de la fin au lieu de l'attrait qui sollicite nos déterminations ? Ce serait mal connaître la nature de la volonté, dit Aristote, car le plaisir ne saurait la déterminer nécessairement. Dans toutes circonstances elle peut rester suffisamment maîtresse d'elle-même et affirmer la liberté de son choix. L'homme, en recherchant son bonheur, pourra donc, par une abstraction toute intérieure, ne voir dans la vertu que la fin austère, la beauté rigide et sévère de la moralité (2).

Est-ce là vraiment une doctrine intéressée ? Y a-t-il, dans l'âme du sage aristotélicien, les calculs mesquins d'une méticuleuse prudence, d'un égoïsme raffiné ?

Bossuet écrivait jadis ces paroles sublimes et très profondes tout à la fois :

« Ce serait une erreur étrange et trop indigne d'un

---

(1) *Éthique à Nicomaque*, A, 4 ; 1096ᵇ, 16 sqq.
(2) Τὸ καλὸν τέλος τῆς ἀρετῆς, *Éthique à Nicomaque*, Γ, 10 ; 1115ᵇ, 12 ; cf. 1122ᵇ, 8.

homme de croire que nous vivions sans plaisir pour le vouloir transporter du corps à l'esprit, de la partie terrestre et mortelle à la partie divine et incorruptible... Qui nous donnera que nous sachions goûter ce plaisir sublime, plaisir toujours égal, toujours uniforme, qui naît, non du trouble de l'âme, mais de sa paix ; non de sa maladie, mais de sa santé ; non de ses passions, mais de son devoir ; non de la ferveur inquiète et toujours changeante de ses désirs, mais de la droiture immuable de sa conscience : plaisir par conséquent véritable, qui n'agite pas la volonté, mais qui la calme ; qui ne surprend pas la raison, mais qui l'éclaire, qui ne chatouille pas les sens dans la surface, mais qui tire le cœur à Dieu par son centre », et Bossuet ajoutait : « Il n'y a que la pénitence qui puisse ouvrir le cœur à ces joies divines (1). »

Aristote pense lui aussi que le bonheur, si attrayant en apparence, est au fond extrêmement sérieux et que le commun des hommes n'y arrive que lentement et par effort (2) ; la vie de l'homme sage n'est point un divertissement, une partie de jeu follement conduite ; assurément on a pu qualifier l'*Eudémonisme* de morale artistique, parce qu'elle est harmonieuse comme une œuvre d'art, pourtant cette épithète, avec le sens qu'on lui donne aujourd'hui, eût sonné étrangement aux oreilles de ses fondateurs. Rien n'est moins livré au caprice que la vie du juste. Son existence est belle comme une statue, mais elle a la rigueur d'une construction logique. La fin de l'homme n'est point arbitraire, elle s'impose, c'est un absolu qui se subordonne tout, même l'existence. La vertu vaut mieux que la vie,

---

(1) *Sermon sur l'Enfant prodigue.* édition Lebarcq, V, 80.
(2) *Éthique à Nicomaque*, K, 6, tout le chapitre.

et le sage doit être prêt à mourir pour elle (1). Seulement cette mort ne saurait être définitive, car elle n'est point un néant ; de la mort volontaire, acceptée, sort comme un jaillissement de vie nouvelle, et cette vie, transformée et épurée par la mort, est d'une douceur inexprimable. Dans ce sacrifice complet en apparence, l'homme ne se perd point sans retour, ou plutôt, en se perdant, il se retrouve, car il affirme sa loi propre et l'exprime aussi puissamment que possible en la dégageant de tous les accidents qui la dérobent. On l'a remarqué (2), cette théorie sublime résumée dans tel chapitre de l'*Éthique à Nicomaque* (3), c'est déjà comme une ébauche de la doctrine du renoncement évangélique : « Qui cherche son âme la perd, qui perd son âme pour Dieu la trouve (4) », renoncement sincère, quoique renoncement provisoire, puisqu'il est dans la nature « que l'acte qui se trouve être le plus propre à un être et le plus conforme à son essence, est en outre ce qui est, pour cet être, le meilleur et le plus agréable (5). »

Ceux qui, par ignorance ou par préjugé, méconnaissent les lois fondamentales de l'être sensible auront, certes, toujours beau jeu quand ils voudront reprocher aux morales du Bonheur d'être trop complaisantes à nos faiblesses ; mais, comme le remarquait déjà Platon, ce n'est pas pour des pierres qu'écrit le philosophe, c'est pour des hommes, pour des êtres chez qui la vertu n'est point une formule qui se réalise en dehors de

---

(1) Καλοῦ ἕνεκα ἀποθνητέον Cf. *Éthique à Nicomaque*, I, 1 ; 1110ᵃ, 27 ; cf. *Ibid.*, 1, 9 ; 1169ᵃ, 15 sqq., où Aristote développe cette noble pensée.
(2) Ollé-Laprune, *Essai sur la Morale d'Aristote*, p. 243.
(3) Livre IX, chap. viii.
(4) Cf. Saint Matthieu, x, 39 ; Saint Luc, xvii, 33 ; Saint Jean, xii, 25.
(5) Τὸ γὰρ οἰκεῖον ἑκάστῳ τῇ φύσει κράτιστον καὶ ἥδιστόν ἐστιν ἑκάστῳ. *Éthique à Nicomaque*, K, 7 ; 1178ᵃ, 6.

leurs tendances, mais une loi de vie, une perfection sentie et nécessairement aimée. Qu'on dise donc, tant que l'on voudra, que le sage heureux est un égoïste, qu'importent les mots, qu'importe même l'égoïsme, si en s'aimant ainsi l'homme ne s'aime qu'en tant qu'il est bon (1)? La bonté n'est-elle pas, en quelque sorte, impersonnelle, et le cœur, une fois mis en appétit par ce haut goût du bien, ne recherchera-t-il pas d'instinct la perfection partout où elle se trouve (2)?

Qu'y a-t-il donc de fondé dans ce reproche d'étroitesse que nous avons déjà signalé contre l'*Eudémonisme*? Que faut-il entendre par cet idéal qui lui manque? Kant formule ainsi l'objection la plus forte que l'on ait faite contre la morale du Bonheur : « Le bonheur... est nécessairement à désirer et à rechercher par la nature humaine ; mais il n'est pas une fin qui soit en même temps devoir (3). » La morale est une contrainte; or, le bonheur ne s'impose pas; le bonheur est un objet de désir, d'inclination; or, le devoir « est une obligation que l'on s'impose en faveur d'une fin prise contre ses tendances ; il est donc contradictoire de dire que l'on soit obligé de se procurer de toutes ses forces son propre bonheur ».

Cette doctrine, assurément, est séduisante par sa grandeur et sa générosité; mais est-il bien vrai que la notion du devoir soit la notion fondamentale de la moralité? Je crois que nos consciences modernes sont « au rouet », comme eût dit Montaigne : nous

---

(1) Voir dans l'*Éthique à Nicomaque*, le chapitre IV du livre IX, où ces pensées sont merveilleusement développées. Nous retrouvons la même pensée dans Spinoza : « Il est dans l'ordre qu'un être qui est dans l'ordre le sache et en soit content. »

(2) Cf. *Ibid.*, chapitre VIII, vers la fin.

(3) *Principes métaphysiques de la Morale*. Introduction à la Morale, p. 160, trad. Tissot.

jugeons de la morale par la conscience et de la conscience par la morale, sans nous préoccuper assez que les notions de moralité sont comme les autres, qu'elles ont leur histoire et leur vitalité, et que, pour les connaître, il ne suffit pas de les décomposer en leurs éléments constitutifs, mais qu'il faut encore dégager la loi progressive de leur organisation. La notion du devoir, de l'obligation, telle qu'on l'entend communément de nos jours, est moins une notion exclusivement morale qu'une notion à la fois sociale, métaphysique et religieuse.

Le devoir, au fond de nos consciences modernes, c'est à la fois et l'ordre impératif du chef ou de la loi, et la raison transcendante de la vertu, et la voix douce ou terrible de la divinité imposant des fins à notre volonté.

Or, nous sommes convaincu que l'on peut concevoir une morale qui ne dépasse pas les sphères de l'humanité, c'est-à-dire nous affirmons qu'il est possible de construire un système de règles et de vérités pratiques ayant pour principe et pour fin, sinon l'individu passager que nous sommes, au moins l'homme lui-même et l'homme seul.

Sans doute, la science morale n'est, pas plus qu'aucune autre doctrine, un tout parfaitement indépendant dans le domaine de la connaissance. Il n'y a point dans le monde de la pensée d'état dans l'état, et la pensée morale, plus que toute autre, est incomplète en tant que pensée ; aussi, pour employer un néologisme hideux qui traduit bien notre pensée, *épistémologiquement* il est vrai de dire que la morale, comme la physiologie, comme la chimie, plus même que toutes ces sciences, est nécessairement dominée par une métaphysique qui la dépasse et l'éclaire. C'est ce que, d'ailleurs, avait parfaitement compris Platon lorsqu'il voulait rattacher le concept du bonheur à la notion du Bien en soi. Mais, lorsqu'il ne s'agit plus de l'intelligibilité absolue d'un système, lorsqu'il s'agit de la simple construction pratique d'une discipline d'action, nous croyons, avec Aristote, que c'est dans la nature même des matériaux qu'il faut d'abord chercher, sinon l'idée générale de l'édifice, au moins les conditions essentielles qui en rendront l'architecture possible. Il pourra arriver, il arrivera souvent même, que l'édifice achevé dépassera l'édifice conçu ; l'idée la plus humble devient féconde dès qu'elle est réalisée, c'est-à-dire dès qu'elle est en rapport avec d'autres idées, et une morale construite sur un plan tout humain pourra appeler un couronnement divin, semblable à ces temples de pierre dont les formes, lourdes à la base, s'assouplissent et se font légères dans la clarté des sommets ; aussi il sera possible que la morale ainsi comprise puisse conduire à Dieu, à l'absolu, il arrivera même qu'elle y conduira nécessairement ; mais, si elle veut rester humaine, c'est-à-dire une science utile, une règle pratique, elle devra partir tout d'abord du réel, de l'indiscutable.

Or, le réel pour l'homme ce n'est point le devoir plus ou moins impersonnel ; c'est le bien, c'est son bien. S'il est vrai, comme l'a dit Kant, « qu'il n'est pas plus possible de nier la loi morale dans nos cœurs que le ciel étoilé sur nos têtes », il n'est pas moins indiscutable que cette loi même s'impose à nous, comme notre bonheur et notre perfection, avant de s'imposer comme notre obligation. Une morale obligatoire avant tout est, non une morale positive et indépendante ; mais au contraire c'est déjà une morale dogmatique.

Une morale du Souverain Bien impersonnel, une morale du Devoir, est une morale métaphysique ou religieuse ; une morale du bonheur seule est une morale purement humaine. Dans tous les systèmes que, depuis un siècle on essaye d'établir, pour remplacer la morale d'autorité par une morale indépendante, on a, il me semble, et d'ailleurs sans s'en douter peut-être, plutôt fait une révolution de mots qu'une révolution d'idées. Toutes nos morales modernes, en définitive, sont restées hétéronomes. Si, en effet, l'on rejette l'absolu comme réalité qui est « de droit » et qui, comme tel, a droit à tout respect, que pourra-t-on entendre par la souveraineté du Bien, par la sainteté du Droit, par l'inviolabilité de la personne humaine, sinon une idée durement fictive, une abstraction vide dont on parlera sans cesse pour duper son ignorance ?

Tout comme Jéhovah, la volonté nouménale de Kant est un principe étranger à l'homme, c'est toujours la voix d'une conscience plus ou moins impersonnelle, objectivée et réalisée dans l'absolu, c'est le souverain qui commande au sujet parce que, de par soi, il a le droit de commander. Essayer de fonder un système de morale exclusivement obligatoire et sans recourir à la métaphysique ou à la religion, c'est, à mon avis, renouveler la conception du dieu d'Empédocle, dont les membres luttaient entre eux ou de l'hircocerf de la scolastique, qui, d'après la légende, se mangeait les pattes sans s'en apercevoir.

Platon et Aristote ont donc eu raison d'identifier le bien et le bonheur, c'est-à-dire de concilier l'absolu impersonnel avec notre propre perfection (1). Ils ont interrogé la conscience de l'individu sur la nature de la fin qu'il poursuit, et c'est seulement lorsqu'ils ont

---

(1) Je trouve, dans Bossuet, cette même pensée sous forme de réflexion : « Remarquez qu'il ne faut pas distinguer le bonheur de l'âme de sa perfection : grand principe. » III° *Sermon pour la Fête de tous les Saints.*

eu sa réponse qu'ils se sont efforcés de prouver que le bonheur seul était capable de répondre à toutes nos exigences.

Est-ce à dire qu'ils aient l'un et l'autre méconnu complètement la notion du devoir, de l'obligation morale? Ce serait vraiment être bien injuste que de l'affirmer. Assurément, comme on l'a déjà dit, ils n'ont pas dégagé cette notion aussi nettement que nous ; un Grec n'a jamais cru à une opposition formelle entre la nature et la moralité.

Il fallait que la pensée chrétienne introduisît dans le monde le dogme d'une déchéance originelle pour que la moralité devînt tout dans l'homme. Platon n'avait vu entre nos tendances et notre fin qu'une simple distinction : « La vertu, pensait-il, ravirait les cœurs du monde entier, si elle pouvait revêtir des formes sensibles pour les yeux »; Aristote voyait entre les éléments de notre nature une opposition réelle quoique passagère ; mais ni l'un ni l'autre n'ont jamais vu en nous cette contradiction, dont parle Kant, et qui fait tout le fond de son système.

Or, nous ne pensons point que toute la raison du devoir soit dans une lutte, dans une *contrariété* essentielle entre la nature et la moralité; une simple distinction qualitative suffit ; il n'est pas nécessaire, pour être obligé envers sa fin, que cette fin s'oppose à l'inclination, il suffit qu'elle s'en distingue, qu'elle la domine et la dépasse en perfection. Qui donc alors osera dire que le *bonheur-perfection* de Platon et d'Aristote n'est pas supérieur comme fin à la nature imparfaite que chacun porte en soi?

Platon et Aristote, tout comme Kant lui-même, ont compris, chacun à sa façon, qu'il y avait dans l'homme une humanité transcendante, une nature idéale (*natura archetypa*) (1), à côté d'une nature moins parfaite ; un *homme-noumène* à côté d'un homme *phénomène*; seulement, au lieu de supposer qu'entre ces deux expressions de notre être, il y avait une sorte d'antinomie irréductible, ils ont cru, au contraire, que l'imparfait tendait au parfait ; que c'était la loi de l'inférieur de se soumettre au principe de sa perfection. Puisque ces deux ordres sont faits l'un pour l'autre, est-il possible de croire que l'homme refusera de faire effort pour les concilier? Heureuse générosité dont l'expérience journalière détrompe trop vite l'humanité. Aristote lui-même n'y croyait plus guère, et c'est pourquoi il réclamait de la loi la contrainte brutale (2) pour suppléer aux défaillances de la volonté ; mais, par là-même, n'affirmait-il pas encore l'excellence absolue de la perfection et le droit inaliénable qu'a cette perfection à tous nos respects, c'est-à-dire la notion même du devoir.

Nous ne voulons pas nier qu'Aristote ne puisse arriver à cette conclusion sans dépasser les bornes de la réalité qu'il s'était si rigoureusement tracée ; aussi son système, restreint par nécessité, éclate-t-il de toutes parts ; et Aristote, qui n'avait point voulu de l'universel comme fondement de sa morale, le retrouve à la fin et se voit contraint de l'appeler pour couronner son œuvre.

Bossuet disait, comme nous l'avons remarqué, que le bonheur « tirait le cœur à Dieu par son centre ». Il y a, en effet, dans la notion de la perfection, telle que l'entendent Platon et Aristote eux-mêmes, comme une révélation de l'infini. Dans ce concept suprême, la

---

(1) Kant, *Critique de la raison pratique*, 1re partie, liv. I, ch. 1, § 1. Cf. *Doctrine de la vertu*, 1re partie, liv. I, introd., § 3. Remarquons cette expression toute platonicienne.

(2) Voir tout le chapitre x du livre X de l'*Éthique à Nicomaque*.

perfection et la limite semblent s'exclure, au lieu de s'identifier, comme dans les autres réalités concrètes. La pensée, sans doute, vis-à-vis de ce qui n'est pas elle, joue le rôle de principe de détermination ; c'est une loi qui délimite, précise et organise ; en elle-même, elle est essentiellement illimitable ; plus elle s'étend, plus elle s'affirme ; c'est pourquoi son acte doit être à jamais inépuisable. De même le bonheur n'est point une jouissance de tout point réalisable par l'individu. Aristote, en vain, déclare que le bonheur n'est pas un acte isolé ni l'acte d'un moment, mais l'acte de toute une vie ; si le plaisir idéal est une qualité, la durée ne saurait changer sa nature, pas plus que le nombre. Or, si nous sentons que le bonheur est notre fin, nous sentons également que cette fin est en dehors de nos prises ; elle recule d'un désir à l'autre, comme un fantôme insaisissable, dans un rêve charmant et néanmoins trompeur. Je ne sais si le sage antique fut jamais complètement heureux ; s'il le fut, je ne puis m'empêcher de le plaindre, car il ne put l'être que s'il fut moins exigeant que nous. Non, la vie présente, la vie dans son expression la plus haute, si elle est limitée aux bornes du temps et de l'individualité, ne saurait nous satisfaire.

> Une immense espérance a traversé la terre,
> Malgré nous vers le ciel il faut lever les yeux.

Peut-être Aristote a-t-il mieux compris que nous ne le pensons la faiblesse, ou tout au moins l'imperfection, de son système ; et, quand il nous dit que l'acte de la raison est l'acte propre de l'homme, celui qui constitue l'homme, on a tort, il me semble, d'entendre ici l'homme au sens individuel et borné. Les Anciens n'ont point eu, comme nous, l'embarras de la personnalité : s'ils ont parlé de l'individu, de l'être isolé, réel, ils ont vu, avant tout, dans ces notions, la partie affirmative que ces concepts renferment ; alors la raison serait peut-être l'essence de l'homme et des hommes, au même titre que la blancheur est l'essence de tous les objets blancs, en tant qu'ils sont blancs ; de la sorte, l'acte suprême de l'homme serait un en lui-même et identique à l'acte de l'universelle raison. Sans doute, dans ce système, on comprendrait bien pourquoi la perfection humaine serait une perfection en soi, quelque chose d'absolu ; mais pourrait-on en conclure que la joie qui l'accompagne participerait, elle aussi, à cette dignité sans mesure ; le bonheur individuel, en un mot, pourra-t-il jamais être identique à l'universel bonheur ?

Dans la théorie d'Aristote, rien assurément ne s'opposerait à une semblable conclusion, puisque le bonheur est par essence un acte, une qualité comme la raison. Mais ici, le doute nous envahit. Nous acceptons, à la rigueur, qu'un acte parfait de notre raison égale un acte de l'universelle raison ; nous ne pouvons admettre que le bonheur de toute une vie, mais d'une vie nécessairement limitée, soit de même nature qu'un bonheur sans limite, le bonheur ne saurait être conçu comme limité à l'individu qui le ressent ; le cœur appelle l'infini, le cœur appelle Dieu (1) ; le sentier du juste n'est point un chemin fermé aux deux termes de l'existence : « c'est une lumière brillante qui s'élève et croît jusqu'au jour parfait (2) ». C'est la vieille thèse

---

(1) C'est sans doute la même pensée qu'exprimait Pascal lorsqu'il écrivait : « Je dis que le cœur aime l'être universel naturellement... c'est le cœur qui sent Dieu..., etc ». *Pensées*, Édit. Havet, p. 330.

(2) *Proverbes*, IV, 18.

de l'homme « produit pour l'infinité », que le christianisme seul a mise dans tout son jour.

Les Grecs ne l'avaient qu'entrevue, peut-être parce que les Grecs ont eu une foi trop aveugle dans la bonté de l'existence. Ils ont bien constaté en nous deux ordres distincts et comme deux natures ; ils se sont peu arrêtés sur l'opposition qui sépare ces deux ordres, opposition sourde et violente, plutôt qu'opposition passagère ou accidentelle, dont la persistance et la violence mêmes auraient dû les avertir qu'il y avait peut-être entre nos tendances inférieures et notre fin rationnelle autre chose qu'un désaccord fortuit ; qu'il y avait presque une incompatibilité essentielle ou tout au moins un antagonisme sans fin. Kant avait tort, à notre avis, de soutenir que le souverain bien de l'homme, *le règne des fins*, n'avait rien à voir avec ce monde d'apparence, mais Aristote n'était pas non plus peut-être complètement dans la vérité, lorsqu'il confinait l'idéal moral dans la vie actuelle et prétendait que, dans des bornes aussi étroites, il était donné parfois à l'homme de réaliser la raison dernière de son existence. La *contrariété* intime de notre nature n'est pas assez profonde pour nous faire douter de la vie, mais aussi elle est trop accentuée pour que nous puissions traiter l'existence comme une discordance passagère appelée, dès ce monde, à se résoudre dans un parfait et définitif accord.

Platon, mieux qu'Aristote, échappe à cette étroitesse de doctrine ; moins préoccupé que son disciple de constituer un système moral indépendant, il a toute liberté pour donner l'élan à sa pensée ; de plus, sa notion du bonheur, étant éminemment rationnelle, le plaisir n'entrant que comme accident dans la constitution de la perfection humaine, il semble que l'antinomie signalée entre nos deux natures ne soit plus un obstacle à la moralité parfaite. Qu'est-ce, en effet, que le juste pour Platon, sinon l'idée de l'homme réalisée dans l'indéterminé de nos tendances et de nos désirs? Aucune inclination ne saurait avoir pour terme le plaisir, puisque le plaisir n'est pas une idée; tout en nous est donc déterminé par le bien ; que ce bien brille à l'horizon de notre nature imparfaite, et l'âme d'elle-même s'acheminera vers lui, sans obstacle, sans arrêt.

Mais est-ce là résoudre le problème, n'est-ce point plutôt l'ignorer? peut-on nier, sans une générosité aveugle, qu'en nous, l'ordre des désirs nous apparaisse comme ayant sa fin particulière tout aussi bien que l'ordre rationnel, et que l'ordre rationnel ne peut triompher qu'en imposant une certaine mort à l'ordre des désirs?

Aristote, sur ce point, s'est montré plus clairvoyant que Platon ; ce qui lui a manqué, c'est de ne pas avoir suffisamment insisté sur la nécessité de cette lutte morale ; il a tenu compte trop exclusivement du rôle que le plaisir joue dans la vie ; tout son système moral, au fond, n'est qu'une discipline rationnelle du plaisir ; or, il faudrait savoir s'il n'y a point une relation essentielle entre jouir et souffrir, non pas seulement cette relation de nature, cette compénétration réciproque que Platon avait signalées avec beaucoup de détails et de précision et qu'on retrouve dans nos plaisirs sensuels et dans la plupart de nos désirs ; mais une relation plus profonde encore. Aristote et Platon nous ont bien montré ce qu'était le plaisir, il est plus douteux qu'ils aient eu une notion précise de la souffrance. Quand ils définissent le plaisir, un mouvement de l'être conforme à sa nature, nous voyons très bien en quoi consiste la réalité de ce phénomène ; mais alors comment définir la douleur? si elle est simplement un mouvement contre la nature, elle n'est plus qu'une simple négation. En un mot, si tout être, si tout phénomène et par là même le plaisir, n'existe qu'en tant qu'il est acte, c'est-à-dire qu'il renferme une idée, nous ne voyons pas très bien quelle idée peut renfermer la douleur; c'est un mouvement sans fin, sans élément positif, c'est donc un pur néant.

Trop épris des beautés et des facilités de la vie, Aristote et Platon ne se sont pas préoccupés assez d'éclairer ce côté obscur de la moralité ; autrement ils auraient sans doute découvert que la souffrance a une valeur réelle en elle-même, une valeur particulière, indépendante de la valeur même de l'être où elle apparaît ; ils auraient constaté que précisément la douleur est, beaucoup plus que le plaisir, le stimulant perpétuel qui nous soutient et nous excite dans le combat entrepris pour assurer en nous le triomphe de l'universel.

Pour un moraliste impartial très souvent la douleur est préférable au plaisir, car la souffrance est un instrument de libération pour l'âme. L'homme qui souffre s'éloigne comme par instinct des choses passagères ; il cherche à en bannir le sentiment pour se recueillir tout entier dans la pensée pure d'où la douleur est toujours absente. « L'âme, dit Bossuet après saint Ambroise, par la souffrance est démêlée du corps et se retire dans sa propre enceinte, car la faiblesse et la douleur qui agitent tout le corps forcent l'âme à s'en détacher. »

Une morale ne sera donc réellement positive et proprement humaine, que si, au lieu de partir du plaisir seul, comme expression de notre sensibilité, elle tient compte à la fois et de la douleur et de la jouissance et que si, de ces deux expressions vivantes de notre nature, elle déduit une forme de perfection absolument nôtre et dans laquelle n'entrera rien de chimérique ni de conventionnel. Telle est, en définitive, la seule critique fondamentale que nous adressons à l'*Eudémonisme*; elle ne porte pas sur le fond du système, mais bien plutôt sur l'esprit trop optimiste dans lequel il a été conçu. Pourtant il est un autre grief, que l'on serait en droit de lui reprocher, surtout si l'on apportait une foi aveugle aux auteurs mêmes de ces doctrines morales : le grief d'être des systèmes de discipline dédaigneuse et trop élevées pour être goûtées de la plupart des hommes.

Carlyle, dans son pessimisme paradoxal, avait coutume de dire qu'aucun philosophe, qu'aucun homme d'État n'avaient pu réussir à rendre un simple cireur de bottes heureux ; Aristote, de son côté, avoue froidement que sa morale n'est point faite pour le peuple, pour la vulgaire cohue des esclaves, non pas que le bien souverain soit incompatible avec la pauvreté et la bassesse, mais « parce que la foule ne juge que sur les choses du dehors, parce qu'elle ne comprend que celles-là (1) ».

Sans doute, la morale grecque en général, et même la morale du bonheur, ressemble trop à ces statues antiques, régulières et froides dans leurs lignes sobres, dans leur attitude impassible et sévère : ce sont des systèmes logiques régulièrement constitués dont l'art, très simple en apparence, ne saisit pas la foule, dont l'aristocratique et dédaigneuse beauté ne condescend point à ses exigences immodérées. De telles doctrines morales semblent faites avant tout pour être méditées par les sages et, bien qu'elles s'affirment comme des disciplines de l'action, on est porté à croire qu'elles relèvent beaucoup plus de la spéculation que de la pra-

(1) *Éthique à Nicomaque*, K, 8; 1179ᵃ, 15. Aristote cite Anaxagore.

tique. Aussi font-elles particulièrement les délices des philosophes dont elles expriment les espérances les plus élevées et dont elles consacrent, pour ainsi dire, aux yeux de la masse qui ne réfléchit pas, les travaux délicats de la pensée, toujours soupçonnés d'être chimériques, sinon inutiles et dangereux.

Néanmoins ne peut-on pas dire que ces morales purement rationnelles sont, dans leur genre, des systèmes parfaitement scientifiques, c'est-à-dire des doctrines universellement assimilables, puisqu'elles se présentent à nous sous l'aspect de constructions éminemment logiques et régulières ?

Et, en effet, s'il est vrai, — et personne n'ose en douter sérieusement, — que les actions humaines soient susceptibles d'être organisées d'après les lois idéales ; si toute l'expression de l'homme et de la vie humaine ne se trouve pas dans l'enchaînement fortuit ou machinal des pensées et des actes journaliers, sur quoi s'appuiera-t-on pour donner à l'édifice moral une assiette durable, une raison indiscutable, un principe qui s'imposera à tous, partout et toujours ? Il me semble qu'il ne saurait y avoir que deux alternatives possibles : ou bien l'homme croira à une doctrine, à un dogme moral qu'il recevra d'une autorité supérieure à lui, devant laquelle il s'inclinera plus ou moins profondément, plus ou moins à regret, et dont il acceptera les ordres avec une soumission toujours inquiète, tant qu'elle sera réfléchie ; ou, au contraire, dans le domaine de l'action, comme dans le domaine de la connaissance pure, il voudra se suffire à lui-même et recherchera, dans une étude minutieuse de sa réalité individuelle, les linéaments et comme l'ébauche de sa moralité, semblable au sculpteur qui consulte les veines du marbre avant de dessiner et de tailler la statue. En un mot, la morale, en tant que système scientifique ou que système de discipline, sera nécessairement religieuse ou métaphysique, ou bien elle sera simplement humaine ; et encore il faut se demander si elle ne partagera pas fatalement le sort de tous les systèmes de connaissance, c'est-à-dire si, exclusivement religieuse et métaphysique, à l'origine, elle n'obéira pas, comme tout le reste, à l'évolution irrésistible de toute pensée qui, en se réfléchissant, s'analyse et passe insensiblement de la forme affective et synthétique à l'expression logique et positive. Il pourrait donc arriver que la morale d'Aristote, jugée jadis par celui qui en avait dégagé la merveilleuse structure, comme trop délicate, trop raffinée, trop raisonnable pour la foule, tendît désormais à devenir celle que la foule rechercherait de préférence et serait le mieux disposée à comprendre.

En tout cas, l'opinion courante aujourd'hui semble bien être celle-ci : la morale ne saurait désormais être ni métaphysique ni religieuse, car la philosophie se déclare impuissante à apporter aux grands problèmes spéculatifs une solution inébranlable et que la morale comme tout le reste, plus que tout le reste, réclame un principe définitif et précis. Sans doute, la religion demeure encore, dans les âmes les plus éprises d'idéal, comme la tutrice secrète, comme l'inspiratrice attentive et souvent méconnue des actions les meilleures. Pendant trop longtemps, elle a parlé exclusivement aux consciences ; elle les a élevées à des hauteurs trop sublimes ; elle leur a façonné des habitudes morales trop exquises, pour que l'écho de sa voix cesse de résonner dans les profondeurs les plus intimes de notre être individuel ; on croit de moins en moins à des dogmes moraux supérieurs aux raisons morales elles-mêmes, ou simplement indépendants d'elles. D'autre part, la conscience générale tend, sans cesse, à devenir de moins en moins religieuse, de même que la science se détache de plus en plus des hypothèses métaphysiques. Des critiques inexorables, l'écroulement successif de systèmes bâtis à la hâte et mal affermis, ont dérouté la confiance des hommes, si bien que l'on a vu, au commencement du siècle passé, un philosophe, épris de foi intransigeante et de science implacable, vouloir concilier, dans une même pensée, le doute philosophique le plus inquiet et l'affirmation dogmatique la plus audacieuse, et arriver, en fin de compte, à étaler de nouvelles ruines sur les ruines anciennes.

Aussi, déjà l'on s'aperçoit que Kant, en qui l'on avait trop espéré, a été victime de son propre système : sa doctrine morale qu'il rêvait de dégager de toutes les contingences, pour ne l'appuyer que sur l'absolu, a été impuissante à se soutenir elle-même et s'est donné, contrairement à ses promesses et comme à la dérobée, la nouvelle métaphysique dont elle avait besoin.

Faut-il pour cela renoncer à la lutte, à la recherche, et ajouter au scepticisme intellectuel le scepticisme moral lui-même ; ou bien, dans ce domaine de l'action, se contentera-t-on d'un opportunisme prudent, d'une science transitoire et intermédiaire, en réglant nos mœurs sur la vérité acquise et provisoire qui se dégage insensiblement des théories, des opinions, des contradictions mêmes où s'agite nécessairement notre pensée journalière ? Nous sentons que nous ne le pouvons pas, que nous n'en avons pas le droit : chaque acte de la vie, accompli en dehors de sa loi, non seulement est une violation de l'ordre, mais une diminution et une destruction de nous-mêmes.

Pour nous, qui *croyons* à une règle morale absolue,

imposée par une volonté souveraine, expression transcendante de notre raison elle-même, ces tâtonnements de l'esprit humain en quête de sa voie n'ont point l'irritante méprise d'une déception, mais semblent confirmer de plus en plus la légitimité de notre confiance. Mais d'autres s'inquiètent : ils n'espèrent plus, ou ils espèrent moins, dans la science, parce que la science ne fournit encore que des promesses, et aussi peut-être parce qu'ils ont déjà reconnu à certains signes que la science avait son ordre, qui n'était point tout entier celui de la moralité. Alors ils cherchent ailleurs un argument irréfutable, un principe directeur. Aux fondements métaphysiques, pour eux trop spéculatifs, ils substituent des motifs d'action plus précis et, en quelque sorte, plus réels. C'est ainsi que les uns demandent à la souffrance humaine, d'autres aux exigences du cœur, aux instances de la volonté, d'autres enfin aux nécessités sociales une raison plus vive de leur conduite, une certitude en apparence moins chimérique des ordres intérieurs à exécuter chaque jour.

Assurément, il y aurait témérité et parti pris condamnable à qualifier de stérile ou même d'inutile ce travail courageux. Mais pourquoi, dans ces investigations sur des problèmes éternels, ne pas tenir compte de l'expérience passée? Pourquoi traiter les découvertes morales anciennes, simplement comme de pures curiosités littéraires, au lieu d'en reconnaître, sans arrière-pensée, toute la solide architecture et l'imposante rigueur?

D'ailleurs, outre que les morales du Bonheur présentent toutes les qualités positives que l'on exige des systèmes scientifiques, ne peut-on pas affirmer aussi qu'elles renferment, dans leurs maximes, une force de persuasion particulière que ne sauraient avoir ni les morales empiriques ni les morales dogmatiques. Si le dogme, si le devoir *commande* l'action, ne peut-on pas dire que le bonheur la commande aussi et qu'en plus il la sollicite, il la conseille, c'est-à-dire qu'il la commande encore, mais avec raison, mais avec amour, comme un père commande à un fils, un ami à son ami. Seules, les morales du bonheur tiennent compte de « ces raisons du cœur » que la raison ne connaît pas toujours, qu'elle analysera peut-être dans un avenir bien chimérique encore, mais qui, dans la vie journalière et individuelle des hommes, auront toujours et nécessairement un rôle important à remplir.

Proposer à l'homme le bonheur comme fin de ses actions, ce n'est donc point faire tort à sa moralité, et c'est, à coup sûr, assurer de plus en plus l'avenir de sa perfection.

L'homme agit peu pour des raisons froides et qu'il ne sent pas; et c'est un fait constant que plus les systèmes de morale sont abstraits et délicats, moins les formules dont ils se composent sont assimilables pour le plus grand nombre.

« La plupart des hommes, disait Héraclite, vivent comme le bétail : ils naissent, procréent des enfants et meurent, sans viser, dans leur vie, à un but plus élevé. Ce que la foule recherche est, pour l'homme raisonnable, un objet de mépris, comme dénué de valeur et périssable. » Il ne faut point se faire d'illusion, et, si l'on considère l'ensemble de l'humanité, le jugement d'Héraclite, après deux mille ans de recherches morales, est encore à peu près l'exacte expression de la réalité. Que faut-il en conclure? faut-il s'en prendre à l'imperfectibilité absolue de l'humanité, à l'illusion de la moralité, à la radicale impuissance des doctrines, au mauvais vouloir des individus, à la paresse ou à l'insuffisance de ceux qui moralisent? Assurément toutes ces causes concourent plus ou moins à l'effet total ; aucune, cependant, n'est absolue, car le résultat lui-même est variable.

Ne pourrait-on pas affirmer précisément que ces systèmes purement rationnels renferment en eux une sorte de principe d'éducation pratique, capable d'influer efficacement sur les volontés les plus endormies et de les attirer progressivement au bien?

Au congrès philosophique de 1900, un des rapporteurs les plus distingués, élaborant un programme d'études pour la classe de philosophie, voulait que l'enseignement moral revêtît un caractère d'abstraction métaphysique assez marqué, sous prétexte que les idées abstraites sont les plus simples. On lui fit très justement remarquer que les idées philosophiques les plus simples ne sont pas toujours les plus faciles à comprendre.

Le secret de l'insuccès constant des théories morales est peut-être tout entier dans cette très juste observation. On lance aux foules les mots très simples mais très abstraits de *devoir*, d'*idéal*, de *dignité humaine*, de *solidarité*, les foules surprises et inquiètes applaudissent à ces nouvelles doctrines ; mais comme elles ne les sentent pas, elles continuent de vivre comme par le passé.

Il nous semble que toute éducation, mais surtout l'éducation morale, doit procéder comme la vie par le concret, par le fait indéniable, par la sensation en quelque sorte, disons le mot, par le plaisir. Tout ce qui a été fait de meilleur dans l'ordre de l'éducation populaire a été fait grâce à ce principe, et les religions ont plus fait pour l'humanité en promettant les délices futures du Ciel, que tous les philosophes avec leurs profondes méditations et leurs doctes enseignements.

La morale du Bonheur n'eût-elle fait que de mettre particulièrement en relief cette vérité, qu'elle aurait déjà droit à tous nos respects.

Partez du plaisir et montrez comment, dans ce fait primitif et indiscutable, le plus présent à nous, l'homme raisonnable est capable de trouver sa loi propre ; dites au peuple que son plaisir, son bonheur, sa vertu, son devoir, sont au fond une seule et même réalité ; répétez-lui cette page admirable de Bossuet : « Aimez, mais aimez purement, aimez saintement, aimez constamment, et vous serez droits. Si vous craignez seulement les menaces de la loi, sans aimer sa vérité et sa justice, quoique vous ne rompiez pas ouvertement, vous n'êtes pas d'accord avec elle dans le fond du cœur », surtout initiez-le à cet amour ; au lieu de l'ordre sévère qui terrifie et paralyse, faites-lui sentir progressivement les divers degrés des joies humaines permises ; faites-lui comprendre et goûter les appels par lesquels la nature elle-même nous invite à la moralité, et vous le verrez peut-être monter plus sûrement dans la perfection que si vous l'appelez directement aux sommets.

En tout cas, cette jouissance sereine, ce haut goût de sa félicité enchaînera, pour jamais, l'homme qui saura s'y complaire. Si Platon espérait un peu trop en l'humanité, il avait cependant raison de proclamer l'allégresse rayonnante et le charme captivant de la vertu.

Il n'y a généralement point de conversion à rebours ; l'homme va du mal au bien, des ténèbres à la lumière ; mais quand il s'élève réellement, il ne redescend jamais Je ne saurais m'imaginer un savant redevenant ignorant et préférant son ignorance à la clarté, un saint Augustin redevenant débauché, un Pascal se faisant libertin. Il n'y a de vertu durable que la vertu aimée et, si la science ouvre les portes de la moralité, l'amour seul nous y introduit et nous y fixe sans retour.

FIN

VU ET LU

En Sorbonne, le 25 juillet 1901,

Par le Doyen de la Faculté des Lettres de l'Université de Paris,

A. CROISET.

VU ET PERMIS D'IMPRIMER

Le Vice-Recteur de l'Académie de Paris,

GÉRARD.

TABLE DES MATIÈRES

Bibliographie.
Introduction 1

PREMIÈRE PARTIE
Nature du plaisir.

CHAPITRE PREMIER
CONDITIONS DU PLAISIR

Rapports généraux du mouvement, de la sensation et du plaisir. — Théorie de la sensibilité. — Notion générale du mouvement. — Héraclite et Platon. — Théorie aristotélicienne de la sensation rattachée au mouvement. — Éléments du mouvement : l'un et le multiple, le permanent et l'écoulement. — Divers sens de cette proposition : le plaisir est un mouvement. — Explication physiologique et psychologique de la sensation. — La sensation est un mouvement de l'âme à travers le corps. — Mécanisme de la sensation. — Théorie du contact. — La sensation, comme le mouvement, est une synthèse de l'un et du multiple. — La sensation et le plaisir s'achèvent dans l'âme. 1

CHAPITRE II
LE PHÉNOMÈNE DU PLAISIR
Plaisir et activité.

Sensation et plaisir. — Y a-t-il des sensations indifférentes ? La sensation, pour être affective, exige une certaine intensité. — Théorie cyrénaïque du plaisir. — Théorie de Platon. — Aristote précise et complète la théorie de Platon. — Explication de la théorie d'Aristote. — Plaisirs de l'âme. — La mémoire. — Le désir. — Plaisir et désir. — Théories mécanistes et finalistes du désir. — Désir et douleur. — Fins du désir. — Le pessimisme de Platon. — Plaisir, sensation, appétit, désir. — Le désir est l'appétit du plaisir.

— Activité et finalité. — L'être est sa propre fin. — Acte-entéléchie et acte-énergie. — Leur rapport dans l'animal. — L'animal est à lui-même sa fin. — Le plaisir fin pratique de l'activité. 42

CHAPITRE III

DIVERSITÉ DES PLAISIRS

Plaisirs faux, plaisirs vrais.

Variété des plaisirs. — Plaisirs apparents, plaisirs réels. — Plaisir et opinion. — Plaisir et imagination d'après Platon et Aristote. — Théorie aristotélicienne de l'imagination. — Plaisirs imaginaires. — Valeur relative de certains plaisirs. — Le plaisir humain. — Y a-t-il des plaisirs faux ? — Contradiction interne dans le plaisir dû au désir. — Plaisir et douleur, leur rapport. — La douleur n'est pas le contraire du plaisir. — Opposition pratique du plaisir et de la douleur. — Les plaisirs du corps. — Les passions. — Plaisirs de la scène. — Deux catégories de plaisirs purs. — Plaisirs esthétiques purs. — Plaisirs de la musique. — Plaisirs que l'on éprouve à la vue des belles lignes et des couleurs pures. — Plaisirs intellectuels. — Plaisirs de la connaissance et de la contemplation. — Aristote et la théorie des plaisirs faux. — Classification pratique des plaisirs. 101

DEUXIÈME PARTIE

Moralité du plaisir.

CHAPITRE PREMIER

LE PLAISIR ET LE BIEN

Le Bien en soi mesure du plaisir et de la moralité. — Critique d'Aristote. — Le Bien en soi est une idée chimérique. — Le Bien en soi inutile à la morale. — Caractère pratique de la morale aristotélicienne. — Le bien pratique. — Notion générale du bien humain ou bonheur. — Le bonheur et la vertu. — Définition de la vertu humaine. — Conciliation d'Aristote et de Platon dans la pratique morale. — Caractères du bonheur. — Le bonheur et le désir. 155

CHAPITRE Ier

PLAISIR ET PERFECTION

Le plaisir ne saurait être la perfection. — Arguments de Platon. — Rapports du plaisir à la perfection. — L'utile et le bien. — Critique des arguments de Platon. — Le plaisir n'est pas le bien. — Le sage seul doit déterminer la valeur morale du plaisir. — Le plaisir réclame la science. — La science réclame le plaisir. — La perfection sera un mélange de la science et du plaisir. — Le plaisir élément accidentel de la perfection, d'après Platon. — Aristote démontre que le plaisir est un bien, donc un élément essentiel de la perfection ou du bonheur. — Le plaisir n'est pas un *devenir*, mais une essence réalisée. — Erreurs de Platon à ce sujet. — Bonté intrinsèque du plaisir. . 193

CHAPITRE III

PLAISIR ET BONHEUR

Le bonheur est-il un plaisir ? — Plaisirs compatibles avec le bonheur. — Les plaisirs sensuels doivent être soumis à la « Loi du nécessaire ». — Explication de cette formule aristotélicienne. — Le milieu moral, difficulté de le définir. — Les plaisirs de l'âme active. — Plaisirs de la raison pure. — Nouvelle conception du bonheur et de la vertu. — Bonheur idéal. — Plaisir divin, plaisir de la contemplation. — Le sage d'après Aristote et d'après Platon. — Rapports et discordances entre Platon et Aristote. 242

CHAPITRE IV

BONHEUR ET DEVOIR

Caractère ontologique des morales de Platon et d'Aristote. — L'*Eudémonisme* et l'idéal dans la moralité. — Le plaisir est individuel, le bonheur est universel. — Unité substantielle de la perfection et du bonheur. — Biens absolus. — Plaisirs désintéressés. — Le bonheur suppose le sacrifice. — Bonheur et obligation. — Notion du devoir chez Platon et Aristote. — Le bonheur révèle l'absolu. — Imperfection de l'*Eudémonisme* grec. — Valeur morale de la douleur. — Valeur pratique de l'*Eudémonisme*. — Le plaisir peut-il être éducateur ? 271

La Chapelle-Montligeon (Orne). — Imp. de N.-D. de Montligeon.

Documents manquants (pages, cahiers...)
NF Z 43-120-13

www.ingramcontent.com/pod-product-compliance
Lightning Source LLC
Chambersburg PA
CBHW060510170426
43199CB00011B/1396